低液限粉土区路基变形控制技术

吴士乾　崔　伟　郑　晓　王术剑　著

中国建筑工业出版社

图书在版编目(CIP)数据

低液限粉土区路基变形控制技术 / 吴士乾等著. —
北京：中国建筑工业出版社，2021.12
ISBN 978-7-112-26973-0

Ⅰ. ①低… Ⅱ. ①吴… Ⅲ. ①路基—地基变形—控制
—研究 Ⅳ. ①U416.1

中国版本图书馆 CIP 数据核字（2021）第 263757 号

本书基于理论分析、数值模拟、室内试验和现场试验等方法，对低液限粉土工程性质改良及填筑路基承载变形特性有关问题展开分析。全书共分为 6 章，包括绪论、低液限粉土工程性质、低液限粉土改性试验研究、低液限粉土新旧拼接路基变形及加固特性研究、路桥过渡区改性土承载特性及参数敏感性分析、低液限粉土路基现场试验研究。本书可供岩土工程施工一线技术人员及研究人员参考。

责任编辑：杨　允
责任校对：党　蕾

低液限粉土区路基变形控制技术

吴士乾　崔　伟　郑　晓　王术剑　著

*

中国建筑工业出版社出版、发行（北京海淀三里河路 9 号）
各地新华书店、建筑书店经销
北京红光制版公司制版
北京建筑工业印刷厂印刷

*

开本：787 毫米×960 毫米　1/16　印张：11¾　字数：232 千字
2021 年 12 月第一版　　2021 年 12 月第一次印刷
定价：**60.00** 元
ISBN 978-7-112-26973-0
（38675）

前　言

随着黄河下游冲洪积平原及三角洲地区开发进程的加速，交通基础设施建设发展明显加快，在建或规划的高速公路项目极可能需要穿越广袤深厚的低液限粉土地区。因该地区缺乏优质路基回填材料，同时考虑到工程建设成本等诸多限制因素，通常采用素低液限粉土或改良低液限粉土进行路基回填施工。从在建及运营高速公路工程项目来看，现行改良施工工艺并不能显著降低低液限粉土不良工程性质对高速公路路基稳定性的影响，易引起基层强度不足、路面开裂及不均匀沉降、桥头跳车明显等问题，明显缩短了高速公路正常运营寿命，极大地增加了养护维修成本。因此，开展低液限粉土工程性质研究、改性固化机理及路基变形控制技术研究对低液限粉土区高速公路工程建设具有重大意义和社会经济价值。

本书基于理论分析、数值模拟、室内试验和现场试验等方法，对低液限粉土工程性质改良及填筑路基承载变形特性有关问题展开分析。全书共分为6章，第1章介绍了低液限粉土改性与填筑路基变形特性及控制技术研究现状，简要列举了目前存在的问题；第2章依托黄河三角洲地区多个高速公路工程项目开展了大量的室内土工试验，系统研究分析了低液限粉土的工程性质；第3章开展了低液限粉土改性试验研究，确定了低液限粉土分别作为路面基层、路桥过渡区填土时外掺固化剂的种类及配比，基于固化土微观物象揭示了低液限粉土的改性固化机理；第4章依托新旧高速公路互通工程项目，建立了考虑侧向变形的分层沉降计算方法，基于模型试验揭示了新旧拼接路基承载变形机理，研究了不同加固方法对提升新旧拼接路基承载性能的有效性；根据新旧拼接路基不同加固工况下的数值仿真分析，揭示了不同加固工艺的作用机制；第5章针对低液限粉土路桥过渡区沉降控制问题，开展了路桥过渡区改性土承载模型试验研究，揭示了改性低液限粉土填筑路桥过渡区时的承载变形演化规律，采用数值模拟方法对路桥过渡区刚性搭板布设进行了优化分析，基于正交模拟试验研究了路面基层改性土力学参数敏感性；第6章依托实体工程项目开展了现场试验研究，揭示了低液限粉土高填方路基的沉降变形规律，分析了路面基层改性土对高填方路基承载变形的影响，研究了常规改性工艺的路桥过渡区填土沉降变形规律。

本书科研工作依托山东省路桥集团有限公司潍日高速滨海路连接线工程和长深高速高青至广饶段工程相关科研课题开展，在此表示感谢。感谢臧洪敏、李宝全、张传德、肖凯、林彦军、秦海潮、陈旭、房永晶、汪鹤、丛炳刚、邵斌、李华銮、杨豪等为本书现场试验给予的帮助，感谢吕高航、孙勇、刘春阳、李海涛、刘景航、刘善伟、冯若峰、李振宝、马彬、邢宇铖、陈兆庚、张健、崔春雨等研究生对本书理论分析、室内试验给予的帮助。

由于作者能力和水平有限，书中难免存在不妥之处，作者将诚恳地接受广大施工一线技术人员及研究人员对本书提出的任何批评和建议。

吴士乾，崔伟，郑晓，王术剑

2021 年 10 月于济南

目　　录

第 1 章 绪 论

1.1 概述

1.1.1 黄河三角洲

黄河三角洲分为古代三角洲和现代三角洲。历史上黄河分别在黄骅、苏北、利津、无棣和现在的东营 5 个区域入海,形成了不同时期的三角洲,使得整个三角洲覆合体逐步向海湾推进,形成了复杂的黄河三角洲体系[1-2]。在近百年时间内,黄河经十余次改道后,终形成面积约 5400km² 且海岸线长约 350km 的扇形现代黄河三角洲(图 1.1)。该三角洲沉积物以粉砂为主,孔隙度较高,稳定性较差;当前在河流动力、海洋动力和人为因素的作用下基本处于相对淤蚀平衡状态[3]。

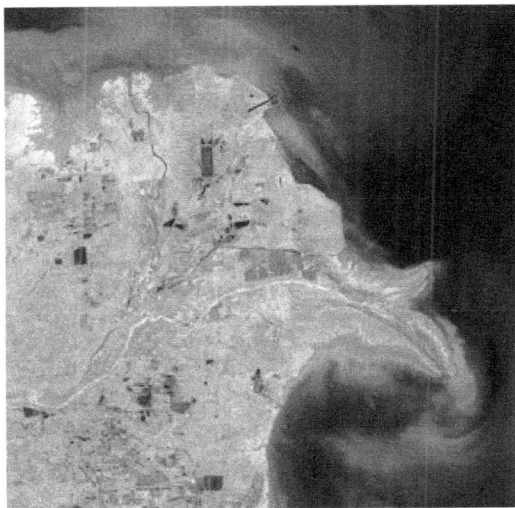

图 1.1 现代黄河三角洲

公路是国民经济的重要基础设施,承担着经济活动中繁重的运输任务。改革开放以后,国民经济迅速发展,我国公路建设进入高潮期,尤其是高等级公路大量兴建,截至 2018 年底,我国高速公路总里程超过 14 万 km[4]。不断增加的高速公路通车总里程与我国土地可利用面积不断减少的矛盾逐渐突出，诸多高速公路必然穿越不良地质区方能满足道路选线的要求。由于不同地区的土质特性存在较大的差别，不良地质条件会对建成通车的高速公路使用寿命造成不利影响。例如，高速公路穿越盐渍土地区，已有相关研究[5-6]表明，若不对路基进行加固和隔盐处理，在自由水的作用下，路基会发生盐胀或者溶陷的现象，加之车辆荷载的作用，高速公路的路基很快就会发生明显的不均匀沉降甚至造成路面破坏。在盐渍土地区，钢筋混凝土结构的耐久性也会受到较大的削弱。相关研究[7-8]表明，如果穿越黄土地区的高速公路路床区未能适当地处理，黄土的湿陷性会受到外部环境的触发，导致路基产生不同形式和不同程度的病害，直接威胁道路运输的安全。

　　黄河三角洲地区广泛分布着低液限粉土，该粉土颗粒均匀，80％以上粒径集中于0.074～0.002mm，黏粒含量较低，一般不足总量的10％，孔隙率高，压缩性较大，导致地基沉降量较大。颗粒构造上粒径均匀、颗粒磨圆度较高、毛细作用剧烈。黄河三角洲低液限粉土的以上特征决定了其作为路基填土时具有明显的工程缺陷：一是土层压实困难；二是加固材料掺入后强度提升不明显；三是后期路基沉降较大；四是路面结构受力不均匀。黄河三角洲低液限粉土作为路基填土，易引起公路基层破坏、路面开裂、桥头跳车等病害（图1.2），对公路的使用寿命及行车安全产生很大的影响。低液限粉土改性处理一直是黄河三角洲地区公路工程建设中的重、难点问题。

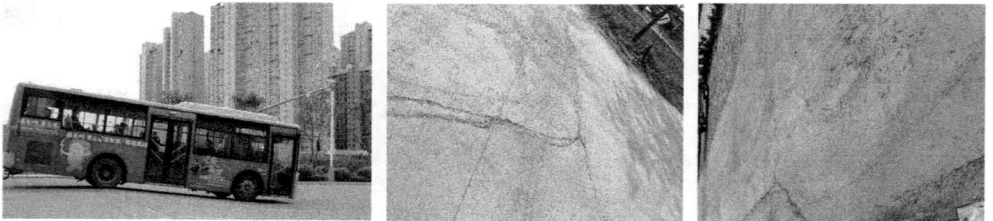

图1.2　黄河三角洲常见道路病害

　　山东省内高速公路网近年来发展迅速，对于促进各地市经济发展和地区之间的联系显现出较为积极的作用。从黄河三角洲地区在建的多条国家级高速公路工程实践来看，低液限粉土的不良工程性质是该区域高速公路路基建设过程中面临的主要挑战。低液限粉土作为路基填料时存在压实度不达标、工后沉降大的问题，作为水泥稳定土层填料时存在固化强度不达标、工后弯沉明显的问题。实际工程中往往由于研究手段及建设时间有限，无法准确把握黄河三角洲地区低液限粉土改性规律，而不能因地制宜对设计方案做出相应的调整。黄河三角洲地区高速公路建设势在必行，因而如何准确揭示低液限粉土改性规律，有效控制填筑路基工后沉降变形成为工程建设成败的关键。

1.1.2 研究意义

黄河三角洲地区低液限粉土稳定性和填筑路基变形控制技术对高速公路工程质量及运营安全有直接影响。低液限粉土改性和路基填筑变形控制技术研究的必要性如下：（1）黄河三角洲地区缺乏优质路基填料，路基建造综合考虑工期、成本等因素而必须使用低液限粉土作为主要填料；（2）低液限粉土摊铺压实后极易失水，承载能力及稳定性大幅下降；（3）工后检测达标的低液限粉土填筑路基，在重载车辆循环荷载作用下，会出现路面不均匀沉降、路面结构层开裂、翻浆冒泥严重的现象，公路运营年限较其他地区偏低；（4）低液限粉土路基运营后期需要维修及养护的费用较高，且处理流程复杂。因此，开展黄河三角洲地区低液限粉土改性、填筑路基承载特性、新旧拼接路基与路桥过渡区变形控制技术等研究，对指导黄河三角洲地区高速公路工程建设，提升高速公路健康运营能力，促进地区经济发展显得尤为重要。

1.1.3 低液限粉土工程问题

黄河三角洲地区广泛分布的低液限粉土由于其特殊的工程性质，作为路基填料时采用传统施工工艺与一般不良性质土显然有较大差异。如果低液限粉土含水率不能控制在最佳含水率，分层振动碾压后其压实度不能满足要求。同时，低液限粉土因黏聚力较低，填筑路基边坡抗水冲刷能力较弱，季节性降雨冲刷对路基边坡的稳定性造成不利影响。低液限粉土改性设计及施工过程中均将其作为一般不良性质土进行改性，而忽略了黄河三角洲地区特殊的地理位置及低液限粉土的形成历史。因此，必须在综合分析低液限粉土工程性质的基础上确定其典型工程性质，并在此基础上总结常规改性剂对低液限粉土改良的一般规律。因此，黄河三角洲低液限粉土改性及填筑路基的变形控制已成为现阶段亟待解决的问题。

目前，我国最常用的处理方法是向其中单掺、双掺或者多掺入水泥、石灰、粉煤灰等无机结合料。考虑到单掺一种材料，改良效果较单一，具有局限性，达到某种工程要求所需的用量大、不经济，甚至改良效果差，无法满足工程要求，通常需要综合不同材料各自的特性，在单掺的基础上选择双掺或多掺的方式对土进行综合改良，对于多掺改良土，各材料之间的配比至关重要。《公路路基设计规范》JTG D30—2015 中仅明确了路基填土压实度的具体控制指标，《公路沥青路面设计规范》JTG D50—2017 中仅对水泥稳定土层的无侧限抗压强度进行了规定。低液限粉土路基施工前需根据路基填土设计要求进行室内试验，分别得出最大干密度和满足无侧限抗压强度要求的加固材料掺入比。根据工程经验可知，室内试验条件均优于现场施工条件，现场填筑压实过程中不能精确控制填土含水率及水泥稳定土层的养护条件，且存在蒸发过快等环境因素影响，造成低液限粉土难以压实，改性强度不满足要求等技术问题。

虽然针对我国范围内的特殊土改性研究成果丰硕，但是针对黄河三角洲低液限粉土的研究仍存在诸多技术问题：

（1）低液限粉土工程性质不确定。由于该种低液限粉土分布范围局限于黄河三角洲地区，形成历史与其他地区具有很大不同，虽然物理力学参数符合规范中低液限粉土的分类要求，但是工程性质与一般低液限粉土存在较大差异。

（2）低液限粉土改性方法单一，改性规律不明确。传统改性方法如掺入石灰、水泥等方法对低液限粉土表现出明显的不适用性，各改性材料对低液限粉土强度变化影响规律缺乏定量评价，尚需深入研究。

（3）低液限粉土路基填筑质量控制标准单一。低液限粉土填筑路基压实后仅在路基和台背回填区表面取土样进行压实度检测，根据检测结果评价施工质量，不能对堆载预压期及路面施工期的路基变形进行定量分析，缺乏工后路基变形的有效预测及评价。

（4）台背回填区改性低液限粉土采用石灰拌和、分层压实的工艺，压实度虽然能在短期内达到设计要求，但其强度指标无法满足使用寿命要求。台背回填低液限粉土区缺乏有效的工后沉降控制方法，极易引起桥头跳车等问题。

（5）低液限粉土高速公路拓宽工程中，采用现行标准中的施工及检测方法，堆载预压期路基出现较大纵向裂缝，与原路基贴合不紧密，加固机理不明确，加固方法存在较大不适用性。

1.2 研究进展

随着黄河三角洲地区高速公路通车里程的迅速增长，低液限粉土在高速公路路基填筑中得到了广泛使用，同时也出现了诸多问题，国内诸多学者针对低液限粉土的特殊工程性质进行了大量的工程探索，在低液限粉土本构模型、工程性质与改良等方面取得了丰硕的研究成果。

1.2.1 低液限粉土工程性质研究进展

针对低液限粉土的强度不足，稳定性差等问题，国内的学者对低液限粉土用作路基填料的改良技术和加固机理开展了相应的研究，研究得到的成果能直接应用于施工过程中，降低了低液限粉土的缺点对路基造成的影响。

（1）粉土微观特性

国内外对于粉土的微观特性研究并不多。孟凡丽[11]等对饱和粉土进行微观结构研究，分析不同细粒含量对粉土动力特征的影响。研究表明，当粉土动强度最低时，土颗粒结构单元呈无规则和不均匀状态，颗粒间粘结力差；其他状态下粉土颗粒呈均匀紧密状态。高发亮[2]等对不同压实度下的粉土颗粒进行微观结构分析，结果表明，粉土难以压实，即使压实度达到 100% 仍存在很大孔隙，宜选择振动碾压法进行压实。周乔勇[13]等通过分析低液限粉土的微观结构发现，压实度较低时，颗粒呈蜂窝结构或松散单粒结构，孔隙大；压实度提高，颗粒呈团粒或凝聚结构，孔隙较小。提高压实度可以提高低液限粉土的工程特性。

（2）低液限粉土的物化特性

目前，针对低液限粉土相关的物理化学特性研究十分丰富，涉及颗粒组成、化学组成以及渗透性、液塑限、毛细性等水理性质。低液限粉土颗粒均匀，级配较差。粒径集中在 0.075～0.005mm 的粉粒大约有 80% 以上，黏粒含量极低，大约不到总量的 10%，由于缺少黏粒的充填，其孔隙率高，塑性指数均小于 10[14]。崔伟[15]等对山东潍坊的低液限粉土进行化学分析试验，发现低液限粉土中含有 SO_4^{2-}、HCO_3^-、Cl^-、Ca^{2+}、Na^+ 和 Mg^{2+} 等。刘伟超等[16]对低液限粉土进行渗透试验和毛细管水上升高度试验等，研究表明，渗透系数、崩解速度与压实度和含水率有关，相同含水率下，压实度提高，渗透系数减小，崩解速度减慢；压实土经时间的增加，毛细水上升。罗会[17]等对低液限粉土的液塑限进行了研究，发现其液塑限与塑性指数不呈线性关系，液塑限异常。贾朝霞[18]等通过颗分试验和扫描电镜研究了黄泛区粉土难以压实的原因，主要为该区域粉土黏粒含量不足且级配不良，在压实过程中易吸湿，压实含水量难以控制，并且粉土颗粒磨圆度高，颗粒分布均匀，碾压过程中难以形成有效嵌挤。

（3）低液限粉土的力学特性

粉土的力学特性包括强度、压缩特性、压实特性及动力特性等。影响粉土力学特性的因素较多。Yan C[19]等通过土工循环三轴试验分析了地铁荷载作用下饱和粉质土的应变特征和变化规律，并考虑频率比、循环应力比和振动时间比三种因素进行了正交试验，试验表明，三种因素对粉土的轴向应变影响显著；通过方差分析和回归理论，建立了地铁荷载下粉质土累积塑性应变的非线性回归方程。李振霞[20-21]等研究了低液限粉土的静态压实和振动压实性能，提出将 CBR 值作为静态和振动压实的标准。肖军华[22]等通过室内试验对比研究了不同密实度、含水率下粉土的强度特征，结果表明黄河冲（淤）积粉土颗粒级配差，难以压实，压实后空气体积率较大，压实粉土的黏聚力随着压实系数的减小和含水率的增加而显著降低。A. R. Estabragh 等[23]在干燥和湿润路径条件下研究了不同吸力对非饱和粉质土固结行为的影响，结果发现湿润条件下的屈服应力高于干燥条件，且加载过程中含水量的变化趋势类似于不同吸力的固结曲线。张燕明[24]等分析了影响粉土强度的因素，通过浸水和不浸水 CBR 试验揭示了初始状态不同的粉土强度变化规律，研究表明，浸水和不浸水 CBR 值随初始含水率增加分别呈抛物线形和"S"形变化。Eng-Choon Leong[25]等通过对蒸馏水和氯化钠溶液制备的压实土的无侧限压缩试验，研究了渗透吸力对非饱和高塑性粉质土抗剪强度的影响，结论表明，孔隙水中的含盐量影响黏性土的结构，而渗透吸力对压实土的剪切强度无影响。郑建东[26]等研究了应力路径对低液限粉土强度、应力-应变等特性的影响，结果表明，粉土的强度受应力路径影响较大，粉土发生剪胀，剪胀前后应力路径对粉土应力-应变关系的影响不同，剪胀前影响较小。刘红军[27]等通过固结不排水三轴试验对黄河三角洲粉土稳态强度进行了研究，结果表明，黏粒含量为17％时粉土的稳态强度最大，并建立了稳态强度随黏粒含量变化的关系函数。

从粉土的工程特性研究现状可以看出，各个地区粉土的各种工程特性都有所涉及，但由于气候、地形、降雨等差异，导致不同区域粉土的性质有所不同，甚至是不同区域相同类型的粉土也具有差异性。因此，想要做更深入的研究之前，必须做关于土的基本参数试验，了解当地土的类型及特性。

1.2.2　低液限粉土改性研究进展

黄泛区粉土含盐量高、黏粒含量低、胶体活性差、磨圆度高、颗粒级配差，导致该粉土最佳压实含水量难以控制，难压实，并且也难以像黏性土那样与无机固化剂发生各种相互作用，所以该区域粉土路基的病害很多，将粉土作为路基填料时需对其进行改性加固。

水泥、熟石灰、粉煤灰是路基填土的传统固化剂，被广泛应用于粉土改性，可改善粉土的强度和压缩特性。武庆祥[28]等研究了水泥、石灰改良土的强度及压缩性，结果发现，单掺水泥和石灰的改良效果较好，强度方面水泥优于石灰，压缩性方面两者效果相近。张豫川[29]等研究了单掺石灰和粉煤灰对粉土抗剪强度及渗透性的影响，研究表明，石灰对强度提高的时间先于粉煤灰，影响粉土渗透性和抗剪强度的主要因素是原土的粒度成分。然而，这些加固材料对于部分粉土也表现出明显适用性较低的问题。徐东升[30]利用单掺粉煤灰、石灰和矿渣粉对粉土进行改性，通过无侧限抗压强度表征加固土的强度，研究结果表明，单掺30％粉煤灰可以提高试件的早期强度约1倍，但对提高后期强度帮助不大，石灰的最佳掺量为6％～10％，试件的早期强度较低，强度随养护时间的增大而显著增大，单掺矿渣对提高粉土强度的作用很小。姚占勇[31]利用熟石灰和粉煤灰改性黄河冲（淤）积粉土，通过室内试验研究了二灰比、二灰含量对二灰加固土强度的影响规律，试验结果表明，对于黄河冲淤积平原区的土质，最佳二灰比为1：2～1：3，最佳二灰掺量为32％～40％。Lo[32]等通过水泥与粉煤灰对粉土进行改性，通过三轴剪切试验发现加固土的剪胀率高于素土，加固土的强度来源于固化剂的粘结作用和剪胀效应两部分。以上研究表明，常规稳定材料固化粉土，由于粉土中黏粒缺乏，活性 SiO_2，Al_2O_3 成分极少，熟石灰改性该类土时，其火山灰胶凝效应很弱，因此熟石灰固化粉土不仅强度低，且抗水、抗冻性差。熟石灰＋粉煤灰固化粉土，最佳掺量高达 30％ 以上，用量大，成本高，同样存在早期强度低的问题，未得到大规模应用。水泥固化粉土能显著改善粉土的抗水、抗冻性能，但加固土的无侧限抗压强度较小，不能满足规范要求，这与黄泛区粉土的高含盐量有关，而提高水泥掺量会导致明显的干缩和温缩问题，且不经济。

刘松玉[33]等通过无侧限抗压强度、水稳性和干湿循环试验，研究了不同掺量下木质素固化粉土的力学性能和耐久性，试验结果表明，木质素的最优掺量为 12％，其耐久性优于熟石灰固化粉土。张涛[34]等通过击实试验、无侧限抗压强度试验、扫描电镜分析等手段，研究了木质素固化粉土的力学特性，结果表明木质素包裹连接土颗粒，固化粉土孔隙率减小，强度相比素土提高 6 倍。董金梅[35]等利用高分子聚丙烯酰胺（PAM）对粉土进行改性，通过室内直剪和固结压缩试验研究了固化粉土的抗剪强度和压缩变形特性，结果表明 PAM 固化粉土的抗剪特性有一定提高，但是压缩变形量较大。

高炉粒化矿渣（GGBS）为钢铁工业副产品，呈粉末状，灰色，具有水硬活性，绿色环保，价格低廉，可以作为粉土固化剂。王振军[36]等利用矿渣粉、熟石灰粉固化粉土，对加固土进行了无侧限抗压强度、水稳定性、动稳定性、干燥收缩等路用性能试验，试验结果表明，矿渣粉加固土的路用性能指标优于熟石灰粉加固土。矿渣自身水化速率很慢，单掺矿渣其胶凝效应发挥不足，需添加碱性激发剂进行激发，按照《公路工程无机结合料稳定材料试验规程》JTG E51—2009，将粉土掺入 15％纯矿渣，制成干密度为 $1.82g/cm^3$ 的无侧限抗压强度试件，将试件养护 6d 后，浸水 1d，发现试件全部在水中崩解破坏，说明矿渣没有形成足够的水化产物将粉土颗粒粘结在一起。矿渣中添加一定比例的碱性激发剂，如 NaOH 溶液、水玻璃、熟石灰、活性 MgO 等，可加快矿渣的水化速率，提高加固土的早期强度。Yi[37]等分别用熟石灰和活性 MgO 激发矿渣改性松散的砂土和黏质粉土，结果表明以活性 MgO＋矿渣为固化剂的加固土，其 28d 无侧限抗压强度高于熟石灰＋矿渣加固土，且均高于水泥加固土。Du[38]等发现在干湿循环试验中，活性 MgO＋矿渣改性黏土试件比水泥改性黏土试件的质量损失小。Sharma[39]等使用 NaOH 溶液激发矿渣改性粉质砂土，研究表明，其强度和耐久性都显著超过了水泥加固土。Thomas[40]等使用 NaOH 溶液激发矿渣和水泥改性黏土，结果表明，NaOH 溶液激发矿渣加固土的无侧限抗压强度、抗剪强度均高于水泥加固土。Gu[41]等利用熟石灰＋活性 MgO 混合激发矿渣改性黏土，试验结果表明，相同掺量时熟石灰＋活性 MgO 混合激发矿渣加固土的强度低于熟石灰或活性 MgO 激发矿渣加固土。Yi[42]等通过扫描电镜和 X 射线衍射试验，研究了活性 MgO 和熟石灰激发矿渣加固土的机理，试验结果表明，两种激发剂激发的矿渣均水化生成 C-S-H 化合物，这些化合物起到充填、胶结作用，提高了加固土的强度和密实度。另外，活性 MgO 的激发效率高于熟石灰。李迎春[43]等通过无侧限抗压强度和扫描电镜试验，研究了粉土固化稳定机理，表明固化粉土同时存在填充增强效应和复合胶凝效应，并随养护时间延长有不断增强的趋势。

1.2.3　新旧拼接路基加固技术及试验研究进展

高速公路拓宽工程中，旧路基经过长期的荷载作用，其固结程度和新路基存在较大的差异，从而在新旧路基搭接处必然会产生不均匀沉降，引起路面开裂、起伏、塌方等灾害，影响道的安全使用。因此在路基施工过程中必须采取一些措施，提高新填路基的强度，减少新填路基的差异沉降。目前较常用的方法有塑料板排水法、控沉疏桩复合地基[44]和粉喷桩复合地基[45]等。

土工合成材料作为一种路基施工过程中较常用的材料，因其安装简便、加固效果好、价格便宜等优点在施工中被广泛使用。Juha Forsman 等[46]、杨茂等[47]、李锁平等[48]都对软土地基上高速公路拓宽工程中土工合成材料的应用进行了分析。分析结果表明，使用土工合成材料可以有效地加强新填路基，提高新填路基的一体性，减少新旧路基差异沉降。广佛高速加宽工程[44,49]路基加固方式为：在路基底部下层铺设土工格栅，上层铺设土工布，间距 50cm。沈大高速公路[50]和锡澄-沪宁高速公路搭接段[51-52]在路基底部铺设一层土工格栅，并在每个台阶铺设土工格栅。而在沪杭甬高速公路加宽工程[53-54]中，在路基顶面铺设一层土工格栅。广东省道[55]新路基底面以上铺设两层土工格栅和一层土工布，间隔 20～50cm。

土工合成材料在路基拓宽工程中已经有了较多的利用，但不同的路基填土，不同的施工环境对土工材料的作用效果是不同的，因此土工合成材料的加固机理和加固效果还需要进一步的研究。

目前，拓宽工程中常用的软基处理方法主要有控沉疏桩复合地基、粉喷桩复合地基、碎石桩和 CFG 桩加固法等。控沉疏桩复合地基加固机理复杂，影响因素较多。前人的研究大多集中在其中一个方面，Jones、Hewlett、Low 和陈云敏[56-59]的研究集中于桩帽产生的土拱效应部分，饶为国[60]主要研究了格栅的变形和拉力，刘吉福[61]分析了桩土应力比。在 CFG 桩方面，路基问题研究较多，刘辉[62]和张继文[63]等主要研究了桩网复合地基的相关作用机理和荷载试验。

路基加固方式多种多样，有独立加固也有组合复合加固。但根据相关文献阐述，大部分路基加固都是基于工程经验进行设计的，对于不同加固方式的加固机理和作用效果，研究较为欠缺，相关的模型试验更是很少，基于土体的差异性和特殊性，对不同加固方式加固机理的研究尚需完善和补充。

1.2.4 路桥过渡区填土变形控制研究进展

为减少路桥过渡区填土变形引起的公路病害，国内外的处治方式主要分为三类：第一类是通过填土加固，提高填土的密实度，减小台后路基沉降；第二类是对路基进行复合地基处理，提高路基的刚度和承载力；第三类是布设桥头搭板。

（1）路基填土加固。杨庆刚等[64]采用非线性有限元 ABAQUS 程序分析了土工格栅加筋和未加筋时路基的竖向和侧向位移，计算结果表明加筋效果明显。袁志波[65]利用有限元软件分析软土路基土工格栅加筋作用机理，通过计算可知加筋可以约束地基土水平位移，对竖向沉降有一定约束作用，并且增强了路堤的稳定性。

刘萌成等[66]采用比奥（Biot）固结有限元程序分析了轻质回填材料（EPS、粉煤灰）回填路堤工后沉降问题，研究结果表明轻质回填可以减小路桥过渡段差异沉降，并且降低桥台前区域软土滑动失稳破坏的可能性。Snow[67]利用 EPS 轻质回填材料充填路桥过渡段路基，结果表明轻质回填土路堤可以有效减小路桥差异沉降。Acharya 等[68]利用 EPS 泡沫替换部分路堤填料，减轻路堤自重，通过安装水平测斜仪监测换填后的路堤沉降，并采用双曲线模型对沉降结果进行解释。王斌等[69]针对路基拼接扩宽工程，采用 EPS 轻质硬泡沫塑料作为路堤填料，实践结果表明 EPS 显著改善扩宽路堤的受力特性，减小新老路基间的差异沉降。

真空堆载预压是处理软土地基的有效方法，利用堆载施加的附加荷载，增加土颗粒的附加应力，通过结合塑料排水板或者砂井技术快速排出地基土中的水[70]，提高地基土的密实度，可以有效减小路基的工后沉降，该方法在国内的公路软土地基处理中得到了广泛的应用，实践表明效果良好[71-75]。

（2）复合地基处理。沈水龙等[76]参照日本常用路桥过渡段地基处理方法，提出缓解桥头跳车现象的 CA 工法，并给出了搅拌桩的长度和处置范围，监测结果表明应用效果良好。刘恒新[77]依托实际工程，研究了低强度桩复合地基加固桥头软基方法，结果表明通过变桩长、桩距的方法，低强度桩复合地基加固方法可以提高地基承载力，显著减小差异沉降和深层土体水平位移。苏燕[78]等通过调整桩长和桩数，使桩基沉降从桥梁主跨往边跨逐步增大，在路桥连接处使边跨桥墩沉降与路基填土一致，实现路桥协同沉降，监测结果表明该方法的效果较好。李昭晖[79]通过对水泥搅拌桩处理桥头软土路基工程监测数据的分析，对水泥搅拌桩的加固效果进行了深入分析，结果表明水泥搅拌桩加固软土地基，通过变桩距设计大大降低了桥台和引道间的沉降差。李然[80]等依据实际工程，通过数值模拟研究了路桥过渡段水泥搅拌桩地基处理方案，结果表明水泥搅拌桩法对减缓桥头跳车现象较为有效。徐毅[81]等通过现场实际监测研究了 CFG 桩处理高速公路软基方案，结果表明路堤荷载下，CFG 桩、土最终可达到变形协调，疏桩形式时桩间土承担着大部分荷载。肖峰等[82]依托粉喷桩处理桥头软基工程，通过现场监测分析了粉喷桩处理软土地基的掺入比、沉降量减小等机理问题，结果表明粉喷桩是处理桥头软基的一种有效方法（图 1.3）。

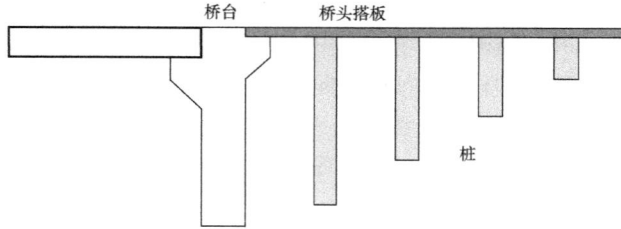

图 1.3　桩基混凝土桥头搭板处置

（3）布设桥头搭板。俞永华[83]等运用 MARC 软件，通过编制子程序模拟搭板与填土之间接触和脱空的不同受力状态，分析了部分脱空状态下搭板的受力和变形特征，当小范围脱空时板底弯拉应力与完全弹性支承相同，但随着脱空长度增大，弯拉应力向简支板趋势过渡。高彦鑫等[84]利用 ANSYS 有限元软件对新型铰接式搭板与普通搭板进行数值分析，研究了不同工况和不同地基变形模量下搭板的应力分布和变形情况，结果表明铰接式搭板可减弱桥头地基脱空。杨学祥[85]提出通过在桥梁台背中埋置一端固定在桥台中的弹性地基梁解决桥头跳车问题，并运用局部弹性地基梁模型阐述了这种地基梁的作用机理。屈战辉等[86]分析大比例沉降台试验测试数据及有限元分析结果，提出了路桥过渡段柔性搭板布设形式，并给出了柔性搭板的合理设计参数。王新征[87]等利用有限元软件对土工格室加筋构成的柔性搭板处置桥头跳车进行了研究，结果表明土工格室柔性搭板都能较好地协调桥台和路堤的沉降差，防治桥头跳车。Cai[88]等使用 3D 有限元软件研究了不同路基沉降下搭板的变形及弯矩变化，结果表明，增加搭板的厚度和配筋可以有效控制搭板变形，防止搭板断裂。Chen[89]等通过全尺寸搭板模型试验，研究了搭板下部部分脱空情况下，传统钢筋混凝土搭板和纤维增强钢筋混凝土搭板的变形及破坏模式，试验结果表明，静力荷载下纤维增强钢筋混凝土搭板下部表面比传统钢筋混凝土搭板更晚出现裂纹，且变形更小。Chen[90]等提出一种新搭板设计方案，相比常规搭板增加了搭板的抗弯刚度和在搭板末端下方设置土工合成材料复合地基，通过现场加载试验对比了静力荷载下的新搭板与常规搭板的末端差异沉降与平顺性，试验结果表明，新搭板末端与路基连接处的差异沉降更小，行驶平顺性更佳。Oliva[91]等通过数值模拟研究了车辆荷载下搭板的受力变形特性，通过研究结果对搭板设计参数进行了改进。虞文景等[92]提出将搭板布设在路面基层和底基层下面的设计方案，工程实践表明该方案可以减小搭板所受的活荷载应力，防止搭板断裂，减轻二次跳车。

孙筠等[93]对已建桥梁桥头过渡段地基进行深层混凝土搭板处置，现场监测结果表明，该方法控制桥头沉降差效果明显，另外可有效防止搭板开裂。项贻强等[94]采用数值模拟方法，研究了搭板深埋在车辆冲击荷载作用下的动力响应，结果表明搭板深埋由于上部土体可分散部分冲击荷载，搭板受到的冲击作用较小，能够有效提升搭板的耐久性，防止搭板断裂，减小搭板末端与路基连接处的差异沉降，相比传统搭板布设具有优越性。

1.3　研究内容

本书以黄河三角洲地区多条新建高速公路、拓宽高速公路为依托，通过室内试验、理论分析、数值模拟和现场试验等手段，深入研究黄河三角洲地区低液限粉土工程性质，揭示了低液限粉土的改性规律、固化机理和低液限粉土填筑路基承载机理，提出了低液限粉土填筑路基变形控制方法，并应用于依托项目。主要研究内容如下：

（1）依托多个实体工程项目，从不同工程项目路基填料指定取土场获取用于路基填筑的土样，进行了一系列的室内土工试验，研究了低液限粉土的工程性质，揭示了低液限粉土用作路基填料时的力学特性和变形规律。

（2）以降低基层弯沉、提高固化强度、改善回弹模量指标为控制参数，选用膨润土、水泥、水玻璃、无水氯化钙、石灰和聚丙烯纤维作为改良材料，开展固化材料单掺、双掺改良低液限粉土试验，对比分析单掺、双掺对低液限粉土力学性能的影响。开展固化材料四因素三水平的正交改良试验，综合五项试验指标分析结果确定最优组合，确定低液限粉土的最佳配比材料。

（3）开展碱激发矿渣固化粉土室内试验研究。通过击实试验，确定加固土的最大干密度随固化剂配比及掺量的变化规律；通过无侧限抗压强度试验得出固化剂的最佳配比及最佳掺量；通过扫描电镜试验研究加固土微观特征，揭示改性加固机理。

（4）依托低液限粉土扩建高速公路工程项目，提出了考虑侧向变形的新旧拼接路基沉降计算方法，开展多种加固工况的新旧路基拼接模型加载试验，对比分析试验结果，评价不同加固方式的加固效果，揭示新旧路基不同加固工况的作用机理。建立与模型试验相同条件的数值计算模型，模拟分析格栅位置对加固效果的影响和 CFG 桩长对加固效果的影响，进一步分析试验过程中路基模型和结构物之间各部分的应力应变情况。

（5）开展低液限粉土路桥过渡区模型试验研究，建立路桥过渡段路堤模型，对比分析碱激发矿渣固化粉土和 6%熟石灰固化粉土回填路基的分层沉降和土压力变化特征，验证矿渣固化粉土的有效性。针对路桥过渡区沉降控制问题，研究搭板梁的最优布设方案及路面基层改性土力学参数敏感性，揭示不同布设条件下搭板的受力变形规律、地表沉降规律及填土应力-应变规律，确定路面基层改性土力学参数敏感指标。

（6）开展低液限粉土高填方路基沉降变形现场试验，采用高精度监测传感器采集路基填筑期、堆载预压期及路面施工期的路基沉降变形，揭示常规路基施工条件下低液限粉土路基承载变形机理，定量评价堆载预压期及路面施工期路基沉降变形规律。开展路面基层改性土现场试验，基于现场监测数据评价新型路面基层改性土的力学性能及对高填方路基沉降变形的影响。

第2章 低液限粉土工程性质

2.1 概述

黄河三角洲地区在建高速公路项目周边严重缺乏砂石料，考虑到工程造价因素，所有路基工程采用当地广泛分布的低液限粉土作为回填土。为了确定低液限粉土的工程性质，分别进行了室内试验和现场原位试验。室内试验主要有物理、力学及化学性质试验，试验按照现行国家标准《公路土工试验规程》JTG 3430[95]，试验对象为原状土和扰动土。开展室内试验的主要目的是对低液限粉土的化学组分、物理力学特性进行研究，进而确定土的工程性质，为改性试验奠定基础。

2.2 化学组分

化学分析试验按照标准，在实验室内采用滴定试验，分别测定土样的酸碱度及易溶盐离子的含量。经对比发现每一点位的化学分析试验结果相差无几，所以在此列举每个点位的一组试验结果。如表2.1所示。

化学分析试验结果 表2.1

土样编号	1号点位	2号点位	3号点位	4号点位
CO_3^{2-} (g/kg)	0.000	0.000	0.000	0.000
HCO_3^- (g/kg)	0.200	0.232	0.160	0.211
Cl^- (g/kg)	0.107	0.201	0.158	0.181
SO_4^{2-} (g/kg)	0.942	0.673	0.754	0.539
Ca^{2+} (g/kg)	0.125	0.173	0.151	0.113
Mg^{2+} (g/kg)	0.025	0.029	0.034	0.081
Na^+ (g/kg)	0.291	0.101	0.205	0.447
K^+ (g/kg)	0.035	0.010	0.023	0.011
pH	7.42~7.93	7.38~8.31	7.36~7.85	7.46~8.19

从表 2.1 可以看出，取土场的土样含有一定的氯离子和钠离子，且含有一定的重碳酸根离子导致土壤呈弱碱性，有一定的腐蚀性。虽然土壤表现出盐渍化的倾向，但盐离子的总含量并没有达到规范[96]中要求的易溶盐含量＞0.3％，所以未达到盐渍土的标准。

2.3　粒径分布

土颗粒是由矿物、岩石和非结晶化合物的零散碎屑组成，颗粒粒径分布指的是不同粒径颗粒的质量占总质量的百分比，是土的非常重要的一个物性参数，决定着土的分类及命名，对土的工程性质有重要的影响，能够为土的相关评价及工程应用中出现的问题提供参考。

按规范技术要求和步骤，采用甲种密度计进行颗分试验（图 2.1）。试验结果显示，在同一点位，差异最为明显的是表层土中的细颗粒含量略低于底层土的含量，说明表层土可能受雨水冲刷的影响，土中的细颗粒经过水力搬运有一定的流失，但不同深度的粒径分布差异总体较小，土质分布均匀，只是在不同的点位存在差异，不同点位的颗分试验结果如图 2.2 所示。

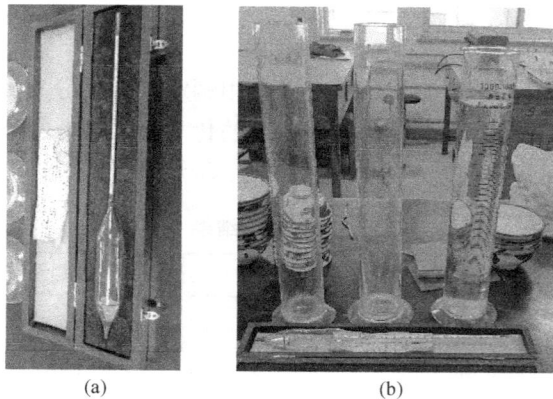

（a）　　　　　　　　　　　（b）

图 2.1　颗分试验用仪器
（a）甲种密度计（最小分度值 0.5）；（b）颗分试验用量筒

从试验过程及图 2.2 的数据可以看出，溶液黏稠度较低，土的粒径多分布在 0.005～0.01mm 之间，没有大颗粒夹杂其中，粒径＜0.005mm 的颗粒含量较低，与粉土的粒径分布比较相似，颗粒较细且均匀，在含水率较低的情况下黏性较低且无结团。

颗粒分析结果

含量(%)　粒径 (mm) 点位	10～5	5～2	2.0～0.5	0.5～0.25	0.25～0.1	0.1～0.005	＜0.005
——　点位1						84.3	15.7
——　点位2						84.0	16.0
——　点位3						84.6	15.4
——　点位4						77.5	22.5

颗粒大小分配曲线

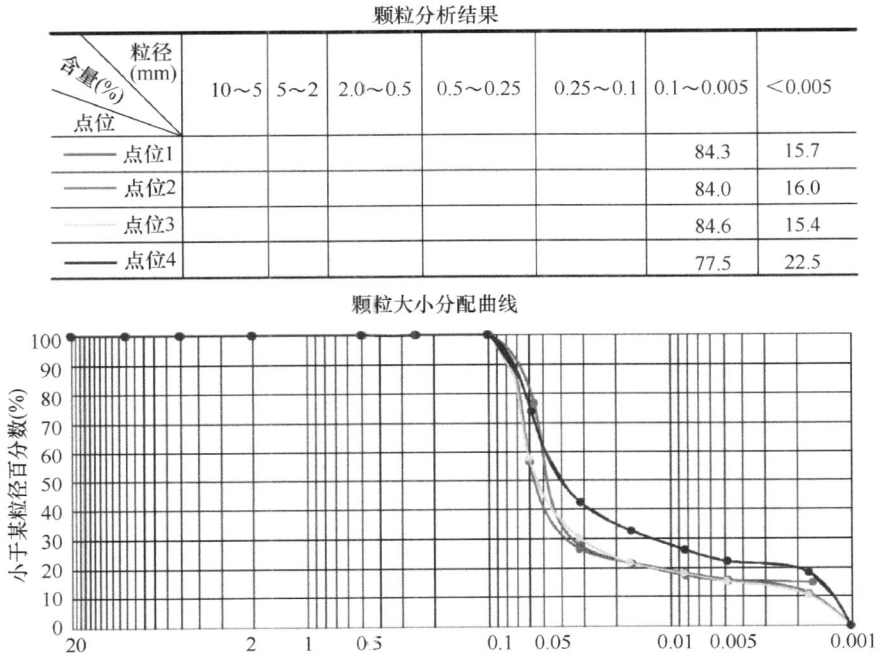

图 2.2　颗分试验结果图

2.4　液限及塑限

液塑限采用实验室中的 LP-100D 数字式液塑限联合测定仪（图 2.3）。根据规范的相关要求进行试验，液塑限结果如图 2.4 所示。

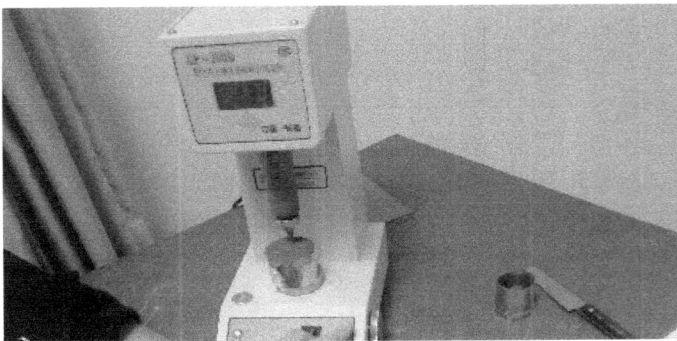

图 2.3　数字式液塑限测定仪

由 4 个点位土样的液塑限结果可以看出，取土场土样的液限和塑限较低，属

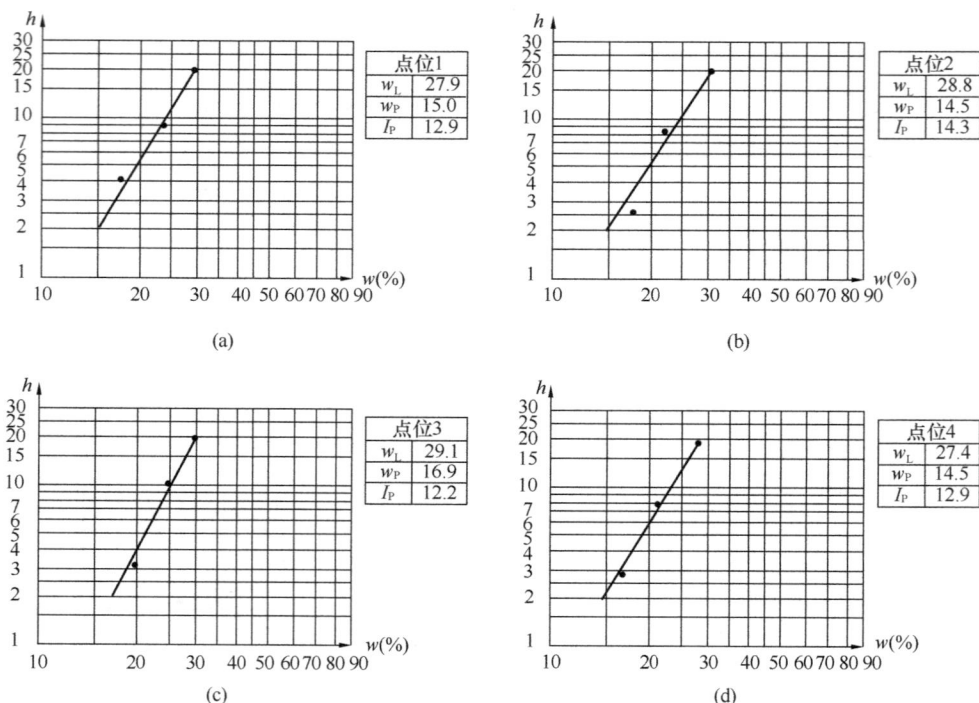

点位1	
w_L	27.9
w_P	15.0
I_P	12.9

(a)

点位2	
w_L	28.8
w_P	14.5
I_P	14.3

(b)

点位3	
w_L	29.1
w_P	16.9
I_P	12.2

(c)

点位4	
w_L	27.4
w_P	14.5
I_P	12.9

(d)

图 2.4　液塑限试验结果
（a）点位 1；（b）点位 2；（c）点位 3；（d）点位 4

于低液限粉黏土一类的土质。在液塑限试验的过程中，土样表现出粉质较多，持水性差且不会轻易粘附在容器内壁上。根据《公路路基施工技术规范》JTG/T 3610 中的要求（液限＜50％，塑限＜26％），取土场的土是可以直接填筑路基的。然而，低液限表明土样吸水后不稳定且易达到流动的状态，填筑路基以后的边坡抗冲刷能力较低。

2.5　抗剪强度

室内直剪试验是用环刀按试验操作方法取原状土样，采用直剪试验仪（图 2.5）在垂直压力分别为 100kPa、200kPa、300kPa 的条件下快速剪切试样，获得天然状态下的土力学参数 c、φ，用以评价原状土的承载力。直剪试验的结果能够确定下部土体的承载力是否满足要求，试验结果如图 2.6 所示。

从直剪试验的结果分析可以得出，土样中的颗粒固结状态不均匀，表明不同点位的土体所受的应力历史不是均衡的，不同点位土样的参数 c、φ 起伏较大，但土样在天然状态下的摩擦角和黏聚力相对来说较高，施工现场需要通过多个点位的测试来确保地基的承载力达到设计要求。

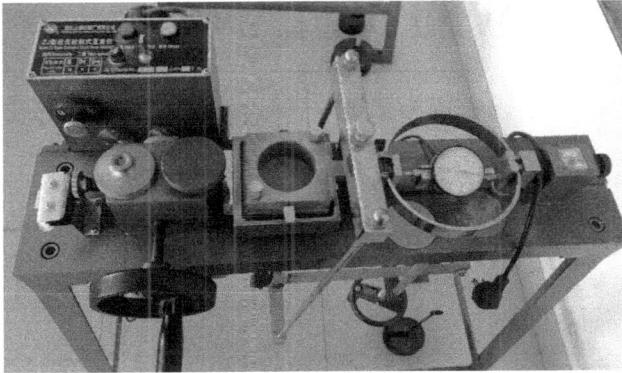

图 2.5 直剪试验仪

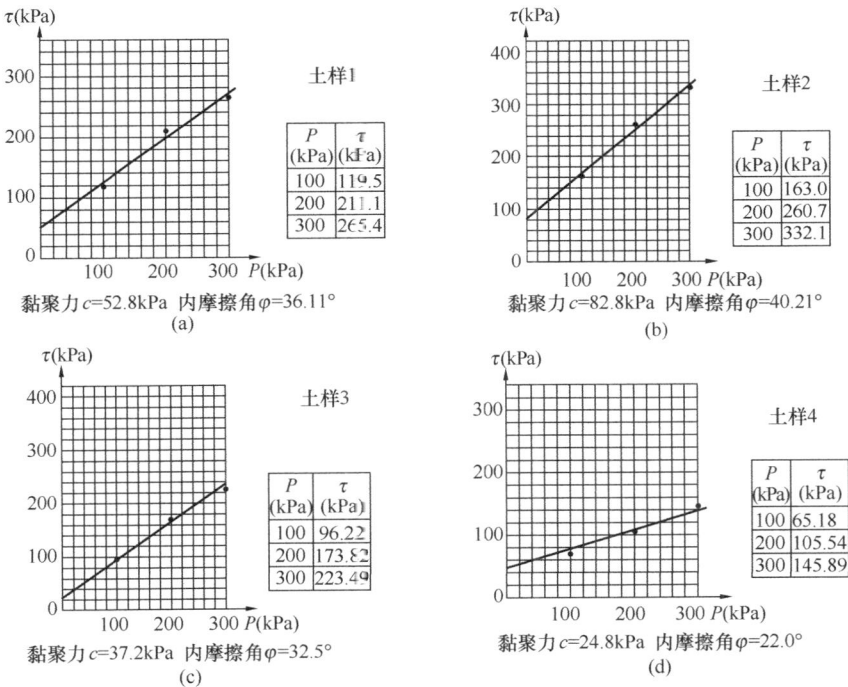

黏聚力 c=52.8kPa 内摩擦角 φ=36.11°
(a)

土样1

P (kPa)	τ (kPa)
100	119.5
200	211.1
300	265.4

土样2

P (kPa)	τ (kPa)
100	163.0
200	260.7
300	332.1

黏聚力 c=82.8kPa 内摩擦角 φ=40.21°
(b)

土样3

P (kPa)	τ (kPa)
100	96.22
200	173.82
300	223.49

黏聚力 c=37.2kPa 内摩擦角 φ=32.5°
(c)

土样4

P (kPa)	τ (kPa)
100	65.18
200	105.54
300	145.89

黏聚力 c=24.8kPa 内摩擦角 φ=22.0°
(d)

图 2.6 直剪试验结果

2.6 压缩模量及系数

根据颗分试验、液塑限试验及直剪试验的结果，可以初步判断土样为非饱和的细粒土。按照标准的规定，用环刀对未扰动土取样，采用室内单轴固结试验仪（图 2.7）进行标准固结试验，分别记录环刀试样在 50kPa、100kPa、200kPa、

300kPa 荷载下规定时间点的百分表读数。试验结束后，对试验数据进行相应的处理，得到的固结试验结果如图 2.8 所示。

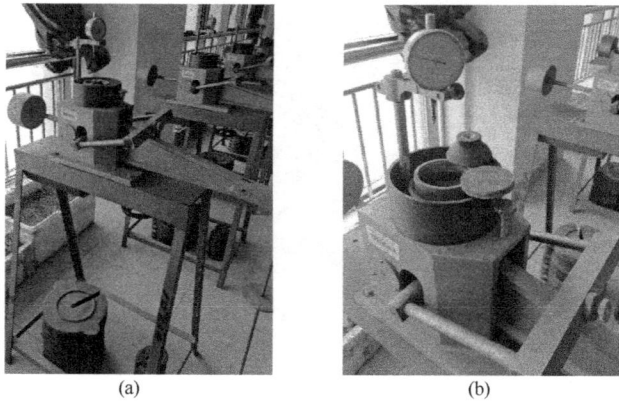

(a)　　　　　　　　　　　　　(b)

图 2.7　固结试验仪

（a）固结试验仪加载装置；（b）排水固结室

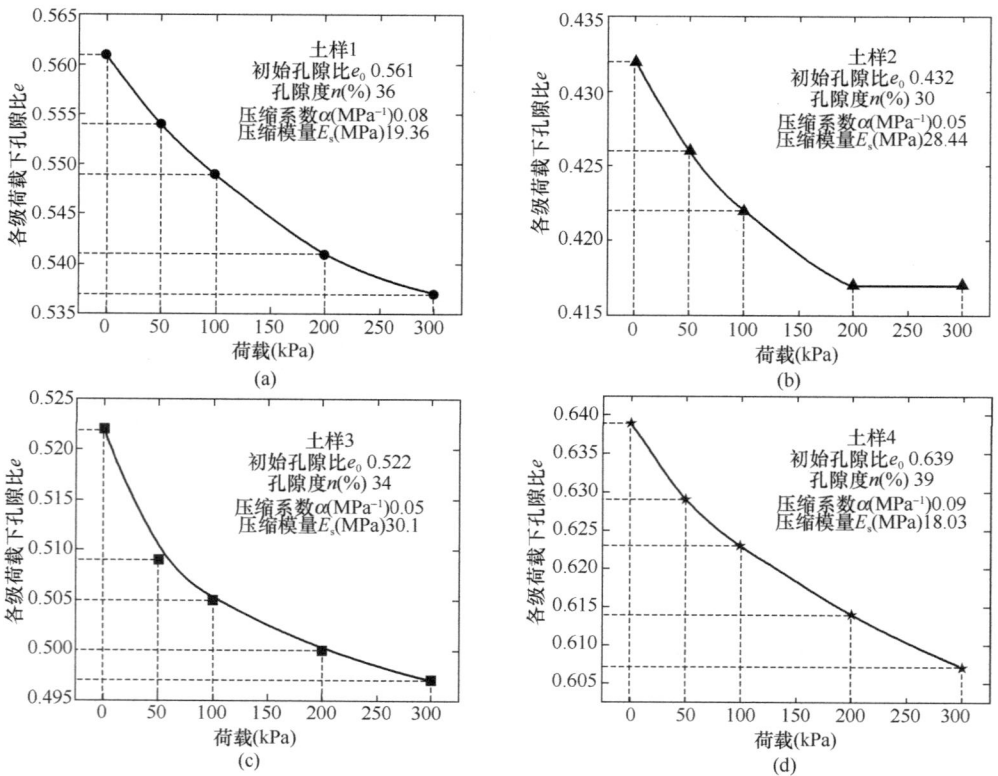

(a)

(b)

(c)

(d)

图 2.8　固结试验结果

（a）点位 1；（b）点位 2；（c）点位 3；（d）点位 4

通过分析常规固结试验的结果，可以得出结论：（1）原状土的压实度在不同的点位存在较大的差异，可能是不同点位的土所受到的应力历史不同造成的，但是总体来说，相对于黏土的孔隙比变化范围较小。（2）2 号点位的土样孔隙比降至 0.417 时不再减小，且 4 个点位中孔隙比最大降幅 $\Delta e_{max} = 0.025$。（3）根据已有的评价土压缩性的标准，4 个点位的土样压缩系数（a）均小于 $0.1MPa^{-1}$，表明取土场土属于低压缩性土，其受力状态下的压缩空间较小，预计路基填筑完成后的沉降会在较短时间内达到稳定状态。

2.7　最大干密度及最优含水率

用于路基填筑的土从取土场挖出并搬运至场地的过程中，土体的结构遭到了破坏，且密实度和含水率等都会发生一定的变化，土体内部存在着很大的孔隙，如果不按照一定的要求控制含水率和压实度，成型后的强度必会受到影响。特别是像路基这种构筑物，投入运营后在车辆尤其是超载车辆的反复荷载作用下，没有按标准压实的路基会发生较大的不均匀沉降。因此室内击实试验对于路基填土压实机具的选择有着重要的意义。

参考试验规程中的试验参数，采用电动击实仪（图 2.9）开展重型击实试验，来确定 4 个点位土样的最佳含水率 w_{op} 和最大干密度 ρ_{max}，重型击实试验的相关参数如表 2.2 所示，击实试验结果如图 2.10 所示。

击实试验参数　　　　　　　　　　　　　　　　表 2.2

试验类型	填料层数	击筒容积	每层击数	击锤质量	击筒质量
重型击实	5	$997cm^3$	27	4.5kg	2497g

图 2.9　击实试验

分析击实试验的结果，可以看出土样的最大干密度在 $1.7g/cm^3$ 左右，最佳

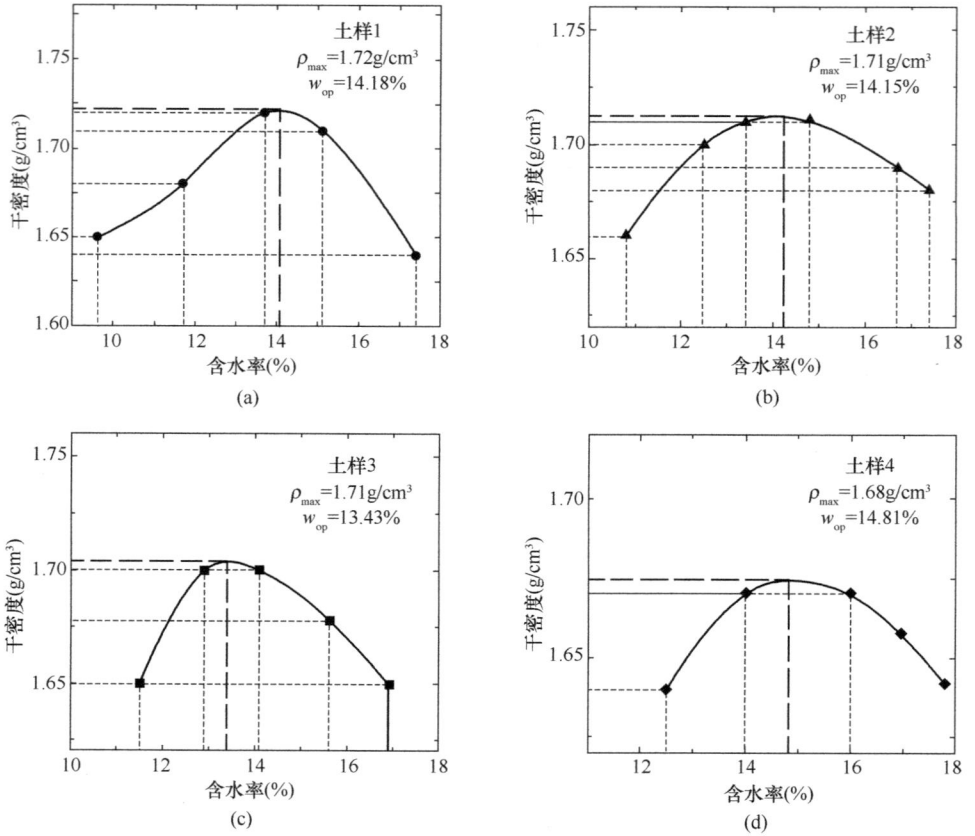

图 2.10 击实试验结果

含水率在 14% 左右。综合土样在击实试验中的表现，可以认为这种土在用作路基填筑时，需要对含水率和压实机具进行严格的控制，否则其很难达到设计要求的压实度标准。低液限粉土在填筑路基时，应对其含水量进行精准的控制，以求最大的压实程度。

2.8 应力应变特征

为深入地研究用于路基填筑低液限粉土的应力应变特性，利用室内三轴试验仪开展了室内三轴试验，室内三轴试验仪及试件的常规参数见表 2.3。参考试验规程中三轴试验要求，施工期的公路高填方路基宜等效于三轴不固结不排水剪（UU）及三轴固结不排水剪（CU）试验得出的土体应力应变关系。参考常规路基填方区压实度 94% 准确计算每试件所用土量以制备试件（图 2.11a），并按照

击实试验中确定的 ω_{op} 和 ρ_{max} 精确控制试样的含水率。

三轴试验相关参数

表 2.3

试验方法		UU	CU
剪切速率（mm/min）		0.4	0.4
测力计系数（N/0.01mm）		5.31	5.31
试件参数	高度（cm）	8	8
	直径（cm）	3.91	3.91
	横截面积（cm²）	12.0	12.0
	压实度（%）	94	94
围压等级（kPa）		100、200、300、400、500	100、200、300、400

　　室内三轴试验仪及试验过程如图 2.11（b）和图 2.11（c）所示。三轴试验的过程中以压力室中加水压的方式实现试件的径向加压，以应力环与可上升底座的组合实现轴向加压。在 CU 试验中先对试样进行反压饱和后再进行试验，过程中采用精密压力表（精度 ±0.1kPa）监测孔压的实时变化。

图 2.11　三轴试验
（a）制备试件；（b）封装压力室；（c）三轴试验仪

　　在 UU 及 CU 试验条件下，分别对试件施加不同等级的围压进行试验，记录在相同位移增量（ΔD）下的数据后进行相应的数据处理工作。UU 试验条件下的试验结果如图 2.12 所示。CU 试验条件下的试验结果如图 2.13 所示。

　　试验过程中发现，在 UU 试验条件下，试样在不同的围压条件下均会出现一定的剪胀现象，但剪胀现象不明显。从图 2.12（e）中可以看出，在高围压状态（$\sigma_3 = 500\text{kPa}$）下，试样的应变硬化特性较低围压状态下的明显。在围压为 500kPa 条件下，在试验后期试样侧面出现了明显的破坏面（图 2.12b 和图

21

(a) (b) (c)

(d) (e)

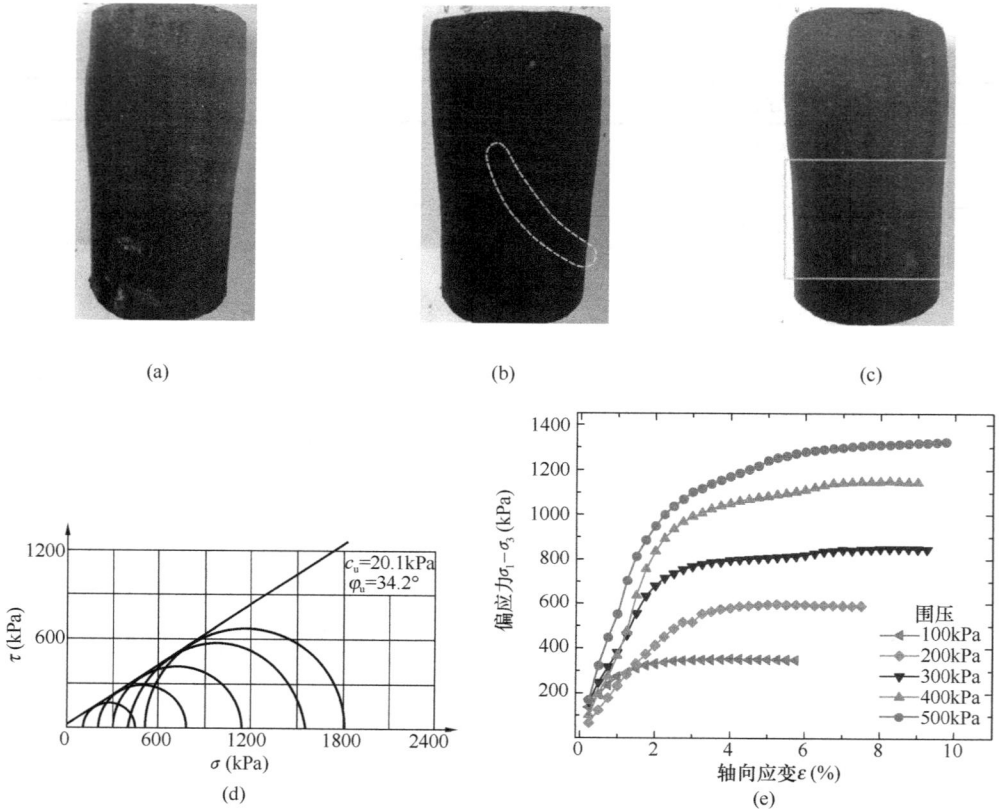

图 2.12 UU 试验结果

（a）试样剪胀（ $\sigma_3 = 100\text{kPa}$ ）；（b）破坏面出现（ $\sigma_3 = 500\text{kPa}$ ）；（c）试样破坏（ $\sigma_3 = 500\text{kPa}$ ）；

（d）UU 强度包络线；（e）不同围压下偏应力与轴向应变关系曲线

2.12c）。需要说明的是，因为试验人员的拆解试样技能不够成熟，所以围压为 200kPa、300kPa、400kPa 条件下的试样在拆卸的过程中完整性遭到了破坏，试验后期完整试样的照片无法获得。

从图 2.13 中可以看出，在固结不排水的试验环境中，在低围压条件下，试样出现了明显的峰后应变软化现象，随着围压的升高，这种现象逐渐消失；孔压曲线显示在任意围压条件下，试样都会出现剪胀现象，但随着围压的升高，孔压在试样发生剪胀之前上升明显且试样的剪胀特性被逐渐压制；孔隙间水的参与对摩擦角和黏聚力的影响较小。相比 UU 试验中的不饱和试样，CU 试验中进行饱和并固结的试样参数 c 有了较大幅度的上升，但摩擦角并没有发生较大的改变，说明压实土的性质会受到水的影响发生较大的变化。

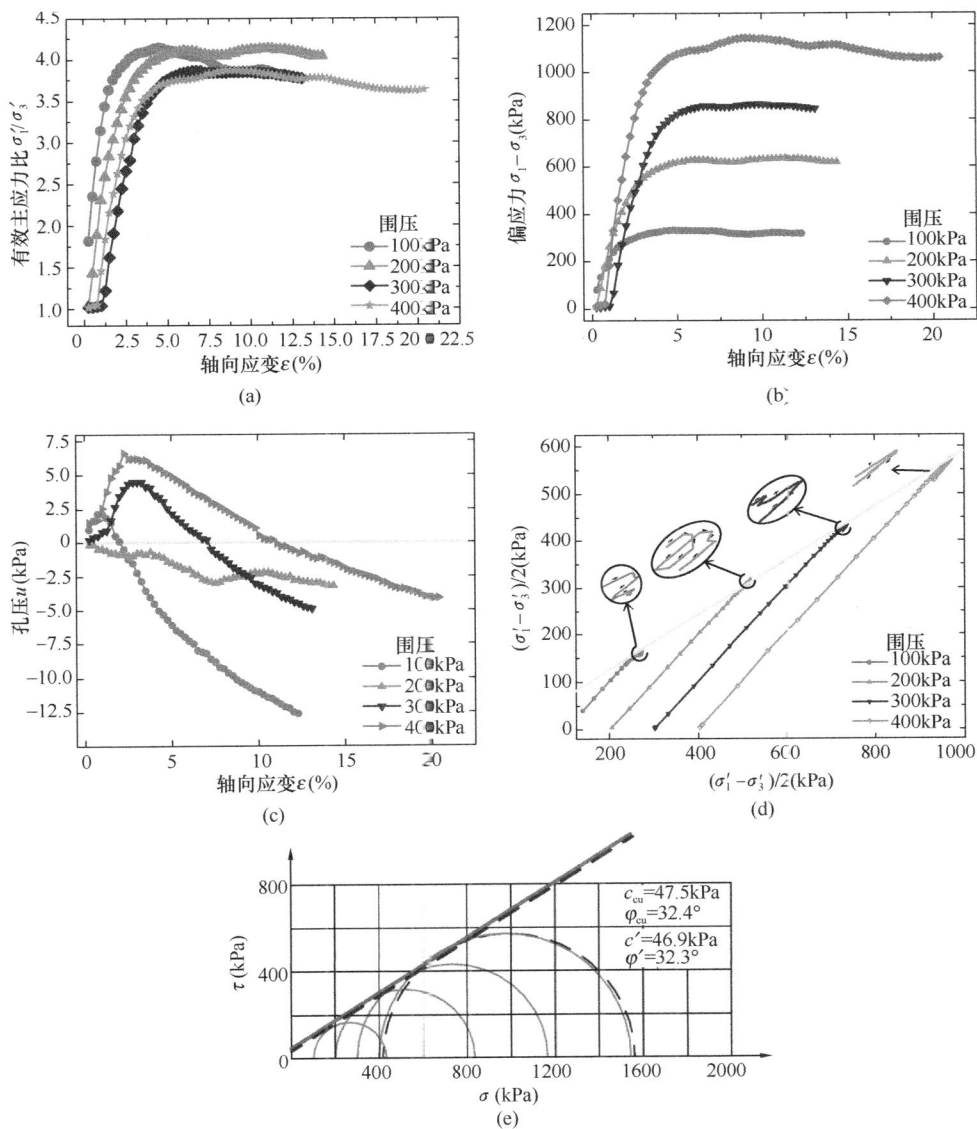

图 2.13　CU 试验结果

（a）应力比与轴向应变关系曲线；（b）偏应力与轴向应变关系曲线；

（c）孔压与轴向应变关系曲线；（d）有效应力路径；（e）CU 强度包络线

第3章 低液限粉土改性试验研究

3.1 概述

从低液限粉土工程性质中可以看出，该粉土级配差，黏粒含量少，胶体活性差，若按传统改良方法直接用于路面基层或台背处回填，会导致路基整体强度过低，承载力不足而引发路面开裂、桥头跳车等公路病害。如果采用工程性质良好的碎石土、砂土等材料回填，会直接增加项目造价。因此，本着因地制宜、就地取材、节约资源的原则，不同回填区的主要回填材料仍选用低液限粉土。由于路面基层为平面半刚性层结构形式，因此该区域改性土以多种无机结合料增强为主，路桥过渡区填土采用分层填筑压实的工艺，体量较大，需以改善压实性能为主，以小幅度提升压实土强度的目标进行改性试验。

3.2 路面基层土密实度改良试验

膨润土具有较强吸湿性和遇水膨胀性，其主要矿物成分为蒙脱石，主要化学成分有二氧化硅、三氧化二铝和水，在水中呈悬浮状态，水少时可以膨胀呈糊状。由于膨润土属黏土，其粒径细小，且具有较强的吸附性和胶结性，可以较好地填充到低液限粉土间隙中，增加颗粒之间的粘结力，提高低液限粉土密实度。试验所用膨润土为钠基膨润土（层间阳离子为 Na^+），其膨胀性、粘结性、吸附性比钙基膨润土更强。选择掺入到低液限粉土中的比例为3％、6％、9％和12％（与干土质量比）。以回弹模量为改性试验指标，确定低液限粉土和膨润土的最佳配比。首先开展不同配比改良土的击实试验，获得最大干密度和最佳含水率，根据最大干密度分析改良土的密实度，根据最佳含水率进行回弹模量试验。

按预定掺量将一定质量的膨润土掺入已过筛（2mm）的低液限粉土中，经人工调和均匀后加入不同质量的水再调匀，制成5个不同含水率状态下的试件进行击实试验，不同膨润土掺入比的击实曲线如图3.1所示。

分析膨润土不同掺入比条件下的改性土击实曲线可知，改性土的最佳含水率较素低液限粉土均有所增加，且随膨润土浓度的增加而增大。当掺入12％时，最佳含水率为14.4％，较素低液限粉土增加11.6％；掺入膨润土后最大干密度均有明显提高，随膨润土浓度的增加，最大干密度先增大后下降，且当膨润土掺

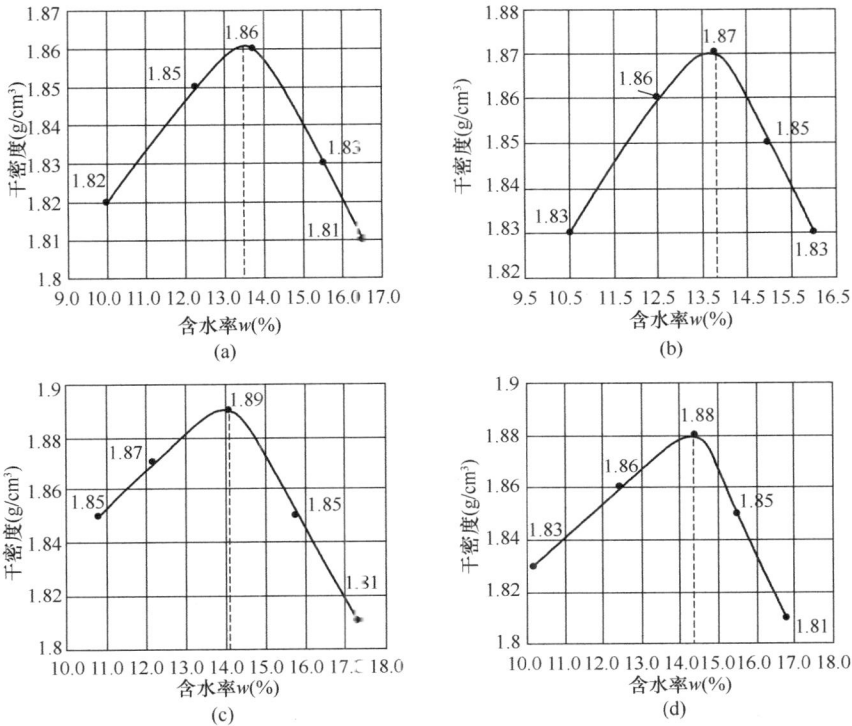

图 3.1　单掺各浓度膨润土击实曲线

（a）3％膨润土击实曲线；（b）6％膨润土击实曲线；

（c）9％膨润土击实曲线；（d）12％膨润土击实曲线

入 9％时，干密度最大，为 1.89g/cm³，比素低液限粉土最大干密度提高了 3.8％。由此可知，掺和膨润土后低液限粉土的密实度明显提高。

根据击实试验获得的不同配比膨润土改性低液限粉土的最佳含水率配制试样，首先施加 200kPa 的压力进行预压，然后按 $P=50$kPa、100kPa、150kPa 和 200kPa 依次加卸载，加卸每级荷载 1min 后计数，加卸载读数之差即为回弹变形 l，回弹模量试验结果如图 3.2（a）所示。从图 3.2（a）中可以看出，P-l 曲线不过原点，根据每条直线的截距进行修正，修正后 P-l 曲线如图 3.2（b）所示，最后根据 $E=\dfrac{\pi PD}{4l}(1-\mu^2)$ 得出每级荷载下的回弹模量，其中 D 表示承载板直径（cm），取 5cm；μ 表示土的泊松比，取 0.35；每级荷载下的回弹模量取平均值即为不同配比改良土的回弹模量（表 3.1）。

根据图 3.2 和表 3.1 可知，在各级荷载作用下，未掺入膨润土的低液限粉土回弹变形量最大，回弹模量最小；掺入膨润土后，回弹变形量随膨润土浓度的增加先减小后增大，回弹模量随膨润土浓度的增加先增大后减小；当膨润土掺量在

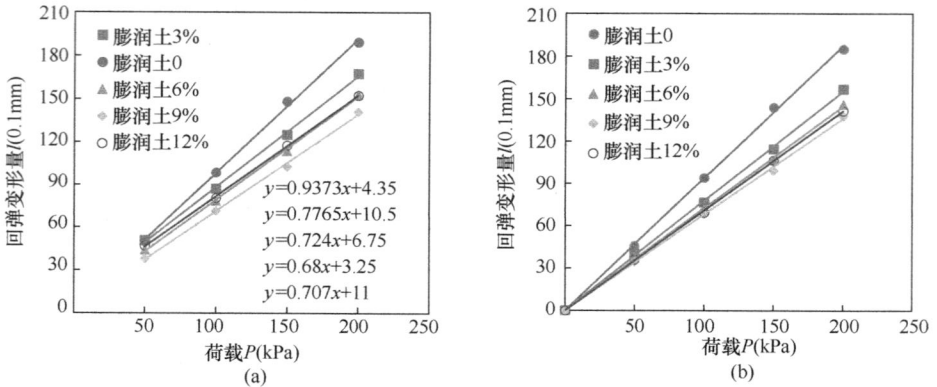

$y=0.9373x+4.35$
$y=0.7765x+10.5$
$y=0.724x+6.75$
$y=0.68x+3.25$
$y=0.707x+11$

图 3.2　回弹变形曲线

（a）原始曲线；（b）修正曲线

9％时，回弹模量最大，较低液限粉土提高 37％。因此，从提高密实度的角度减小基层弯沉的膨润土最佳掺量为 9％。

回弹模量试验结果		表 3.1
膨润土浓度（％）	最佳含水率（％）	回弹模量 E（MPa）
0	12.9	36.9
3	13.4	44.22
6	13.8	47.48
9	14.1	50.55
12	14.4	48.67

3.3　路面基层土单掺改性试验

水泥是一种水硬性胶凝材料，加水搅拌后能将砂土、粉土等材料粘结起来并具有较高的强度，抗冻性好，不易产生干缩裂缝。本研究采用的水泥为 P·O 42.5 普通硅酸盐水泥，掺量为 2％、5％、8％（与干土的质量比，同下）。

水玻璃，即硅酸钠的水溶液，其粘结力强，强度高，与土中的 Mg^{2+}、Ca^{2+} 反应可以生成具有一定粘结力的凝胶，进而可以充填孔隙。本书采用的是模数 2.3～2.5、波美度 50（密度为 1.53g/cm³）的液体硅酸钠，掺量为 1％、3％、5％。

氯化钙是一种可溶性盐，具有较强的吸湿性，它与水玻璃混合在一起，反应可生成硅酸凝胶，能够填充孔隙，且具有一定胶结能力，强度高。其单独掺入土中对土的强度等特性的影响有待研究。本书采用的是无水氯化钙颗粒，先将其溶于水中形成氯化钙溶液再掺入到粉土中，掺量为 1％、2％、3％。

　　石灰是一种气硬性胶凝材料，其主要成分为氧化钙，保水性好，分为熟石灰和生石灰，本书采用生石灰，掺入土中可以反应生成水硬性物质，提高土的强度和水稳定性，掺量为 2%、4%、6%。

　　聚丙烯纤维是以聚丙烯为原料合成的纤维，其质量轻，强度高，韧性好，耐酸碱性好，无吸水性，将其均匀地掺入到低液限粉土中可制成纤维加筋土，改善低液限粉土的强度和压缩特性。本书选用聚丙烯纤维长度为 9mm，掺量为 0.2%、0.4%、0.6%。

　　将上述 5 种材料确定的掺量分别单掺入低液限粉土中，首先进行击实试验，分析各改性土的压实特性；然后根据相应的最佳含水率制备适用于直剪试验、固结试验和无侧限抗压强度试验的试件，研究不同压实度下改良土的强度及压缩特性，分析每种材料的单掺改性效果。

3.3.1　单掺改性土击实性能

　　根据规范[98]的步骤和要求，采用甲类击实方法进行击实试验。考虑到氯化钙对低液限粉土的最佳含水率影响很小以及聚丙烯纤维拒水特性，上述 2 种材料单掺改性土的最佳含水率均采用低液限粉土的最佳含水率 12.9%。其余 3 种材料改性土的击实曲线如图 3.3 所示，击实试验结果统计见表 3.2。

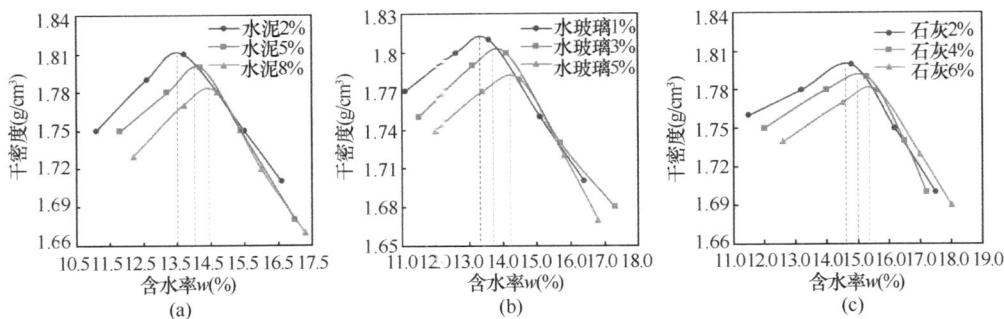

图 3.3　击实试验结果
(a) 单掺水泥；(b) 单掺水玻璃；(c) 单掺石灰

击实试验结果统计　　　　　　　　　　　　　　　　　　表 3.2

加固材料	浓度（%）	最大干密度（g/cm³）	最佳含水率（%）
水泥	2	1.81	13.5
	5	1.80	14.0
	8	1.78	14.4
水玻璃	1	1.81	13.3
	3	1.80	13.7
	5	1.78	14.2

加固材料	浓度（%）	最大干密度（g/cm³）	最佳含水率（%）
石灰	2	1.80	14.6
	4	1.79	15.0
	6	1.78	15.3

由图 3.3 及表 3.2 可知：

（1）单掺水泥、单掺水玻璃及单掺石灰改性土的最大干密度比低液限粉土的最大干密度均有所减小，但减小幅度不大，最多减小 0.04 g/cm³，且随上述 3 种材料掺量的增加，相应改性土的最大干密度逐渐减小。

（2）单掺水泥、单掺水玻璃及单掺石灰的最佳含水率比低液限粉土的最佳含水率均有所增加，增加 0.4%～2.4%，且随上述 3 种材料掺量的增加，相应改性土的最佳含水率不断增大。

（3）单掺石灰改性土的最大干密度较单掺其余两种材料变化不大，而最佳含水率较其他两种材料提高较多，掺入 2% 石灰，最佳含水率就从低液限粉土的12.9%增大至 14.6%；当掺入 6% 石灰时，最佳含水率增大至 15.3%，说明石灰的吸水性较水泥、水玻璃更大。

3.3.2 单掺改性土抗剪强度

工程中土体的破坏主要是剪切破坏，而土的抗剪强度可以反映土体抵抗剪切破坏的能力。根据相应改性土的最佳含水率采用静力压实法制备压实度为 93%、95% 和 97% 条件下的试样，养护 7d。通过单掺快剪试验获得抗剪强度指标，分析不同压实度条件下不同配比改性土的抗剪切特性。根据标准计算每级荷载作用下的剪应力 $\tau = CR$，其中，C 表示测力计校正系数，为 1.597kPa/0.01mm，R 为百分表读数。试样所用环刀直径为 6mm，高 20mm，同一压实度下至少制备 3 个试样，单掺改性土的直剪试验结果如图 3.4～图 3.8 所示。

根据不同配比水泥单掺改性土的直剪试验结果（图 3.4），对比低液限粉土的试验结果，可以得出以下结论：

（1）单掺水泥对低液限粉土的抗剪强度改性效果非常明显。同一压实度条件下，掺入不同配比的水泥对低液限粉土的抗剪强度均有明显提高。400kPa 垂直压力且压实度为 97% 时，水泥掺量 0 到 8% 改性土的抗剪强度从 278.7kPa 增加到 503.1kPa，增加 56.4%。随着水泥掺量的增加，改性土抗剪强度增长趋势逐渐降低，2% 水泥掺量的抗剪强度较掺量 0 增加至 351kPa，增加 25.9%，5% 水泥掺量的抗剪强度较掺量 2% 增加至 436kPa，增加 24.2%，8% 水泥掺量的抗剪强度较掺量 5% 增加至 503.1kPa，增加 15.4%。

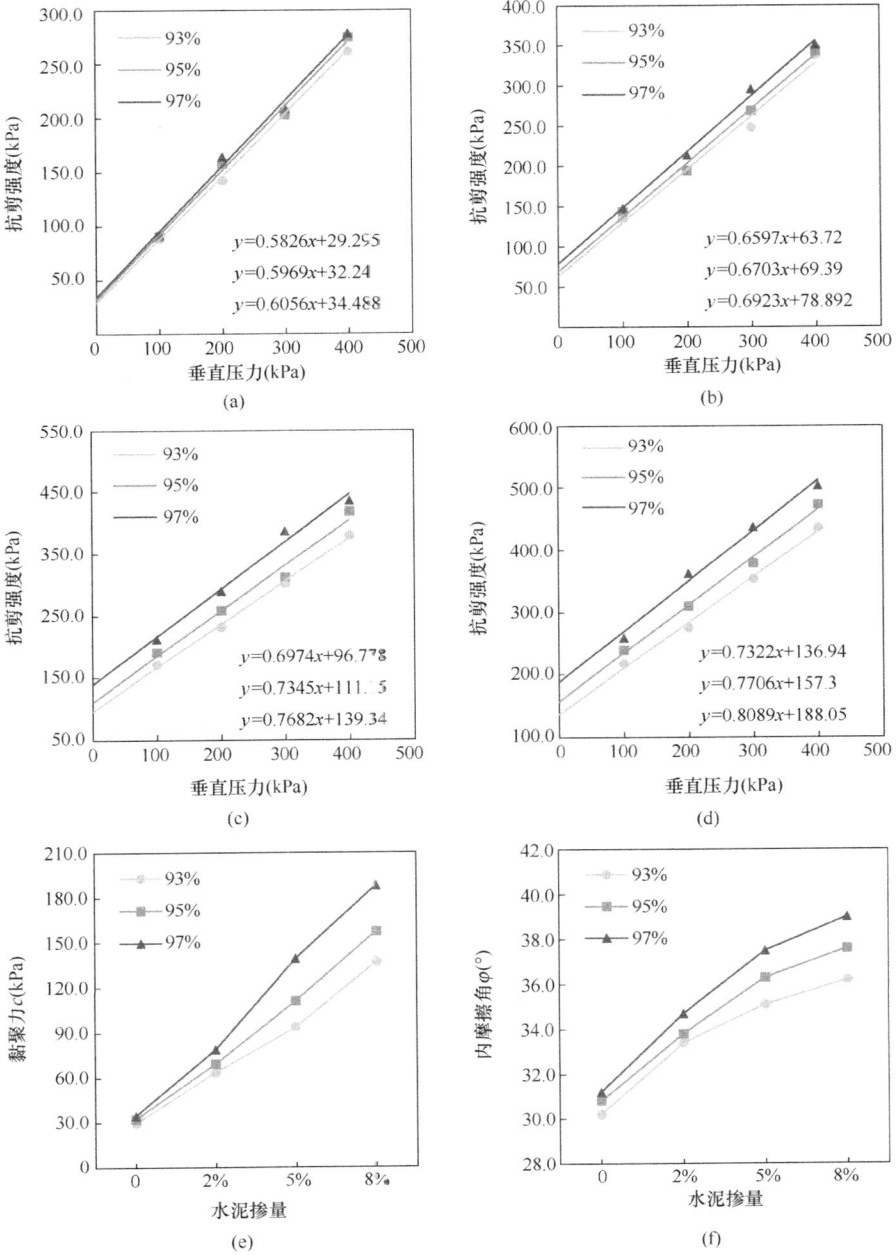

图 3.4　水泥改性土的直剪试验结果

（a）单掺水泥 0；（b）单掺水泥 2%；（c）单掺水泥 5%；（d）单掺水泥 8%；
（e）黏聚力与水泥掺量变化曲线；（f）内摩擦角与水泥掺量变化曲线

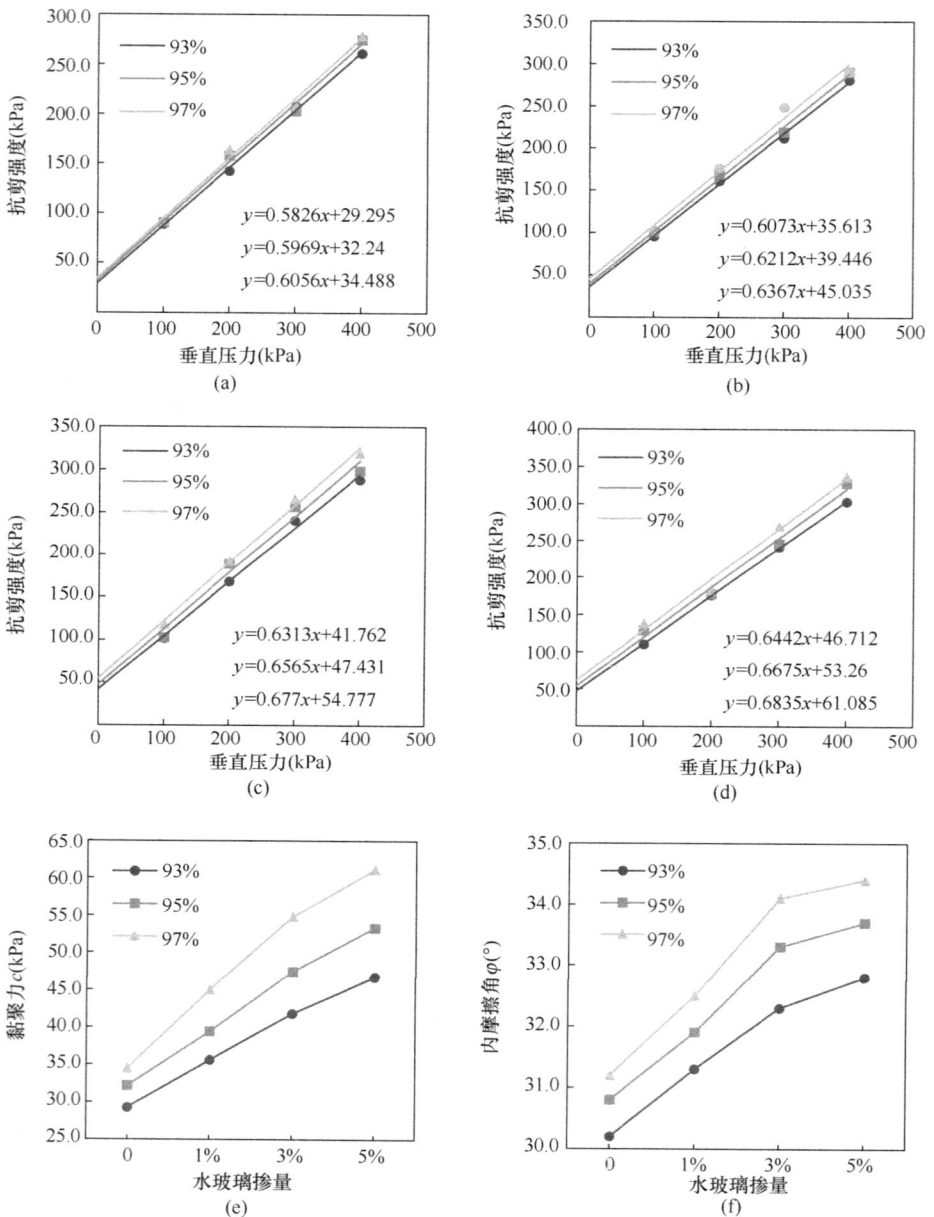

图 3.5　水玻璃改性土的直剪试验结果

（a）单掺水玻璃 0；（b）单掺水玻璃 1%；（c）单掺水玻璃 3%；（d）单掺水玻璃 5%；
（e）黏聚力与水玻璃掺量变化曲线；（f）内摩擦角与水玻璃掺量变化曲线

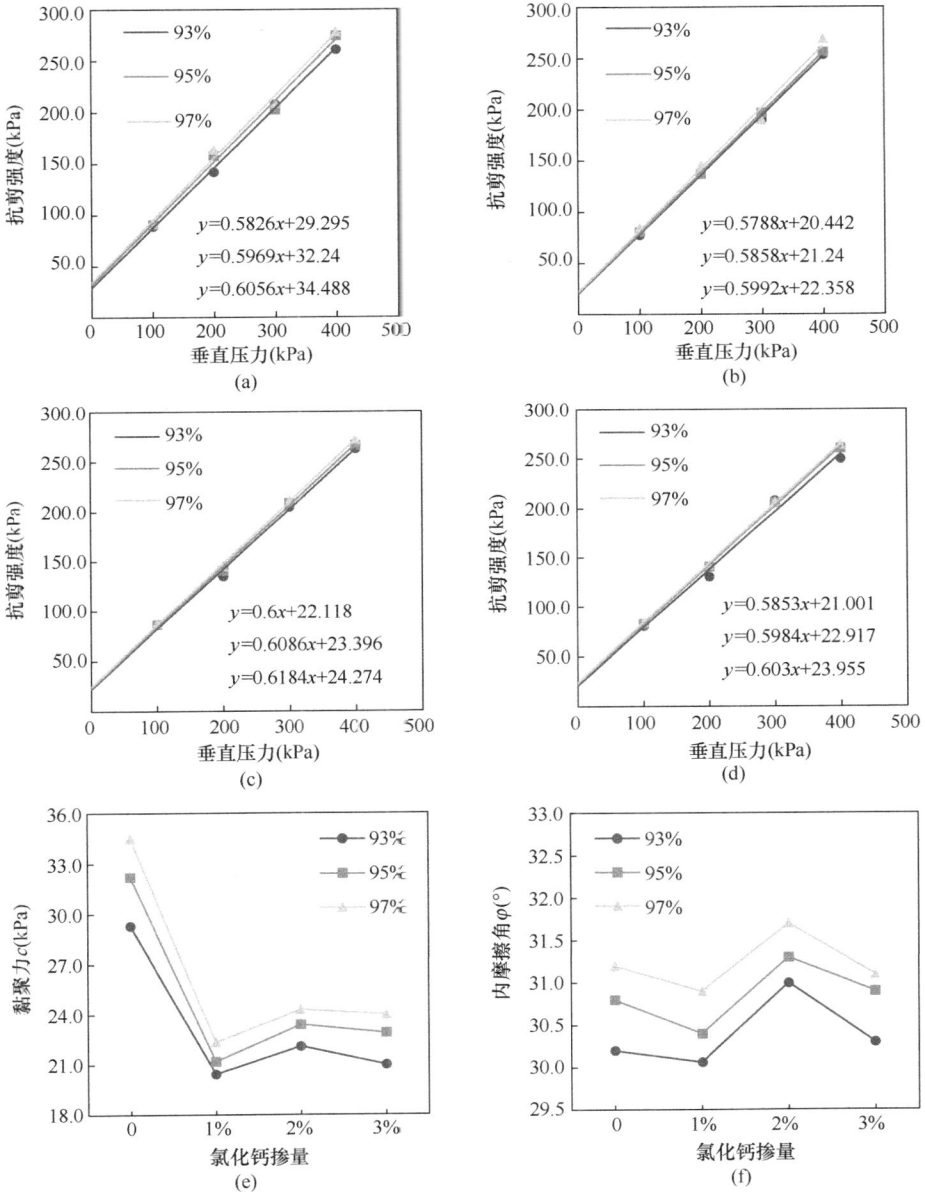

图 3.6　氯化钙改性土的直剪试验结果

（a）单掺氯化钙 0；（b）单掺氯化钙 1%；（c）单掺氯化钙 2%；（d）单掺氯化钙 3%；
（e）黏聚力与氯化钙掺量变化曲线；（f）内摩擦角与氯化钙掺量变化曲线

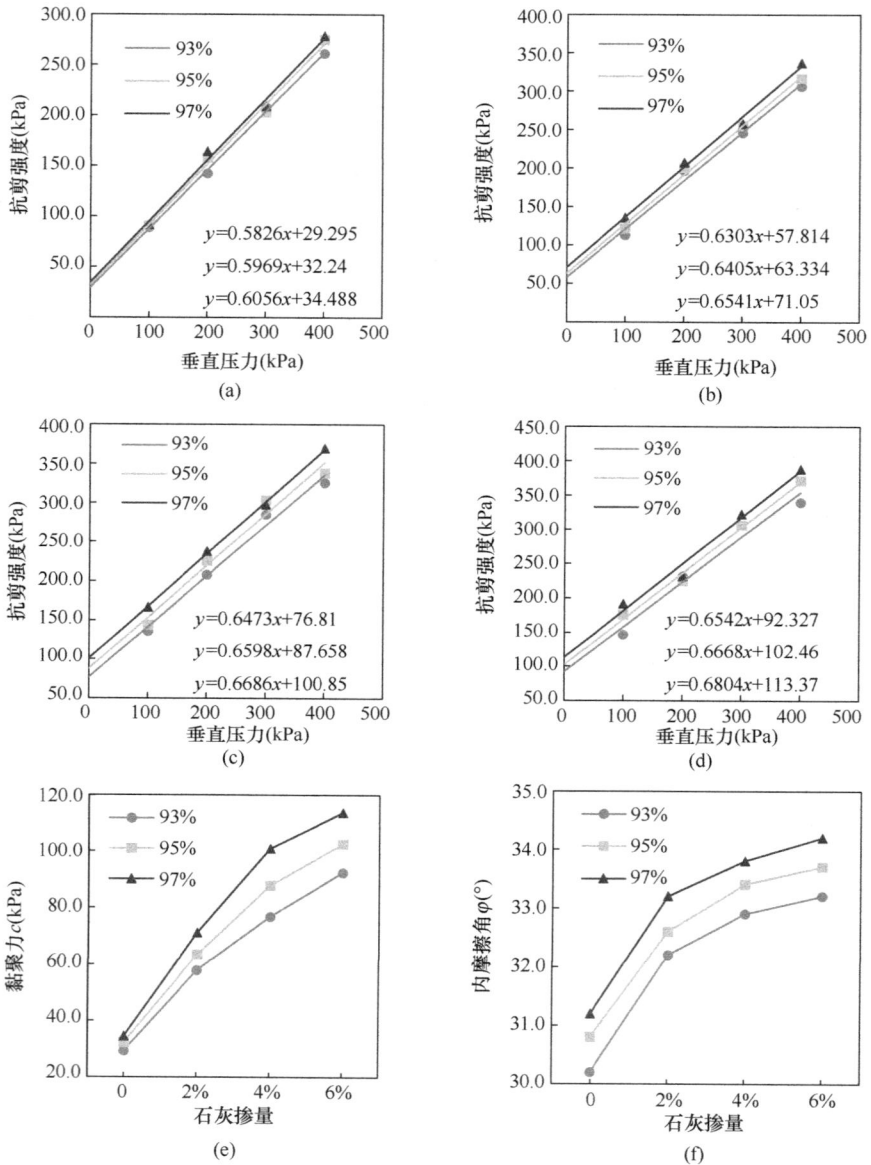

图 3.7　石灰改性土直剪试验结果

（a）单掺石灰 0；（b）单掺石灰 2%；（c）单掺石灰 4%；（d）单掺石灰 6%；
（e）黏聚力与石灰掺量变化曲线；（f）内摩擦角与石灰掺量变化曲线

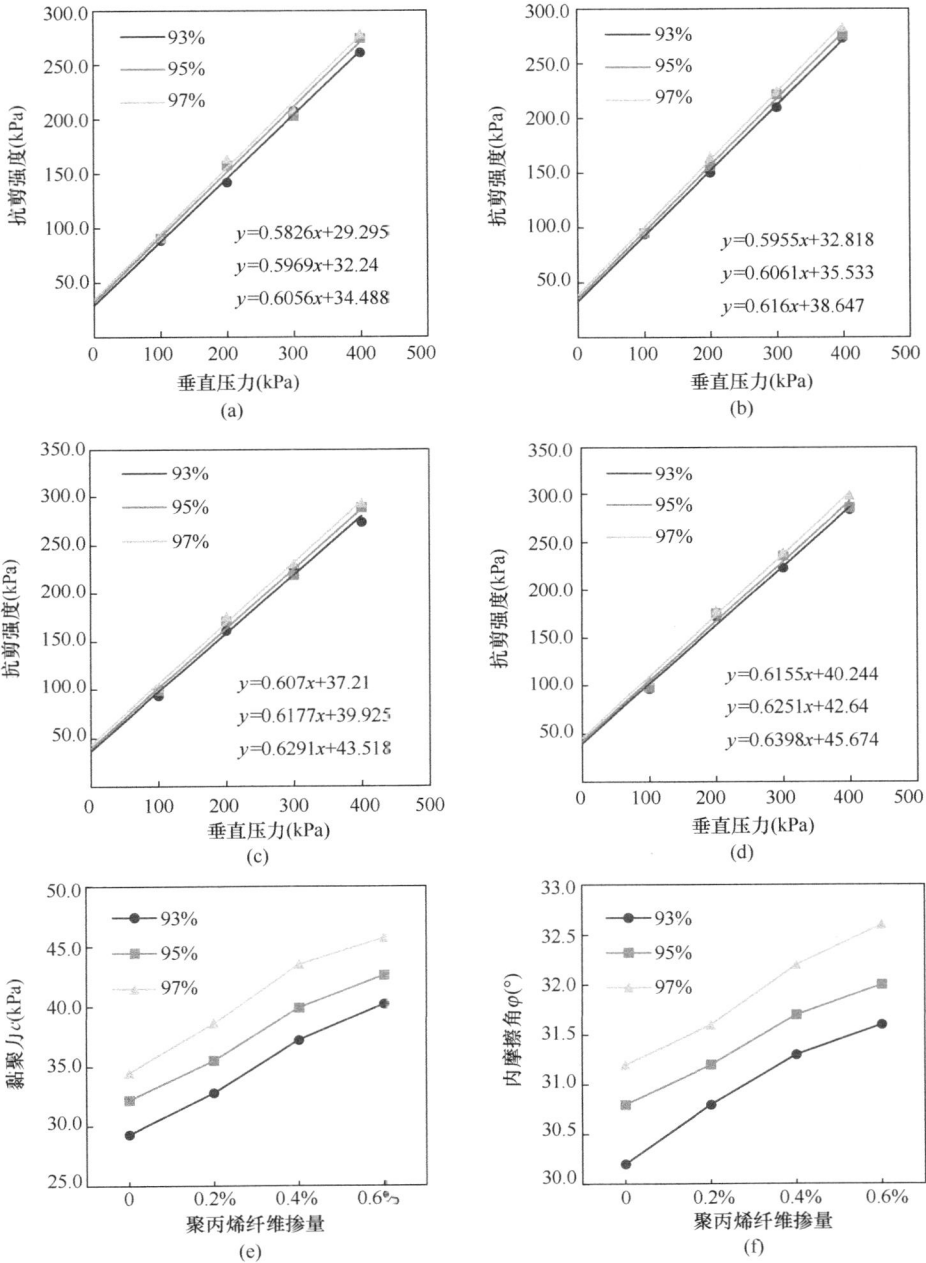

图 3.8　聚丙烯纤维改性土直剪试验结果

（a）单掺聚丙烯纤维 0；（b）单掺聚丙烯纤维 0.2%；（c）单掺聚丙烯纤维 0.4%；（d）单掺聚丙烯纤维 0.6%；（e）黏聚力与聚丙烯纤维掺量变化曲线；（f）内摩擦角与聚丙烯纤维掺量变化曲线

（2）同一压实度条件下，改性土的黏聚力随水泥掺量的增加而增大。如97%压实度条件下，当水泥掺量从0提高到2%时，改性土黏聚力提升128.7%；掺量5%时较掺量2%增加76.6%；掺量8%时较掺量5%增加35%。结合黏聚力变化曲线及上述增长率数据可知，随着水泥掺量的增大，改性土体黏聚力增长趋势有所放缓。

（3）同一压实度条件下，改性土的内摩擦角随水泥掺量的增加而增大。其相应变化规律较黏聚力相似，随着水泥掺量的不断增加，97%压实度条件下，改性土内摩擦角从水泥掺量0的31.2°增加至2%的34.7°，从水泥掺量2%的34.7°增加至水泥掺量5%的37.5°，再增加至水泥掺量8%的39°，改性土内摩擦角增长趋势有所放缓。

（4）同一水泥掺量条件下，随着压实度的提高，改性土的抗剪强度也随之增大，这表明提高压实度能相应提高改性土抗剪强度。同时，黏聚力和内摩擦角均呈现出随压实度增大而逐渐增大的特征，且随着水泥掺量的增加，这一特征更加明显。如未掺入水泥时的黏聚力从压实度93%到压实度97%只提高5.19kPa，而当水泥掺量为8%时，压实度对黏聚力的影响最为明显，从压实度93%的136.94kPa增加到压实度97%的188.05kPa，增加51.11kPa。

根据不同配比水玻璃改性低液限粉土的直剪试验结果（图3.5），可以得出以下结论：

（1）掺入水玻璃对低液限粉土的抗剪强度提升效果较好。同一压实度条件下，掺入不同配比的水玻璃对低液限粉土的抗剪强度均有所提高。400kPa垂直压力，压实度为97%时，水玻璃掺量从掺量0增加至5%，相应抗剪强度从278.7kPa提高到337kPa，增加20.9%。随着水玻璃掺量的增加，改性土体抗剪强度增长趋势先增大后减小，掺量1%时的抗剪强度较掺量0增加至290.3kPa，增长4.2%；掺量为3%时的抗剪强度较掺量1%增加至319.4kPa，增长10%；掺量为5%的抗剪强度较掺量3%增加至337kPa，增长5.5%。

（2）相同压实度条件下，改性土的黏聚力随着水玻璃掺量的增加而增大，但增长趋势逐渐降低。压实度为97%时，水玻璃掺量从0增加至1%时，相应改性土黏聚力增大10.55kPa；从掺量1%增加至3%时，改性土单位掺量黏聚力增大4.87kPa；从掺量3%增加至5%时，单位掺量黏聚力增大3.16kPa。

（3）相同压实度条件下，随着水玻璃掺量的增加，相应改性土的内摩擦角逐渐增加，其变化趋势与黏聚力相似。在97%压实度条件下，水玻璃掺量0～1%的改性土体内摩擦角由31.2°增加至32.5°，水玻璃掺量3%时改性土体内摩擦角增加至34.1°，水玻璃掺量5%时增加至34.4°，说明随着水玻璃掺量的增加，改性土的内摩擦角增长趋势有所放缓，并逐渐趋于稳定。

（4）相同水玻璃掺量条件下，随着压实度的提高，改性低液限粉土的抗剪强度也随之增大，这表明提高压实度能相应提高改性土体的抗剪强度。同时，黏聚力和内摩擦角均呈现出随压实度增大而逐渐增大的特征，水玻璃掺量为 5% 时，压实度对黏聚力的影响程度最大，由压实度 93% 的 46.71kPa 增加至压实度 97% 的 61.09kPa，增加 14.38kPa。水玻璃掺量为 3% 时，压实度对内摩擦角的影响最大，由压实度 93% 的 32.3° 增加至压实度 97% 的 34.1°，增加 1.8°。

根据不同掺量氯化钙改性低液限粉土的直剪试验结果（图 3.6），对比素低液限粉土的试验结果，可以得出以下结论：

（1）掺入氯化钙对低液限粉土的抗剪强度无提升效果，改良土的抗剪强度较低液限粉土均有所下降；随着氯化钙掺量的增加，改性土的抗剪强度先增大后减小。97% 压实度下，掺量 2% 氯化钙的改性土在 400kPa 垂直压力下的抗剪强度为 271.8kPa，较低液限粉土抗剪强度 278.7kPa 减小 2.5%。

（2）相同压实度下，单掺氯化钙降低了低液限粉土的黏聚力。随着氯化钙掺量的增加，相应改性土黏聚力呈上下波动趋势。97% 压实度下，掺量为 1% 时的黏聚力最小，为 22.36kPa，掺量为 2% 时黏聚力最大，为 24.27kPa，较素土的 34.49kPa 分别减小 35.2% 和 29.6%。

（3）相同压实度下，随着氯化钙掺量的增加，相应改性土的内摩擦角围绕着低液限粉土的内摩擦角值呈上下波动的趋势。如 97% 压实度下，掺量为 1% 的改性土体内摩擦角最小，为 30.9°，较 0 时减小 0.3°；掺量为 2% 的改性土体内摩擦角最大，为 31.7°，较 0 时增加 0.5°。综合分析可以得出，单掺氯化钙对低液限粉土黏聚力的影响大于内摩擦角。

（4）相同氯化钙掺量下，改性土体的抗剪强度及其 c、φ 值均随压实度的增加而呈现逐渐增大的特征。

根据不同掺量石灰改性低液限粉土的直剪试验结果（图 3.7），可以得出以下结论：

（1）单掺石灰对低液限粉土的抗剪强度改性效果明显。同一压实度下，掺入不同配比的石灰，改性土的抗剪强度均有明显提高。400kPa 垂直压力且压实度为 97% 时，石灰改性土的抗剪强度从 0 的 278.7kPa 提高到 6% 的 388.1kPa，增加 39.3%。随着石灰掺量的增加，改性土体抗剪强度的增长趋势逐渐降低，掺量 2% 的抗剪强度为 337kPa 较掺量 0 增加 20.9%；掺量 4% 的抗剪强度为 369.7kPa 较掺量 2% 增加 9.7%，掺量 6% 的抗剪强度 388.1kPa 较掺量 4% 增加 5%。

（2）同一压实度下，改性土的黏聚力随石灰掺量的增加而增大，但其增长趋势逐渐减缓。如 97% 压实度条件下，石灰掺量从 0 提高到 2% 时，相应改性土的黏聚力由 34.49kPa 提高到 71.03kPa，增加 106%；掺量 4% 改性土黏聚力较掺量 2% 提高到 100.85kPa，增加 41.9%；掺量 6% 的改性土黏聚力较掺量 4% 提高到 113.37kPa，增加 12.4%。

（3）同一压实度下，改性土的内摩擦角随石灰掺量的增加而增大，其变化规律较黏聚力相似。97%压实度条件下，改性土体的内摩擦角从石灰掺量0的31.2°增加至掺量2%的33.2°，再增加至掺量4%的33.8°，掺量6%的34.2°，增长趋势逐渐放缓，趋于平稳。

（4）同一石灰掺量下，随着压实度的提高，改性土的抗剪强度也随之增大，这表明提高压实度能相应提高改性土抗剪强度。同时，黏聚力呈现出随压实度增大而逐渐增大的特征，当石灰掺量为4%时，压实度对黏聚力的影响最为明显，从压实度93%的76.81kPa增加到压实度97%的100.85kPa，增加31.3%。压实度对改性土内摩擦角的影响程度不大，除石灰掺量4%的内摩擦角从压实度93%到压实度97%提高0.9°外，掺量0、2%和6%的改性土内摩擦角均提高1°。

根据不同掺量聚丙烯纤维改性低液限粉土的直剪试验结果（图3.8），可以得出以下结论：

（1）掺入不同配比的聚丙烯纤维对低液限粉土的抗剪强度均有一定程度的提高。同一压实度下，如压实度为97%，400kPa垂直压力下，聚丙烯纤维掺量0到0.6%的抗剪强度从278.7kPa增加到298.6kPa，增加7.1%；随着掺量的增加，改性土体抗剪强度的增长趋势先增加后降低，从掺量0的278.7kPa提高至掺量0.2%的283.3kPa，增加1.7%，掺量0.4%的293.5kPa较掺量0.2%增加3.6%，掺量0.6%的298.6kPa较掺量0.4%增加1.7%。

（2）同一压实度下，改性土的黏聚力随聚丙烯纤维掺量的增加而增大。97%压实度条件下，聚丙烯纤维掺量从0提高到0.2%时，相应改性土的黏聚力由34.49kPa提高到38.65kPa，增加12.1%；掺量为0.4%时的黏聚力较掺量0.2%提高到43.52kPa，增加12.6%；掺量0.6%时的黏聚力较掺量0.4%提高到45.67kPa，增加4.9%。说明随着掺量的增加，改性土黏聚力呈现先增大后减小的增长趋势。

（3）同一压实度下，改性土的内摩擦角随聚丙烯纤维掺量的增加而增大，其变化规律与黏聚力相似，内摩擦角也呈现先增大后减小的增长趋势。97%压实度条件下，改性土摩擦角从掺量0的31.2°增加至掺量0.2%的31.6°，增加1.3%；从掺量0.2%增加至掺量0.4%的32.2°，增加1.9%；从掺量0.4%增加至掺量0.6%的32.6°，增加1.2%。

（4）同一聚丙烯纤维掺量下，随着压实度的提高，改性土的抗剪强度也随之逐渐增大，这表明提高压实度能适当提高改良土体的抗剪强度。同时，改性土黏聚力和内摩擦角均随压实度增大而逐渐增大，当聚丙烯纤维掺量为0.4%时，压实度对改性土黏聚力的影响最为明显，从压实度93%的37.21kPa增加到压实度97%的43.52kPa，增加6.31kPa；聚丙烯纤维掺量为0.6%时，压实度对内摩擦角的影响最为明显，从压实度93%的31.6°增加至压实度97%的32.6°，增加1°。

3.3.3　单掺改性土无侧限抗压强度

根据击实试验获得的低液限粉土和不同配比改性土的最佳含水率采用静力压实法制备压实度为 93%、95% 和 97% 的试件，试样直径为 50mm，高 50mm，试样制成养护 7d 后进行无侧限抗压强度试验，对比分析不同压实度下不同配比改性土的抗压强度特性。根据规范中的 $\sigma = \dfrac{10CR}{A_{\mathrm{a}}}$ 计算轴向压力，其最大值即为无侧限抗压强度，其中 C 为测力计校正系数 21.21N/0.01mm，R 为百分表读数（0.01mm），A_{a} 为试件断面积（cm²），不同配比条件改性土的无侧限抗压强度曲线如图 3.9 所示。

根据不同单掺改性土的无侧限抗压强度试验结果，可以获得以下结论：

（1）相同压实度下，除了氯化钙改性土，其余 4 种材料改性土的无侧限抗压强度均随各自掺量的增加而增大。其中，掺入水泥改性效果最明显，97% 压实度下，水泥改性土的抗压强度从掺量 0 的 112.7kPa 增加至掺量 8% 的 1013.2kPa，增长 7.99 倍；掺入石灰对抗压强度的改性效果次之，97% 压实度下，石灰掺量从 0 增加至 6% 时，相应改性土的抗压强度从 112.7kPa 增加至 613.6kPa，增长 4.44 倍；改性效果再次之为水玻璃，97% 压实度下，水玻璃改性土的抗压强度从掺量 0 的 112.7kPa 增加至掺量 5% 的 305.2kPa，增长 1.71 倍；最后为聚丙烯纤维，97% 压实度下，掺量从 0 增加至 0.6% 时，相应抗压强度从 112.7kPa 增加至 218.5kPa，增加 93.9%。

（2）相同压实度下，除了氯化钙改性土，其余 4 种材料改性土的抗压强度增长趋势均有一定规律。水泥和水玻璃改性土的抗压强度增长趋势随各自掺量的增加而逐渐减小，石灰改性土的抗压强度随着石灰掺量的增加而呈现出先增大后减小的趋势，而聚丙烯纤维土的抗压强度增长趋势随掺量的增加而逐渐增大。

（3）相同掺量下，提高压实度，均可以提高改性土的抗压强度。相较于低液限粉土的抗压强度从压实度 93% 的 91.6kPa 增加至 97% 的 112.7kPa，增加 21.1kPa，除氯化钙改性土外，压实度对改性土抗压强度的影响程度均增大。其中，当单掺水泥 8%、单掺水玻璃 5%、单掺石灰 4% 和单掺聚丙烯纤维 0.6% 时，抗压强度受压实度的影响程度最大，从压实度 93% 增加至 97%，相应改性土的抗压强度分别增加 206.5kPa、88.8kPa、113.8kPa 和 46.2kPa。

（4）单掺氯化钙对低液限粉土抗压强度的影响不大。掺入不同比例的氯化钙，改性土的抗压强度围绕着改性前素土的抗压强度值上下浮动，且幅度较小。

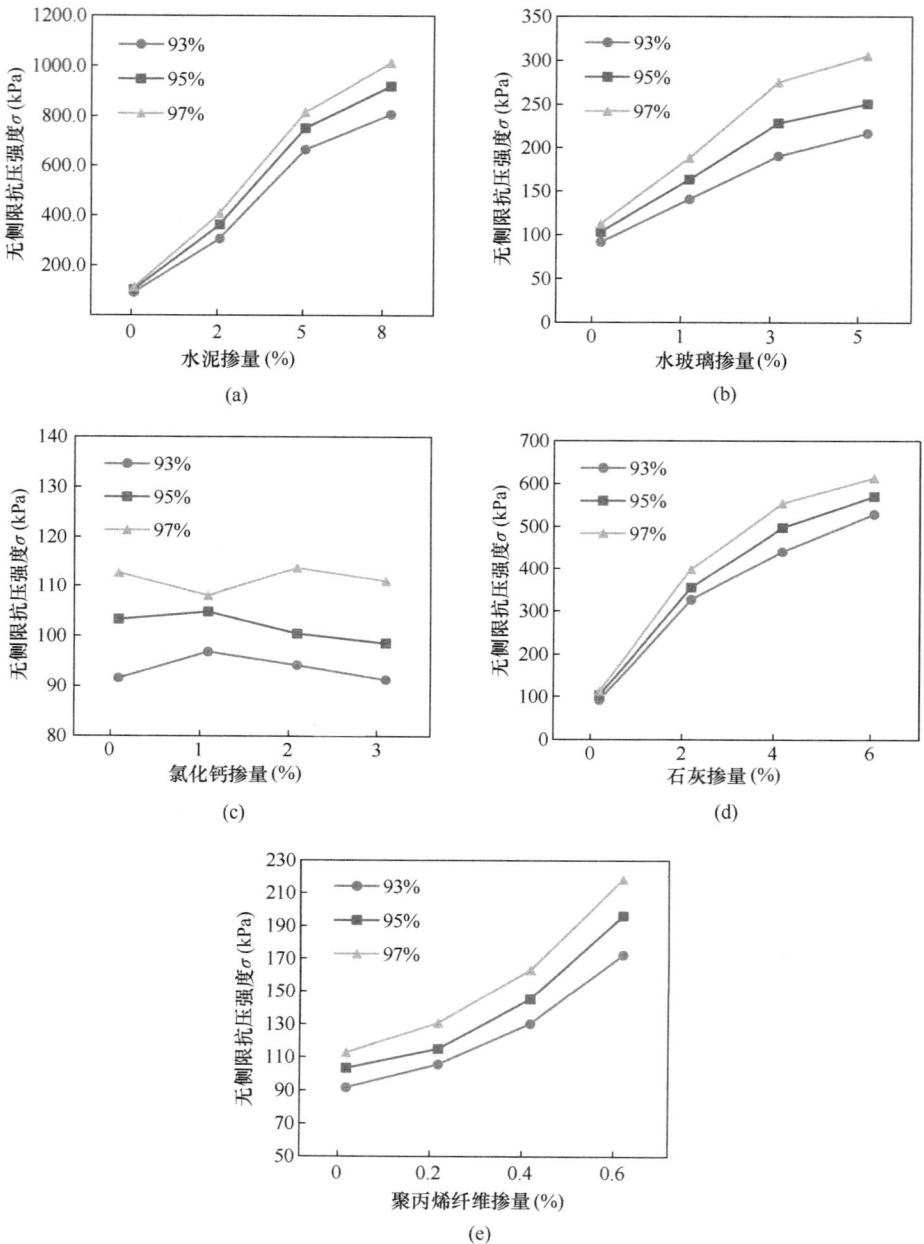

图 3.9 不同配比改性土的抗压强度试验结果

（a）水泥改性土抗压强度试验；（b）水玻璃改性土抗压强度试验；（c）氯化钙改性土抗压强度试验；

（d）石灰改性土抗压强度试验；（e）聚丙烯纤维改性土抗压强度试验

3.3.4　单掺改性土压缩系数

由于低液限粉土属中等压缩性土，压缩性较大，因此，根据低液限粉土和不同配比改性土对应的最佳含水率，采用静力压实法配制压实度为 93%、95%、97% 条件下的试样，养护 7d 后进行固结试验，研究不同压实度下改性土的压缩特性。

根据《公路土工试验规程》JTG 3430，先通过公式 $e_0 = \dfrac{\rho_s(1+0.01w_0)}{\rho_0} - 1$ 计算改性土初始孔隙比，其中，w_0 表示试样初始含水率（%），本书即最佳含水率，ρ_0 表示试样初始密度（g/cm³），ρ_s 表示土粒密度（g/cm³），本书为 2.71g/cm³；然后根据 $s_i = \dfrac{\sum \Delta h_i}{h_0} \times 1000$ 计算某一级荷载下的单位沉降量 s_i（mm/m），其中，$\sum \Delta h_i$ 为某一级荷载下总变形量（mm），即百分表读数，h_0 为试样初始高度（mm）；在此基础上通过 $e_i = e_0 - (1+e_0) \times \dfrac{s_i}{1000}$ 计算每级荷载下的孔隙比 e_i，最后根据 $a_v = \dfrac{e_i - e_{i+1}}{p_{i+1} - p_i}$ 获得压缩系数。以 $p_1 = 100\text{kPa}$、$p_2 = 200\text{kPa}$ 相应的压缩系数 $a_{1\text{-}2}$ 为标准，得到不同配比改性土压缩系数曲线如图 3.10 所示。

根据不同配比改性低液限粉土的压缩系数曲线，可以得出以下结论：

（1）同一压实度下，除氯化钙改性土外，其余 4 种材料改性土的压缩系数均有所减小，压缩性降低。其中，水泥改性土和石灰改性土的压缩系数随掺量的增加而减小，减小趋势均有所降低；97% 压实度条件下，相较于低液限粉土压缩系数 0.112MPa⁻¹，掺量 8% 水泥改性土的压缩系数减小至 0.046MPa⁻¹，减小 58.9%；掺量 6% 石灰改性土的压缩系数减小至 0.059MPa⁻¹，减小 47.3%；水玻璃改性土和聚丙烯纤维改性土的压缩系数则是随各自掺量的增加先减小后增大。单掺水玻璃 3%，单掺聚丙烯纤维 0.4% 时，相应改性土压缩系数最小，分别为 0.084MPa⁻¹ 和 0.092MPa⁻¹，较低液限粉土分别减小 25% 和 17.9%。

（2）相同掺量下，各改性土的压缩系数随压实度的提高而降低。相比低液限粉土压缩系数从压实度 93% 的 0.123MPa⁻¹ 减小至 97% 的 0.112MPa⁻¹，减小 0.011MPa⁻¹，压实度对改性土压缩系数的影响程度均增大。其中，单掺水泥、单掺水玻璃和单掺石灰的压缩系数受压实度的影响程度随掺量的增加而逐渐下降。从压实度 93% 增加至 97%，掺量 2% 水泥改性土的压缩系数从 0.081MPa⁻¹ 减小至 0.064MPa⁻¹，减小 0.017MPa⁻¹；掺量 1% 水玻璃改良土的压缩系数从 0.112MPa⁻¹ 减小至 0.094MPa⁻¹，减小 0.018MPa⁻¹；掺量 2% 石灰改性土的压缩系数从 0.095MPa⁻¹ 减小至 0.075MPa⁻¹，减小 0.02MPa⁻¹。压实度对聚丙烯纤维改性土压缩系数的影响程度随掺量的增加而增大，聚丙烯纤维掺量为 0.6%

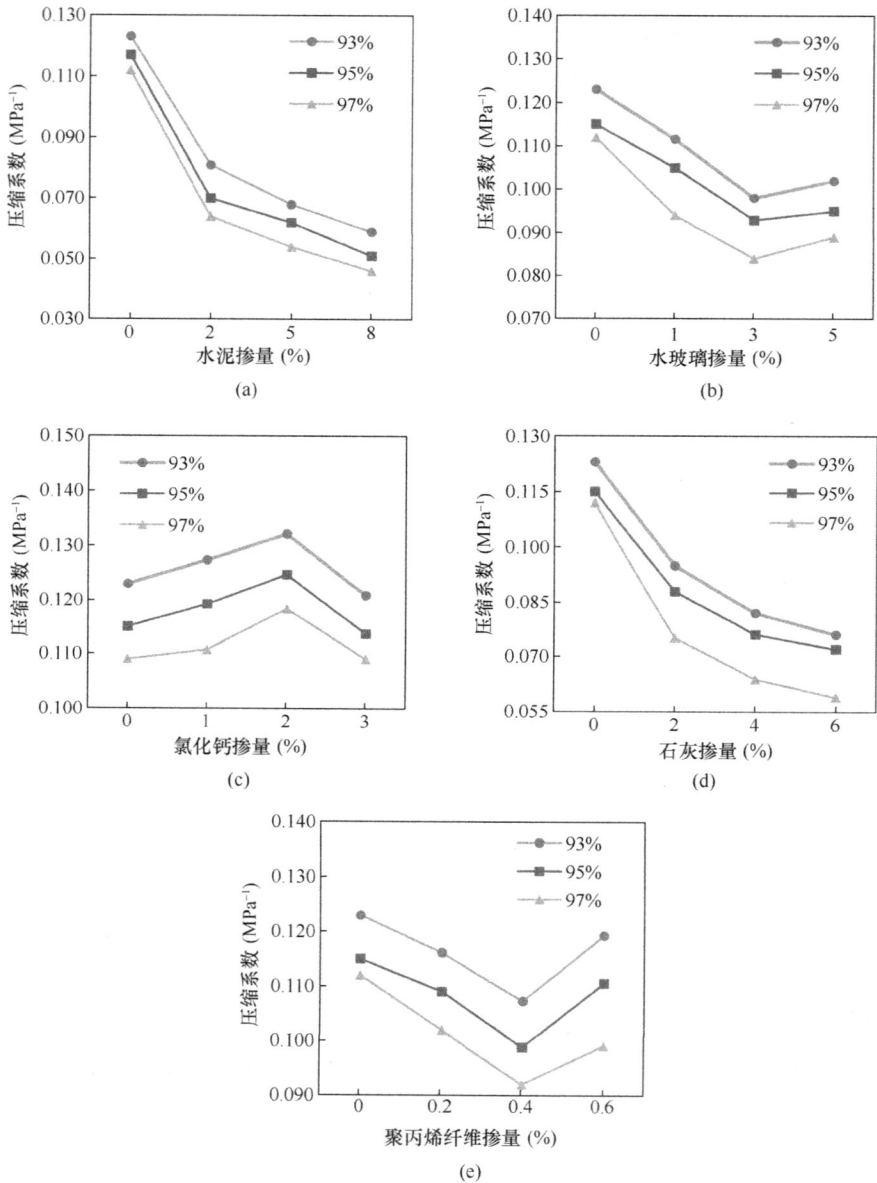

图 3.10 不同配比改性土固结试验结果

（a）水泥改性土；（b）水玻璃改性土；（c）氯化钙改性土；（d）石灰改性土；（e）聚丙烯纤维改性土

时，改性土压缩系数从压实度 93% 的 $0.119MPa^{-1}$ 减小至压实度 97% 的 $0.099MPa^{-1}$，减小 $0.02MPa^{-1}$。

（3）对于氯化钙改性土，同一压实度下，压缩系数随氯化钙掺量的增加呈现出先增大后减小的趋势，除 3% 掺量外，压缩系数较素土均有所增大。97% 压实度下，掺量 2%氯化钙改性土的压缩系数最大，为 $0.118MPa^{-1}$，较低液限粉土增加 5.4%。因此，氯化钙对低液限粉土的压缩系数基本无改性效果，无法降低低液限粉土的压缩性。

3.3.5　单掺改性试验小结

综合 5 种材料改性低液限粉土进行的快剪试验、无侧限抗压强度试验及固结试验结果，可以看出，除氯化钙对低液限粉土的强度及压缩性无明显改性效果外，其余 4 种材料对低液限粉土的强度及压缩性均有不同程度的改善。

水泥改性土的抗剪强度及抗压强度明显提高，压缩性下降，随水泥掺量的增加，抗剪强度和抗压强度的增长趋势、压缩性的减小趋势均逐渐降低，相较于其他 4 种材料，改性效果最好。

单掺石灰的改性效果略低于水泥。随掺量的增加，石灰改性土的抗剪强度和抗压强度提高，分别呈现逐渐下降和先增大后减小的增长趋势，改性土的压缩性随掺量的增加而减小，但减小趋势有所降低。

单掺水玻璃的改性效果相比石灰较差，随掺量的增加，水玻璃改性土的抗剪强度及抗压强度均有一定程度提高，分别呈现出先增大后减小和逐渐下降的增长趋势，对于压缩性改良，掺量不宜过多，最好在 3%左右。

最后是单掺聚丙烯纤维，随掺量的增加，聚丙烯改性土的抗剪强度和抗压强度均有所增长，分别呈现先增大后减小和逐渐增大的增长趋势，对于压缩性的改良，掺量不宜多，最好在 0.4%左右。

3.4　路面基层土双掺改性试验

由单掺试验结果可知，水玻璃对低液限粉土的改性效果相比水泥和石灰较差，而氯化钙对低液限粉土的强度及压缩性并没有改善。如果水玻璃和氯化钙共同掺入低液限粉土中，从加固机理的角度分析，两者混合将会发生水玻璃的水解反应以及水玻璃和氯化钙之间的化学反应[99-100]。

水玻璃和氯化钙双掺试样的最佳含水率采用对应单掺水玻璃的最佳含水率，具体的改良方案如表 3.3。表中的数字表示水玻璃和氯化钙与干土的质量比。

水玻璃氯化钙双掺改良试验方案　　　　　　　　　　表 3.3

水玻璃（%）	氯化钙（%）	最佳含水率（%）
1	1	13.3
1	3	13.3
3	1	13.7

水玻璃（%）	氯化钙（%）	最佳含水率（%）
3	3	13.7
5	1	14.2
5	3	14.2

根据双掺改性方案，制备不同压实度下不同配比双掺改性土的直接剪切试验、无侧限抗压强度试验和固结压缩试验试样，对双掺改性土的强度及压缩特性进行研究，与单掺水玻璃的改性效果进行对比。

3.4.1 双掺改性土抗剪强度

将水玻璃和氯化钙按不同配比双掺入低液限粉土中，然后加入一定质量的水，将双掺土样配制至最佳含水率，经人工拌和调匀，采用静力压实法制备压实度为93%、95%和97%的双掺改性土试件，同一压实度下制备三个试件，试件直径6mm，高20mm，养护7d后进行快剪试验，不同配比双掺改性土的抗剪强度及其对黏聚力和摩擦角的影响曲线如图3.11所示。

根据不同配比双掺改性土的直剪试验结果，可以得出以下结论：

（1）相同压实度下，双掺不同配比的水玻璃和氯化钙，低液限粉土的抗剪强度均提高。300kPa垂直压力且97%压实度条件下，水玻璃掺量1%时，双掺改性土抗剪强度随氯化钙掺量的增加而增大，从氯化钙掺量1%的246.3kPa增加至氯化钙掺量3%的257.9kPa，增加6.3%，相比低液限粉土的208.9kPa分别提高17.9%和23.5%，相比单掺水玻璃1%的248.3kPa分别减小0.8%和增加3.9%；水玻璃掺量增加至3%、5%时，双掺改性土抗剪强度均随氯化钙掺量增大而减小，水玻璃掺3%时，从氯化钙掺量1%的381.7kPa减小至氯化钙掺量3%的303.1kPa，减小20.6%，相比低液限粉土分别提高82.7%和45.1%，相比单掺水玻璃3%的266.1kPa分别增加43.4%和13.9%；水玻璃掺5%时，从氯化钙掺量1%的378.5kPa减小至氯化钙掺量3%的347.3kPa，减小8.2%，相比低液限粉土分别提高81.2%和66.3%，相比单掺水玻璃5%的269.9kPa分别增加40.2%和28.7%。

（2）相同压实度下，垂直压力为300kPa时，氯化钙1%的双掺改性土抗剪强度随水玻璃掺量先增大后减小，从水玻璃掺量1%至3%，抗剪强度增加55%，再至5%，抗剪强度减小8%；氯化钙3%的双掺改性土抗剪强度随水玻璃掺量的增加而增大，从水玻璃掺量1%至3%，抗剪强度增加17.5%，再至5%，抗剪强度增加14.6%。

（3）相同压实度下，双掺不同配比的水玻璃和氯化钙，低液限粉土的抗剪强

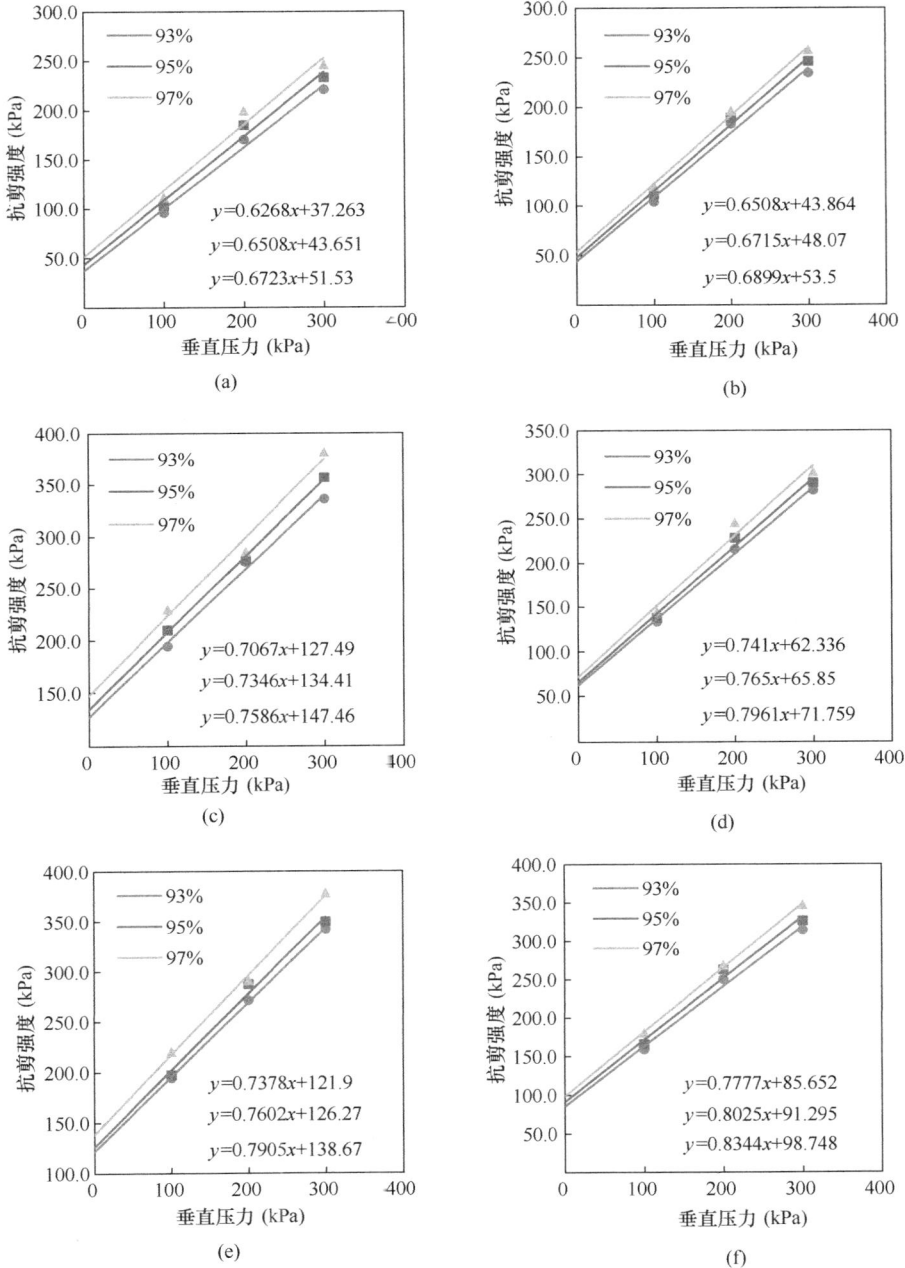

图 3.11 不同配比双掺改性土抗剪强度 (一)

（a）水玻璃∶氯化钙＝1∶1；（b）水玻璃∶氯化钙＝1∶3；（c）水玻璃∶氯化钙＝3∶1；

（d）水玻璃∶氯化钙＝3∶3；（e）水玻璃∶氯化钙＝5∶1；（f）水玻璃∶氯化钙＝5∶3

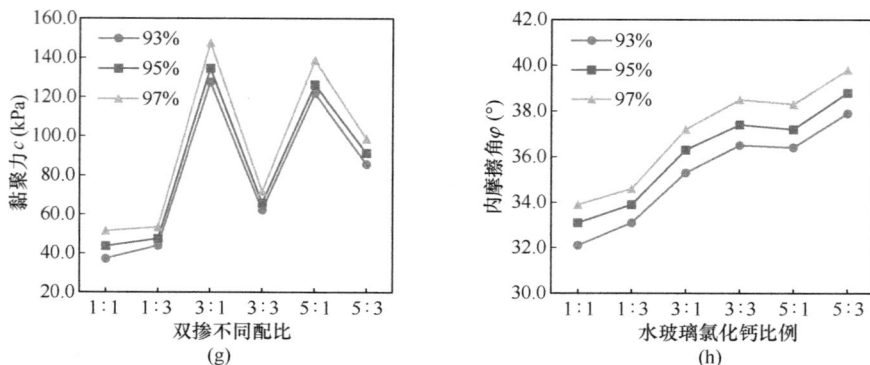

图 3.11　不同配比双掺改性土抗剪强度（二）

（g）黏聚力与双掺不同配比变化曲线；（h）内摩擦角与双掺不同配比变化曲线

度指标均提高。如 97% 压实度下，水玻璃 1% 时，双掺改性土的黏聚力和内摩擦角均随氯化钙掺量的增加而增加，黏聚力从氯化钙掺量 1% 的 51.53kPa 增加至氯化钙掺量 3% 的 53.5kPa，增加 3.8%，相比低液限粉土的 34.49kPa 分别增加 49.4% 和 55.1%，相比单掺水玻璃 1% 的 45.04kPa 分别增加 14.4% 和 18.8%，相应内摩擦角从 33.9° 增加至 34.6°，增加 2.1%，相比低液限粉土的 31.2° 分别增加 8.7% 和 10.9%，相比单掺水玻璃 1% 的 34.7° 分别减小 0.8° 和 0.1°。

随着水玻璃掺量增加至 3%、5%，双掺改性土黏聚力随氯化钙掺量的增加而减小，而内摩擦角随之增加。水玻璃掺量 3% 时，改性土的黏聚力从氯化钙掺量 1% 的 147.46kPa 减小至 3% 的 71.76kPa，减小 51.3%，相比低液限粉土分别增加 3.28 倍和 1.08 倍，相比单掺水玻璃 3% 的 54.78kPa 分别增加 1.69 倍和 31%，相应内摩擦角从 37.2° 增加至 38.5°，增加 3.5%，相比低液限粉土分别增加 19.2% 和 23.4%，相比单掺水玻璃 3% 的 37.5° 分别减小 0.3° 和增加 1°；水玻璃掺量 5% 时，改性土的黏聚力从氯化钙掺量 1% 的 138.67kPa 减小至 3% 的 98.75kPa，减小 28.8%，相比低液限粉土分别增加 3.02 倍和 1.86 倍，相比单掺水玻璃 5% 的 61.09kPa 分别增加 1.27 倍和 61.6%，相应内摩擦角从 38.3° 增加至 39.8°，增加 3.9%，相比低液限粉土分别增加 22.8% 和 27.6%，相比单掺水玻璃 5% 的 39° 分别减小 0.7° 和增加 0.8°。

（4）相同压实度下，如 97% 压实度，氯化钙掺量 1% 时，双掺改性土的黏聚力随水玻璃掺量的增加先增大后减小，内摩擦角则继续增加。黏聚力从水玻璃掺量 1% 至 3% 增加 1.86 倍，再至 5% 减小 6%，相应内摩擦角分别增加 3.3° 和 1.1°；氯化钙掺量 3% 时，双掺改性土的黏聚力和内摩擦角均随水玻璃掺量的增加而增大，黏聚力从水玻璃掺量 1% 至 3% 增加 34.1%，再至 5% 增加 37.6%，内摩擦角分别增加 3.9° 和 1.3°。

3.4.2　双掺改性土无侧限抗压强度

根据水玻璃氯化钙双掺改性土的最佳含水率制备压实度为 93％、95％ 和 97％ 的无侧限抗压强度试验试样，试样直径为 50mm，高 50mm，试样制成养护 7d 后进行试验，试验结果如图 3.12 所示。

根据不同配比双掺改性土的无侧限抗压强度曲线，可得出以下结论：

（1）相同压实度下，不同配比双掺改性土的抗压强度均有不同程度提高。97％ 压实度下，随着氯化钙掺量的增加，相同掺量水玻璃的双掺改性土抗压强度逐渐降低，且随水玻璃掺量的增加呈先增大后减小的下降趋势。

水玻璃 1％ 时，双掺改性土的抗压强度从氯化钙 1％ 的 304.3kPa 减小至 3％ 的 203.4kPa，减少 33.2％，相比低液限粉土的 112.7kPa 分别提高 1.7 倍和 80.5％，相比单掺水玻璃 1％ 的 188kPa 分别增加 61.9％ 和 8.2％。

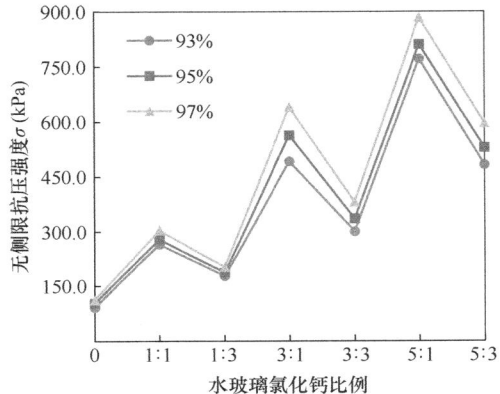

图 3.12　不同配比双掺改性土的抗压强度曲线

水玻璃 3％ 时，双掺改性土的抗压强度从氯化钙 1％ 的 640.6kPa 减少至 3％ 的 381.3kPa，减少 40.5％，较低液限粉土分别增加 4.68 倍和 2.38 倍，较单掺水玻璃 3％ 的 275.2kPa 分别增加 1.33 倍和 38.6％。

水玻璃 5％ 的双掺改性土的抗压强度从氯化钙 1％ 的 884.3 kPa 减少至 3％ 的 596.3kPa，减少 32.6％，较低液限粉土分别增加 6.85 倍和 4.29 倍，较单掺水玻璃 5％ 的 305.2kPa 分别提高 1.9 倍和 95.4％。

（2）相同压实度下，如 97％ 压实度时，相同掺量氯化钙的双掺改性土抗压强度随水玻璃掺量的增加而增加，但增长趋势均逐渐下降。氯化钙掺量为 1％ 时，改性土的抗压强度从水玻璃掺量 1％ 的 304.3kPa 增加至水玻璃掺量 3％ 的 640.6kPa，增加 1.11 倍，再增加至 5％ 的 884.3kPa，增加 38％；氯化钙掺量为 3％ 时，改性土的抗压强度从水玻璃掺量 1％ 的 203.4kPa 增加至水玻璃掺量 3％ 的 381.3kPa，增加 87.5％，再增加至 5％ 的 596.3kPa，增加 56.4％。

（3）不同配比双掺改性土的抗压强度均随压实度的增加而增大。相较于低液限粉土抗压强度从压实度 93％ 的 91.6kPa 增加至压实度 97％ 的 112.7kPa，增加 21.1kPa，压实度对双掺改性土抗压强度的影响程度均增大。当水玻璃：氯化钙＝3：1 时，影响程度最大，从压实度 93％ 的 492.2kPa 增加至压实度 97％ 的

640.6kPa，增加 149.4kPa。

3.4.3 双掺改性土压缩系数

根据不同配比双掺改性土的最佳含水率制备压实度为 93％、95％和 97％下的试样，试件直径 6mm，高 20mm，养护 7d 后进行固结压缩试验，计算不同压实度下不同配比双掺改性土的压缩系数 a_{1-2}，如图 3.13 所示。

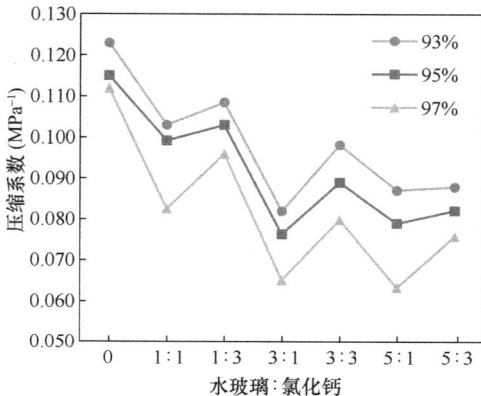

图 3.13　不同配比双掺改性土的压缩系数

由压缩系数试验结果可得出以下结论：

（1）相同压实度下，双掺不同配比水玻璃和氯化钙，低液限粉土的压缩系数均减小，压缩性降低。97％压实度下，相同掺量水玻璃的双掺改性土压缩系数随氯化钙掺量的增加而增大，且随水玻璃掺量的增加呈先增大后减小的增长趋势。

水玻璃 1％时，双掺改性土压缩系数从氯化钙 1％的 0.083MPa^{-1} 增大至 3％的 0.096MPa^{-1}，增加 15.7％，相比低液限粉土的 0.112MPa^{-1} 分别减小 25.9％和 14.3％，相比单掺水玻璃 1％的 0.094MPa^{-1} 分别减小 11.7％和增加 2.1％。

水玻璃 3％时，双掺改性土压缩系数从氯化钙 1％的 0.065MPa^{-1} 增大至 3％的 0.08MPa^{-1}，增加 23.1％，相比低液限粉土分别减小 42％和 28.6％，相比单掺水玻璃 3％的 0.084MPa^{-1} 分别减小 22.6％和 4.8％。

水玻璃 5％时，双掺改性土压缩系数从氯化钙 1％的 0.063MPa^{-1} 增大至 3％的 0.076MPa^{-1}，增加 20.6％，相比低液限粉土分别减小 43.8％和 32.1％，相比单掺水玻璃 5％的 0.089MPa^{-1} 分别减少 29.2％和 14.6％。

（2）97％压实度下，相同掺量氯化钙的双掺改性土压缩系数随水玻璃掺量增加而降低，下降趋势逐渐减小。1％氯化钙双掺改性土压缩系数从水玻璃 1％的 0.083MPa^{-1} 减小至 3％的 0.065MPa^{-1}，减小 21.9％，再减小至 5％的 0.063MPa^{-1}，减小 3％；氯化钙掺量为 3％时，改良土压缩系数从水玻璃 1％的 0.096MPa^{-1} 减小至 3％的 0.08MPa^{-1}，减小 16.7％，再减小至 5％的 0.076MPa^{-1}，减小 5％。

（3）随着压实度的提高，双掺改性土压缩系数减小。较低液限粉土压缩系数从压实度 93％的 0.123MPa^{-1} 减小至压实度 97％的 0.112MPa^{-1}，减小 0.011MPa^{-1}，压实度对双掺改性土压缩系数的影响程度增大；当水玻璃：氯化钙为 5 : 1 时，影响程度最大，从压实度 93% 的 $0.087MPa^{-1}$ 减小至压实度 97% 的 $0.063MPa^{-1}$，减小 $0.024MPa^{-1}$。

3.4.4　双掺改性试验小结

分析不同配比水玻璃和氯化钙双掺改性土的试验结果可知，相较于低液限粉土，双掺改性土的抗剪强度和抗压强度均提高，压缩性均减小。抗剪强度方面，相同水玻璃掺量下，除水玻璃 1% 的双掺改性土抗剪强度随氯化钙掺量的增加而增加外，其余双掺配比均随之减小。氯化钙 1% 的双掺改性土抗剪强度随水玻璃掺量的增加先增大后减小，氯化钙 3% 的双掺改性土抗剪强度则随之增大，因此，水玻璃：氯化钙为 3 : 1 的抗剪强度最大。抗压强度方面，相同水玻璃掺量下，抗压强度均随氯化钙掺量的增加而减小；相同氯化钙掺量下，抗压强度均随水玻璃掺量的增加而增加，因此，水玻璃：氯化钙为 5 : 1 的抗压强度最大。压缩系数方面，相同水玻璃掺量下，压缩系数均随氯化钙掺量的增加而增加，相同氯化钙掺量下，压缩系数均随水玻璃掺量的增加而减小，因此，水玻璃：氯化钙为 5 : 1 的压缩系数最小。

相比对应掺量的单掺水玻璃改性土，除水玻璃：氯化钙为 1 : 1 的抗剪强度略小于、水玻璃：氯化钙为 1 : 3 的压缩系数略大于单掺水玻璃 1% 外，其余双掺配比的抗剪强度和抗压强度均有所提高，压缩性均降低。值得注意的是，除双掺配比为 3 : 3 和 5 : 3 外，其余双掺配比的内摩擦角均小于对应掺量单掺水玻璃的内摩擦角，说明掺入氯化钙对内摩擦角影响较大。相较单掺对应掺量水玻璃，双掺改性土抗剪强度增大，是由于黏聚力的提高幅度大于内摩擦角的减小幅度。

综上所述，除水玻璃掺量较小（1%）外，掺入较多氯化钙对低液限粉土的抗剪强度均有所减小，而对于抗压强度和压缩系数，无论水玻璃掺量的多少，氯化钙越多，抗压强度越小，压缩系数越大。因此，双掺水玻璃和氯化钙可以用作低液限粉土的改性材料，且双掺配比中氯化钙的掺量不宜过大。

3.5　路面基层土正交改性试验

根据单掺和双掺的试验结果，将水泥、水玻璃、氯化钙溶液、石灰和聚丙烯纤维作为改性材料，分析多掺不同配比改性材料对低液限粉土强度、压缩性及回弹模量的影响，揭示多种材料混合参入低液限粉土的改性加固效果。由于选择的改性材料（因素）及相应材料的掺量（水平）较多，因此，需要通过正交试验进行设计和分析[101-103]。

本书选择了 4 种材料作为低液限粉土的改性材料，即四因素，每个因素选择三种不同浓度，即三水平，选择压实度为 97% 的抗剪试验指标（c、φ 值）、压缩系数、无侧限抗压强度和回弹模量作为试验结果评价指标，利用四因素三水平正交表 L9（3⁴）进行正交试验设计，在每个正交试验指标的基础上都会产生一个优组合，通过对多个试验指标进行分析和综合考察，最终确定改性低液限粉土的最优组合。具体正交试验方案如表 3.4 所示。

正交试验配比方案 表 3.4

正交组号	水泥（%）	水玻璃∶氯化钙	石灰（%）	聚丙烯纤维（%）
1	2	2∶1	2	0.2
2	2	3∶1	3	0.3
3	2	3∶2	4	0.4
4	3	2∶1	3	0.4
5	3	3∶1	4	0.2
6	3	3∶2	2	0.3
7	4	2∶1	4	0.3
8	4	3∶1	2	0.4
9	4	3∶2	3	0.2

考虑到选用材料较多及试验成本问题，所选材料的水平在保证改性效果前提下，尽可能选择较小掺量。由单掺试验结果可知，单掺水泥改性土抗剪强度及抗压强度均随掺量的增加而增加，压缩性则随之减小，对应增长和减小趋势逐渐降低；单掺石灰改性土抗剪强度和压缩系数与单掺水泥的规律相似，抗压强度随掺量的增加，呈先增大后减小的增长趋势，因此，水泥和石灰的水平选取 2%、3% 和 4%。单掺聚丙烯纤维的抗剪强度和抗压强度随掺量的增加而增大，分别呈先增大后减小和持续增大的增长趋势。因此，聚丙烯纤维掺量选择 0.2%、0.3% 和 0.4%。水玻璃氯化钙溶液作为一种因素，根据双掺试验结果，同氯化钙掺量下，水玻璃越多，抗压强度越大，压缩系数越小，但对应增长和下降趋势均减小，改性效果越不明显；同水玻璃掺量下，氯化钙越多，抗压强度降低，压缩系数增大；抗剪强度方面，水玻璃∶氯化钙为 3∶1 的双掺改性土抗剪强度最大，且除水玻璃 1% 的抗剪强度随氯化钙掺量的增加而增加外，其余均随之减小，即氯化钙掺量不宜过多。最终选择水玻璃与氯化钙的配比为 2∶1、3∶1 和 3∶2。

3.5.1　正交改性土击实性能

首先进行每组不同配比改性土的击实试验，获得其最优含水率，分析各组击实效果。每组不同配比改性土的击实曲线如图 3.14 所示，正交各组击实试验结果见表 3.5。

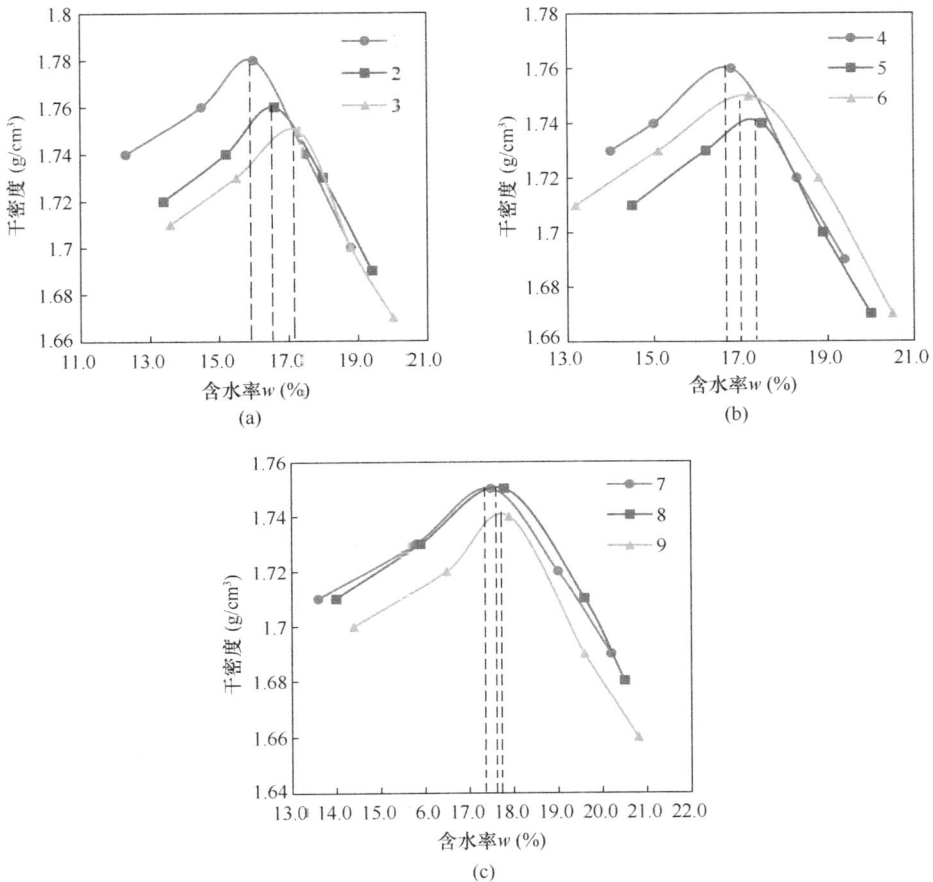

图 3.14　正交改性土击实性能

（a）正交组 1、2、3 击实曲线；（b）正交组 4、5、6 击实曲线；（c）正交组 7、8、9 击实曲线

正交改性土击实试验结果　　　　　　　　　　　　表 3.5

正交组编号	最大干密度（g/cm³）	最佳含水率 w（%）
1	1.78	16
2	1.76	16.6
3	1.75	17.1
4	1.76	16.7
5	1.74	17.3
6	1.75	17
7	1.75	17.3
8	1.75	17.5
9	1.74	17.6

根据正交改性土击实试验结果，对比低液限粉土的最大干密度 1.82g/cm³ 和最佳含水率 12.9%，9 组不同配比改性土的最大干密度均减小，最佳含水率均增加。其中，第 9 组的最佳含水率最大，为 17.6%，较低液限粉土最佳含水率 12.9% 增加 36.4%，第 5 组和第 9 组的最大干密度最小，均为 1.74g/cm³，较低液限粉土 1.82g/cm³ 减小 4.4%。

根据正交各组得到的最佳含水率制备不同压实度下的改性土试样，进行快剪试验、无侧限抗压强度试验、固结压缩试验以及回弹模量试验，得到的正交各组试验数据见表 3.6。

表 3.6

正交各组试验数据表

组号	c（kPa）	φ（°）	无侧限抗压强度（kPa）	压缩系数（MPa⁻¹）	回弹模量（MPa）
1	190	34.8	1009.3	0.080	257.8
2	303.8	34.5	1368.3	0.063	301.7
3	167.3	38.4	1274.7	0.063	287.4
4	252.3	33.7	1398.2	0.068	312.9
5	287.9	37.8	1620.3	0.054	350.6
6	223.3	39.9	1431.6	0.067	319.4
7	219.6	36	1685.9	0.055	368.7
8	234.2	37.9	1822.7	0.06	384.3
9	231.6	40.5	1732.7	0.062	351.6

3.5.2 正交改性土抗剪强度性能

根据各正交组对应的最佳含水率，制备不同压实度下的改性土试件，养护 7d 后进行快剪试验，试验结果如图 3.15 所示。

根据 9 组不同配比改性土的直剪试验结果，可以得出以下结论：

（1）正交各组改性土的内摩擦角和黏聚力均随压实度的增加而增加。相比低液限粉土的黏聚力从压实度 93% 的 29.3kPa 增加至压实度 97% 的 34.49kPa，增加 5.19kPa，相应内摩擦角从 30.2° 增加至 31.2°，压实度对改性土内摩擦角和黏聚力的影响程度均增大。300kPa 垂直压力下，第 4 组的黏聚力和第 7 组的内摩擦角受压实度影响最明显，第 4 组黏聚力从压实度 93% 的 218.8kPa 增加至压实度 97% 的 252.3kPa，增加 33.5kPa；第 7 组内摩擦角从压实度 93% 的 34.2° 增加至压实度 97% 的 36°，增加 1.8°。

（2）正交各组改性土的抗剪强度均随压实度的增加而增加。300kPa 垂直压力下，相比低液限粉土的抗剪强度从压实度 93% 的 207.7kPa 增加至压实度 97%

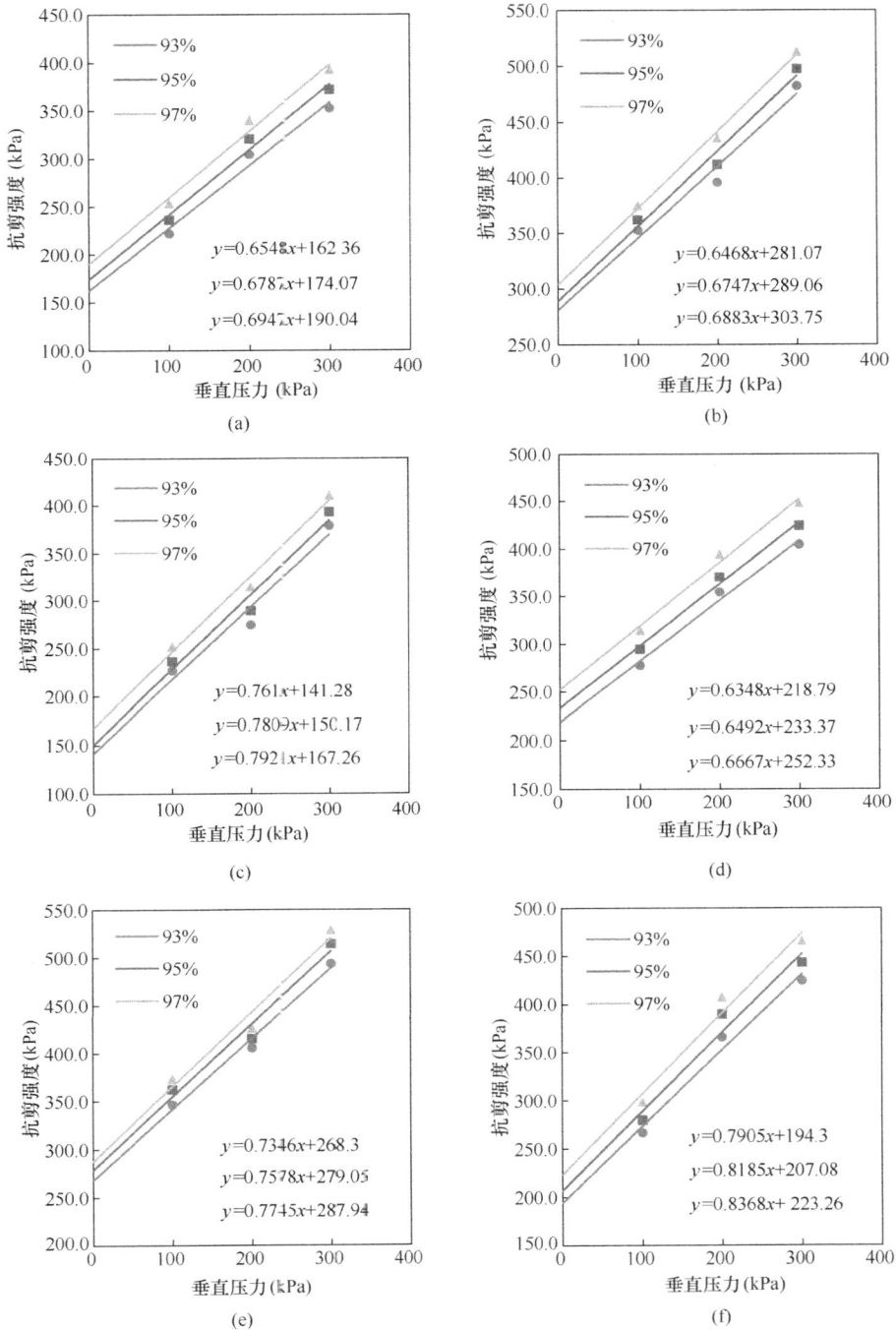

图 3.15　正交改性土直剪试验结果（一）

（a）正交组 1 抗剪强度曲线；（b）正交组 2 抗剪强度曲线；（c）正交组 3 抗剪强度曲线；（d）正交组 4
抗剪强度曲线；（e）正交组 5 抗剪强度曲线；（f）正交组 6 抗剪强度曲线

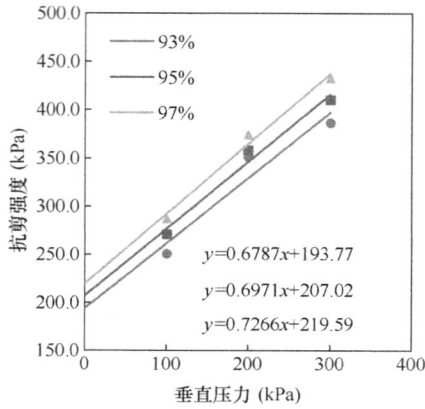

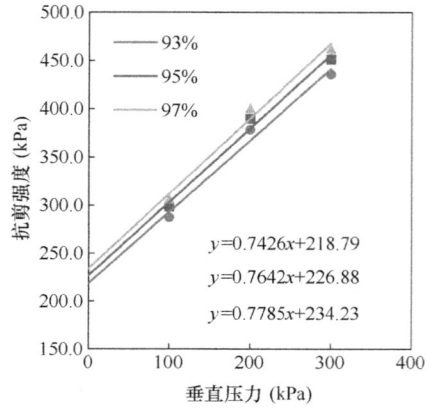

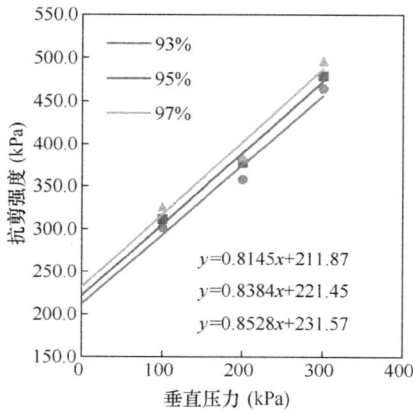

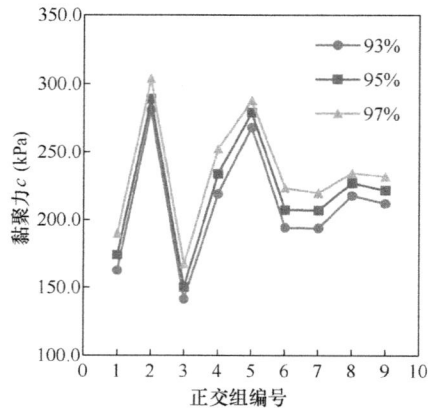

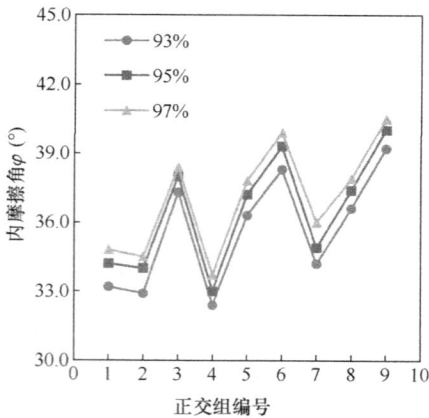

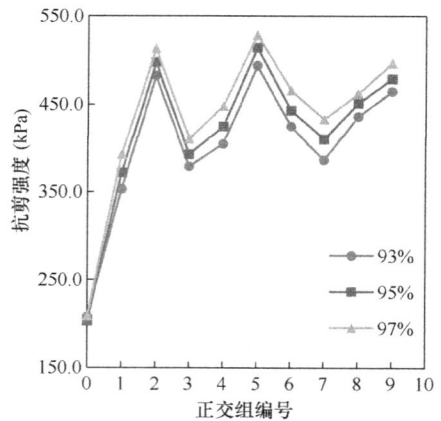

图 3.15 正交改性土直剪试验结果（二）

（g）正交组 7 抗剪强度曲线；（h）正交组 8 抗剪强度曲线；（i）正交组 9 抗剪强度曲线；（j）黏聚力与不同配比的变化曲线；（k）内摩擦角与不同配比的变化曲线；（l）300kPa 垂直压力下的抗剪强度

的 208.9kPa，增加 1.2kPa，压实度对改性土抗剪强度的影响程度均增大。其中，影响最大的是第 7 组改性土，从压实度 93% 的 386.5kPa 增加至压实度 97% 的 432.8kPa，增加 46.3kPa。

（3）300kPa 垂直压力，97% 压实度下，第 5 组改性土（水泥 3%、水玻璃：氯化钙 = 3：1、石灰 4% 和聚丙烯纤维 0.2%）抗剪强度最大，为 528.6kPa，相比双掺水玻璃：氯化钙 = 3：1 的抗剪强度 381.7kPa 增加 38.5%，相比单掺石灰 4% 的抗剪强度 297.8kPa 增加 77.5%，相比单掺聚丙烯纤维 0.2% 的抗剪强度 224.4kPa 增加 1.36 倍，较低液限粉土抗剪强度 208.9kPa 增加 1.53 倍。

采用压实度 97% 的抗剪强度指标 c 和 φ 作为正交试验指标，利用极差分析法研究正交组各因素对低液限粉土抗剪强度的影响程度，在此基础上确定最优组合。具体分析结果如表 3.7 和表 3.8 所示。

黏聚力 c 为指标的正交试验结果　　　　　　　　　　表 3.7

分析因素	水泥 A	水玻璃氯化钙溶液 B	石灰 C	聚丙烯纤维 D
K_1	661.1	661.9	647.5	709.5
K_2	763.5	825.9	787.7	746.7
K_3	685.4	622.2	674.8	653.8
k_1	220.4	220.6	215.8	236.5
k_2	254.5	275.3	262.6	248.9
k_3	228.5	207.4	224.9	217.9
极差 R	34.1	67.9	46.4	31
主次因素	B>C>A>D			
优水平	A_2	B_2	C_2	D_2
优组合	$A_2 B_2 C_2 D_2$			

注：其中用 A、B、C、D 表示四个因素，K_i 表示各因素同水平下改良土的黏聚力之和，k_i 表示各因素同水平下改良土的黏聚力均值，下标 i（$i=1$，2，3）表示同一因素下的第 i 个水平，如水泥因素列的 K_1 表示水泥 2% 的黏聚力之和，相应的 k_1 为水泥 2% 的黏聚力均值。极差 R 代表各因素对试验指标的影响程度。

内摩擦角 φ 为指标的正交试验结果　　　　　　　　表 3.8

分析因素	水泥 A	水玻璃氯化钙溶液 B	石灰 C	聚丙烯纤维 D
K_1	107.7	104.5	112.6	113.1
K_2	111.4	110.2	108.7	110.4
K_3	114.4	118.8	112.2	110

分析因素	水泥 A	水玻璃 氯化钙溶液 B	石灰 C	聚丙烯纤维 D
k_1	35.9	34.8	37.5	37.7
k_2	37.1	36.7	36.2	36.8
k_3	38.1	39.6	37.4	36.7
极差 R	2.2	4.8	1.3	1
主次因素	B>A>C>D			
优水平	A_3	B_3	C_1	D_1
优组合	$A_3 B_3 C_1 D_1$			

基于黏聚力的评价指标（表 3.7）可以看出，每个因素的 k_1、k_2 和 k_3 均不同，说明 4 个因素对于改性土的黏聚力均有影响。其中水玻璃与氯化钙溶液的 R 值最大，对黏聚力的影响最大，其次是石灰、水泥和聚丙烯纤维。每个因素的 k_{max} 是以黏聚力为试验指标得到的每个因素的优水平，进而得到的优组合是水泥 3%，水玻璃：氯化钙＝3∶1，石灰 3% 和聚丙烯纤维 0.3%。

基于内摩擦角的评价指标（表 3.8）可以看出，每个因素不同水平改性土的内摩擦角均值 k_1、k_2 和 k_3 均各不相同，说明 4 个因素对改性土的内摩擦角均有影响。其中影响程度最大的是水玻璃氯化钙溶液，其次是水泥、石灰和聚丙烯纤维。根据每个因素的 k_{max} 得到以内摩擦角为试验指标的优组合是水泥 4%，水玻璃：氯化钙＝3∶2，石灰 2% 和聚丙烯纤维 0.2%。

3.5.3　正交改性土无侧限抗压强度

根据正交各组的最佳含水率制备不同压实度下的试件，试件养护 7d 后，进行无侧限抗压强度试验，每组不同配比改性土的抗压强度曲线如图 3.16 所示。

各组改性土的无侧限抗压强度较低液限粉土均有明显提高。随压实度的增加，改性土的抗压强度增大，相比低液限粉土从压实度 93% 的 91.6kPa 增加至压实度 97% 的 112.7kPa，增加 21.1kPa，压实度对改性土抗压强度的影响程度增大。其中，影响最大的是第 2 组，从压实度 93% 的 1016.8kPa 增加至压实度 97% 的 1368.3kPa，增加 351.5kPa。97% 压实度下，第 8 组改性土的抗压强度最大，为 1822.7kPa，相比单掺试验获得的最大抗压强度 1013.2kPa（水泥 8%），增加 79.9%；相比双掺试验获得的最大抗压强度 884.3kPa（双掺配比 5∶1），增加 1.1 倍。

采用压实度 97% 的无侧限抗压强度为正交试验指标，通过极差分析法研究各因素对低液限粉土无侧限抗压强度的影响程度和各因素的优水平，在此基础上

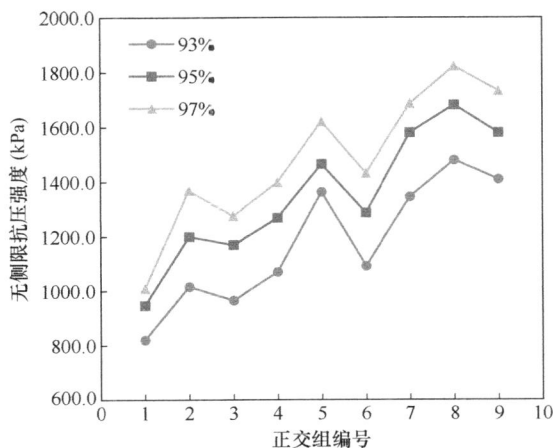

图 3.16　正交改性土无侧限抗压强度

确定优组合，具体分析结果见表 3.9。

无侧限抗压强度为指标的正交试验结果　　　　　　　　表 3.9

分析因素	水泥 A	水玻璃 氯化钙溶液 B	石灰 C	聚丙烯纤维 D
K_1	3652.3	4093.4	4263.6	4362.3
K_2	4450.1	4811.3	4499.2	4485.8
K_3	5241.3	4439	4580.9	4495.6
k_1	1217.4	1364.5	1427.2	1454.1
k_2	1483.4	1603.8	1499.7	1495.3
k_3	1747.1	1479.7	1527	1498.5
极差 R	529.7	239.3	99.8	44.4
主次因素	A>B>C>D			
优水平	A_3	B_2	C_3	D_3
优组合	$A_3 B_2 C_3 D_3$			

　　基于无侧限抗压强度的评价指标（表 3.9）可以看出，每个因素的 k_1、k_2 和 k_3 均不相同，说明 4 个因素对改性土的无侧限抗压强度均有影响。其中影响程度最大的是水泥，其次是水玻璃氯化钙溶液、石灰和聚丙烯纤维。根据每个因素的 k_{max} 得到以无侧限抗压强度为试验指标的优组合是水泥 4%，水玻璃：氯化钙 = 3：1，石灰 4% 和聚丙烯纤维 0.4%。

3.5.4　正交改性土压缩系数

　　根据各正交组的最佳含水率制备不同压实度的试件，养护 7d 后进行不同配比改性土的固结压缩试验，各正交组压缩系数曲线如图 3.17 所示。其中，编号 0 代表低液限粉土的压缩系数。

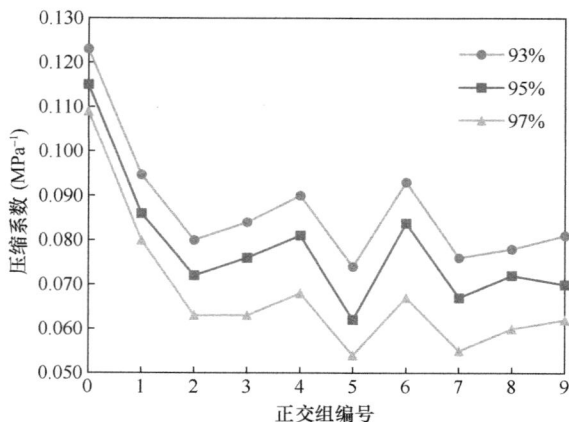

图 3.17　正交改性土压缩系数曲线

每组改性土的压缩系数相比低液限粉土均有所减小，改性土的压缩性降低，由中等压缩性土转变为低压缩性土。相比低液限粉土压缩系数从压实度 93% 的 0.123MPa⁻¹ 减小至压实度 97% 的 0.112MPa⁻¹，减小 0.011MPa⁻¹，压实度对各正交改性土的压缩系数影响程度增大。其中，第 6 组影响最大，由压实度 93% 的 0.093MPa⁻¹ 减小至压实度 97% 的 0.067MPa⁻¹；第 5 组改性土压缩系数最小，为 0.054MPa⁻¹，相较于单掺试验获得的最小压缩系数 0.046MPa⁻¹（水泥 8%），增加 17.4%；相较于双掺试验获得的最小压缩系数 0.063MPa⁻¹（双掺配比为 5∶1），减小 14.3%。

采用压实度 97% 的压缩系数作为评价指标，研究各因素对低液限粉土压缩特性的影响程度，在此基础上确定优组合，具体分析结果见表 3.10。

压缩系数为指标的正交试验结果　　　　　　　　　　　　　表 3.10

分析因素	水泥 A	水玻璃 氯化钙溶液 B	石灰 C	聚丙烯纤维 D
K_1	0.206	0.202	0.207	0.196
K_2	0.189	0.177	0.193	0.185
K_3	0.176	0.192	0.171	0.191
k_1	0.069	0.067	0.069	0.065
k_2	0.063	0.059	0.064	0.061
k_3	0.059	0.064	0.057	0.064
极差 R	0.01	0.008	0.012	0.004

续表

分析因素	水泥 A	水玻璃 氯化钙溶液 B	石灰 C	聚丙烯纤维 D
主次因素	C>A>B>D			
优水平	A_3	B_2	C_3	D_2
优组合	$A_3B_2C_3D_2$			

每个因素的 k_1、k_2 和 k_3 均不相同，说明 4 个因素对改性土的压缩系数均有影响。其中，对改性土压缩特性的影响程度最大的是石灰，其次是水泥、水玻璃氯化钙溶液和聚丙烯纤维。根据每个因素的 k_{max} 得到以压缩系数为试验指标的优组合是水泥 4%，水玻璃：氯化钙＝3：1，石灰 4% 和聚丙烯纤维 0.3%。

3.5.5　正交改性土回弹模量

为了减小沥青路面基层弯沉，将回弹模量作为室内正交改性试验指标，根据正交各组的最佳含水率制备试样，养护 7d 后进行试验。试验结果如图 3.18 所示。

从图 3.18 的回弹模量曲线可以看出，各正交组改性土的回弹模量较低液限粉土均有不同程度提高。其中，第 8 组改性土回弹模量最大，相较于低液限粉土的 36.9MPa 增加 9.4 倍。采用极差法分析各因素对改性土回弹模量的影响程度和优水平，进而得到优组合，具体分析结果见表 3.11。

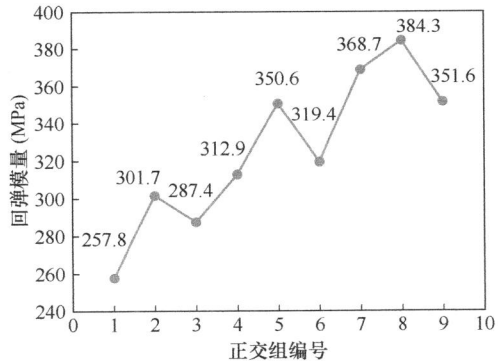

图 3.18　正交改性土回弹模量

回弹模量为指标的试验结果　　　　表 3.11

分析因素	水泥 A	水玻璃 氯化钙溶液 B	石灰 C	聚丙烯纤维 D
K_1	846.9	939.4	961.5	960
K_2	982.9	1036.6	966.2	989.8
K_3	1104.6	958.4	1006.7	984.6
k_1	282.3	313.1	320.5	320
k_2	327.6	345.5	322.1	329.9
k_3	368.2	319.5	335.6	328.2

57

续表

分析因素	水泥 A	水玻璃 氯化钙溶液 B	石灰 C	聚丙烯纤维 D
极差 R	85.9	32.4	15.1	9.9
主次因素	A>B>C>D			
优水平	A_3	B_2	C_3	D_2
优组合	$A_3B_2C_3D_2$			

根据表 3.11 进行分析，每个因素的 k_1、k_2 和 k_3 均不相同，说明 4 个因素对改性土的回弹模量均有影响。其中水泥对改性土回弹变形的影响程度最大，其次是水玻璃氯化钙溶液、石灰和聚丙烯纤维。根据每个因素 k_{max} 得到以回弹模量为试验指标的优组合是水泥 4%，水玻璃：氯化钙＝3：1，石灰 4% 和聚丙烯纤维 0.3%。

综合分析各因素对各个试验指标的影响程度，优先选择对指标影响较大的优水平为该因素的最优水平。由此得出以下结论：

（1）水泥对低液限粉土的无侧限抗压强度和回弹模量影响最大，其次是内摩擦角和压缩系数，优水平均为 4%，影响较小的是黏聚力，优水平为 3%，综合考虑水泥的最优水平为 4%。

（2）水玻璃氯化钙溶液对低液限粉土的抗剪强度指标 c 和 φ 影响最大，优水平分别为 3：1 和 3：2，3：2 的黏聚力均值最小，较优水平 3：1 减小 24.7%，3：1 的内摩擦角均值较优水平 3：2 减小 7.3%；影响较小的其余 3 个指标的优水平均为 3：1。因此，水玻璃氯化钙溶液的最优水平为 3：1。

（3）石灰对低液限粉土的压缩系数影响最大，优水平为 4%，其次是黏聚力指标，优水平为 3%。其中，优水平 3% 的压缩系数均值较优水平 4% 增加 0.007MPa^{-1}，优水平 4% 的黏聚力均值较优水平 3% 减小 67.9kPa。影响较小的是内摩擦角、无侧限抗压强度和回弹模量，优水平分别为 2%、4%、4%，其中优水平 3% 的无侧限抗压强度均值和回弹模量均值较优水平 4% 分别减小 39.3kPa 和 13.5MPa。综合分析确定石灰的最优水平为 4%。

（4）聚丙烯纤维对 5 个指标的影响较其他 3 种材料均最小，但都有影响，无侧限抗压强度为指标的优水平为 0.4%，压缩系数、黏聚力和回弹模量为指标的优水平为 0.3%，内摩擦角为指标的优水平为 0.2%，基于减小弯沉的目标，把以回弹模量为指标的优水平 0.3% 作为聚丙烯纤维的最优水平。

因此，从提高强度，减小压缩性的角度改性低液限粉土，最终确定的最优组合为水泥 4%、水玻璃：氯化钙＝3：1，石灰 4% 和聚丙烯纤维 0.3%。

3.5.6　改性材料最佳配比评价

基于减小路面基层弯沉的目标，从提高低液限粉土密实度角度，确定单掺膨润土最佳掺量为 9%；从提高强度，减小压缩性角度，确定水泥 4%，水玻璃：氯化钙=3：1，石灰 4% 和聚丙烯纤维 0.3% 为改性低液限粉土的最优组合，由此得到的改性土记为材料 A。因此，综合两个角度考虑，将 9% 膨润土掺入到材料 A 中记为材料 B。对比研究材料 A 和材料 B 的抗剪强度、击实和压缩特性、无侧限抗压强度和回弹模量。

首先进行材料 A 和材料 B 的击实试验，获得最大干密度和最优含水率，击实曲线如图 3.19 所示。

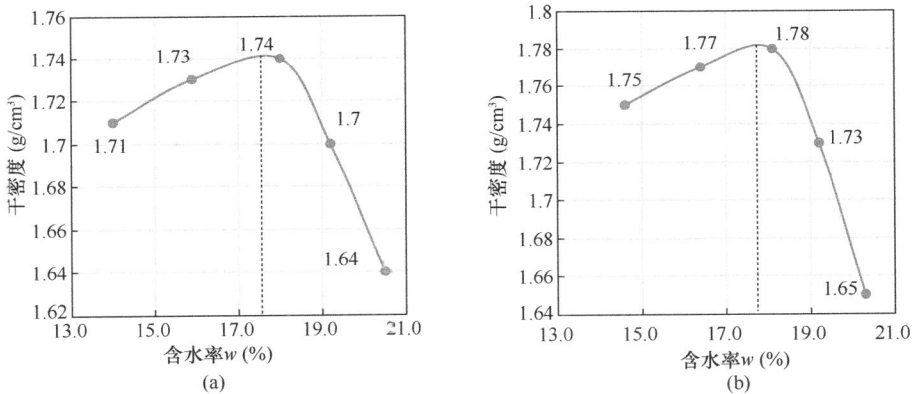

图 3.19　材料 A 和 B 的击实性能

(a) 材料 A；(b) 材料 B

根据材料 A 和材料 B 对应的最佳含水率制备压实度 97% 的试件，进行快剪试验（7d）、无侧限抗压强度试验（7d）、压缩固结试验（7d）及回弹模量试验（90d），试验结果如表 3.12 所示。

材料 A、B 的力学特性　　　　　　　　　　　　表 3.12

材料	最大干密度（g/cm³）	最佳含水率（%）	黏聚力（kPa）	内摩擦角（°）	无侧限抗压强度（MPa）	压缩系数（MPa⁻¹）	回弹模量（MPa）
A	1.74	17.5	245.3	38.7	2.07	0.0038	1078.6
B	1.78	17.8	273.4	41.3	2.32	0.003	1267.9

由表 3.12 可知，材料 B 由于膨润土的掺入，相比材料 A，最大干密度和最佳含水率均增大，黏聚力略小，内摩擦角增大，抗压强度和回弹模量提高，压缩

性减小。因此，确定用于路面基层的低液限粉土最佳配比材料为膨润土9％、水泥4％、水玻璃：氯化钙＝3：1，石灰4％和聚丙烯纤维0.3％。

3.5.7 正交改性试验小结

为实现减小低液限粉土基层弯沉的目的，一方面从提高低液限粉土密实度的角度向其中掺入膨润土，对膨润土-低液限粉土的回弹模量进行研究；另一方面从提高强度、降低压缩性角度通过单掺水泥、水玻璃、氯化钙、石灰和聚丙烯纤维，双掺水玻璃和氯化钙以及多掺以上5种材料，对不同配比改性土的抗剪强度及其指标、无侧限抗压强度、压缩系数和回弹模量进行研究，由此得出以下结论：

（1）在低液限粉土中掺和膨润土后，最大干密度明显提高，最佳含水率增大。当膨润土掺和9％时，最大干密度最大，相应的回弹模量最大。因此，单掺膨润土以获得基层最小弯沉的最佳掺量为9％。

（2）单掺试验中，除氯化钙和聚丙烯纤维外，改性土的最大干密度均随对应材料掺量的增加而减小，最佳含水率均随之增大。单掺材料中，除氯化钙对低液限粉土的强度及压缩性无明显改良效果外，其余材料对低液限粉土的强度及压缩性均有不同程度的改善。4种材料改性土的抗剪强度和抗压强度均随各自掺量的增加而增大，其中，水泥改性土和石灰改性土抗剪强度的增长趋势逐渐下降，水玻璃改性土和聚丙烯纤维改性土分别呈先增大后减小和逐渐增大的增长趋势；水泥改性土和水玻璃改性土抗压强度的增长趋势逐渐下降，石灰改性土和聚丙烯纤维改性土分别呈先增大后减小和继续增大的增长趋势；水泥改性土和石灰改性土的压缩性均随各自掺量的增加而减小，减小趋势均逐渐下降，水玻璃和聚丙烯纤维改性土的压缩性随掺量的增加先减小后增大，压缩性最小的掺量分别为水玻璃3％和聚丙烯纤维0.4％；综合分析，单掺改良效果最好的是水泥，其次是石灰、水玻璃和聚丙烯纤维。

（3）由于单掺水玻璃对低液限粉土的改性效果较单掺水泥、石灰略差，而单掺氯化钙无明显改良效果，因此，向低液限粉土中双掺不同配比的水玻璃和氯化钙，结果表明，双掺水玻璃和氯化钙对低液限粉土强度及压缩性的改性效果十分明显。相同水玻璃掺量下，除水玻璃1％的双掺改性土抗剪强度随氯化钙掺量的增加而增加外，其余双掺改性土的抗压强度和抗剪强度均随之减小，压缩性均随之增大。相同氯化钙掺量下，除水玻璃：氯化钙为3：1的抗剪强度略大于5：1外，双掺改性土的抗剪强度和抗压强度均随水玻璃掺量的增加而增大，压缩性均随之减小，但抗压强度的增长趋势和压缩性的减小趋势均逐渐下降。97％压实度下，水玻璃：氯化钙＝3：1时的抗剪强度最大，而水玻璃：氯化钙＝5：1时的压缩系数最小，抗压强度最大。

（4）相较于单掺对应掺量水玻璃的试验结果，除双掺配比 1：1 的抗剪强度略小于、双掺配比 1：3 的压缩系数略大于单掺水玻璃 1%、双掺配比 3：3 和 5：3 的内摩擦角分别大于单掺水玻璃 3% 和 5% 外，其余双掺配比的抗剪强度和抗压强度均有所提高，压缩性均降低，内摩擦角均减小。

（5）考虑单掺、双掺试验结果及经济因素，将水泥、水玻璃氯化钙溶液、石灰和聚丙烯纤维作为改性材料，进行四因素三水平正交试验，将抗剪强度指标 c、φ 值，无侧限抗压强度，压缩系数和回弹模量作为正交试验指标，采用极差分析法分析各因素对各试验指标的影响程度和优水平，最后，从提高强度、减小压缩性角度得到的最优组合是水泥 4%、水玻璃：氯化钙 = 3：1，石灰 4% 和聚丙烯纤维 0.3%。

（6）根据材料 A 和材料 B 的力学特性试验结果，最终得到低液限粉土用于基层的最佳配比材料为膨润土 9%、水泥 4%、水玻璃：氯化钙 = 3：1，石灰 4% 和聚丙烯纤维 0.3%。

3.6　路桥过渡区回填土碱激发改性试验

台背回填区与路面基层区域在施工工艺及回填方量上存在很大区别，若采用路面基层改性土外掺材料进行改性，现场配制工艺复杂且会耗费大量的改性材料。台背回填区与路面基层区回填土改性目的存在较大差异，路面基层区以提高密实度和抗压强度为目标进行改性，而台背回填区则应以提升压实度和工后强度增长为改性目标，选择改性材料时应综合考虑材料成本及来源、施工简易性、固化强度增长不能过快等系列因素。

高炉粒化矿渣作为钢铁工业副产品，生产过程不额外消耗能源，环境友好，具有水硬活性，具有成为新型粉土固化剂的潜力。但是矿渣的水化速度缓慢，需要碱性激发剂激发。常用碱性激发剂包括水玻璃、NaOH 溶液、熟石灰、活性 MgO 等。水玻璃作为激发剂与矿渣和粉土拌和后，加固土凝结过快，无法适应台背回填区的施工节奏；NaOH 溶液碱性强，能有效激发矿渣，但施工危险性较大。因此这两种激发剂均不能满足路基施工的要求。熟石灰和活性 MgO 呈粉末状，能够有效激发矿渣，且矿渣的水化速率适中，可以作为矿渣的激发剂。

高炉粒化矿渣粉（GGBS）与熟石灰购买自济南某试剂公司，矿渣的活性等级为 S 95，熟石灰为分析纯。活性 MgO 为日本协和牌高活性 MgO，活性等级为 MA 150（据吸碘值）。GGBS 和低液限粉土的颗分结果如图 3.20 所示。土样中粉粒含量达 85% 以上，不均匀系数 $C_u = 4.74$，曲率系数 $C_c = 1.92$，属于级配不良的土；矿渣的粒径分布大致与粉土相同，其中粉粒含量达 80% 以上，其余为黏粒，级配较低液限粉土稍好。

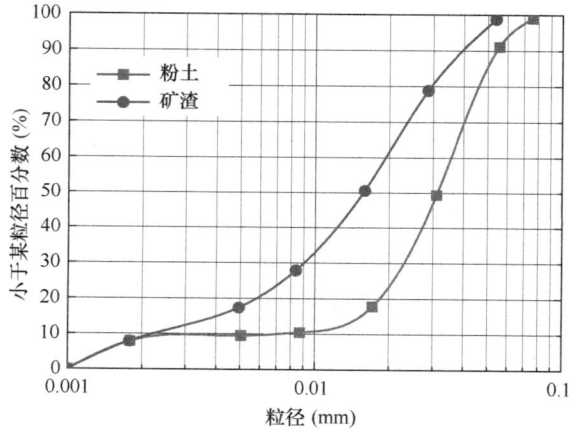

图 3.20　矿渣与粉土的颗粒分布曲线

改性土配比及测试项目　　　　　　　　　　　表 3.13

固化剂/干土	碱性激发剂/矿渣	测试项目
0.15	0.1, 0.2, 0.3, 0.4	UCS
0.03, 0.06, 0.09, 0.12, 0.15, 0.18, 0.21, 0.30	0.15	击实试验, UCS
0.06, 0.15	0.15	三轴剪切试验
0.06, 0.15	0.15	扫描电镜

　　加固土的配比及试验方案见表 3.13，包括：（1）研究激发剂活性 MgO 与矿渣的最佳配比，活性 MgO 与矿渣的质量比分别为 0.1、0.2、0.3 和 0.4，加固土统一制成干密度为 $1.82 g/cm^3$，固化剂与干土质量比为 0.15 的无侧限抗压强度试件；（2）研究碱激发矿渣固化剂的最佳掺量，矿渣与干土的质量比分别为 0.03、0.06、0.09、0.12、0.18、0.21 和 0.30，碱性激发剂与矿渣质量比全部为 0.15，根据不同固化剂掺量加固土的击实试验成果，分别制作不同掺量加固土密实度为 95% 的无侧限抗压强度试件；（3）研究加固土的抗剪强度特征，将工程中常用的 6% 熟石灰固化粉土作为对照组，将 6% 和 15% 掺量的碱激发矿渣加固土作为试验组，制成密实度为 95% 的三轴剪切试验试件；（4）研究加固土的孔隙特征及其水化产物，对熟石灰和活性 MgO 激发矿渣固化粉土进行了扫描电镜试验，固化剂的掺量为 6% 和 15% 两种。

3.6.1　碱激发改性土击实性能

　　将粉土风干后粉碎，过 2mm 筛；按照试验设计的各组分质量分别称取粉土、矿渣、碱性激发剂（活性 MgO 或熟石灰），并用量筒量取一定量的蒸馏水；

将粉土、矿渣、碱性激发剂混合均匀，加入一定量的水后充分揉搓，并放在塑料袋中静置 20min，使各组分充分润湿；用电动击实仪进行击实；称量击实后击实筒和土的质量，试验结果如图 3.21 所示。

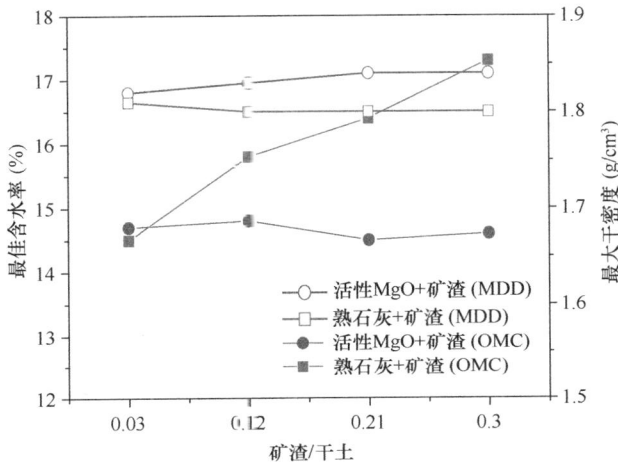

图 3.21　加固土最大干密度和最佳含水率随矿渣含量的变化

从击实试验结果可以看出，随着固化剂掺量增加，活性 MgO 激发矿渣加固土的最大干密度逐渐增大，而熟石灰激发矿渣加固土的最大干密度略减。原因是随着固化剂掺量增加，加固土中细颗粒活性 MgO（粒径小于 0.002mm）的含量也增大，活性 MgO 填充了土颗粒及矿渣颗粒间的微小孔隙，减小了加固土的孔隙率，提高了其最大干密度，这可以改善加固土的力学性能和耐久性，而熟石灰颗粒的粒径大于活性 MgO 颗粒，难以起到填充作用，但固化剂掺量变化对加固土最大干密度的改变有限，原因是矿渣颗粒与粉土颗粒的粒径基本相同，矿渣中粉粒含量占 80％以上，填充粉粒间的活性 MgO 质量仅占总质量的 0.45％～4.5％，加固土中仍缺乏填充粉粒间隙的细颗粒。因此，建议在碱激发矿渣加固土中掺入适量的膨润土，以进一步提高加固土压实性能。

随着固化剂掺量增加，熟石灰激发矿渣加固土的最优含水率逐步提高，而活性 MgO 激发矿渣加固土的最优含水率略有下降，原因是熟石灰具有强吸水性，而活性 MgO 表现出疏水性。

低液限粉土中掺入占干土质量 3％、6％、9％和 12％的膨润土并进行击实试验，试验结果如图 3.22 所示。土样最大干密度随着膨润土掺量的增加而增大。当膨润土掺量为 12％时，改性土最大干密度减小。因此，膨润土的最佳掺量为 9％，此时土样的最大干密度为 1.89g/cm³，最优含水量为 14.1％。由于矿渣与粉土的颗粒级配基本相同，矿渣的掺入不会显著改变素粉土的孔隙结构，因此将

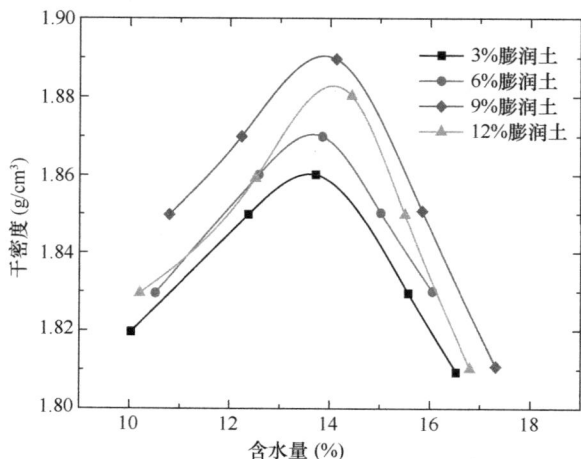

图 3.22　膨润土对最大干密度和最佳含水量影响

加固土的膨润土最佳掺量定为 9% 具有一定合理性。

3.6.2　碱激发改性土无侧限抗压强度

无侧限抗压强度是无机结合料稳定材料配比设计的关键控制指标，同时也能直观反映碱性激发剂激发矿渣的效率。

如图 3.23 所示，在相同干密度和养护期龄的条件下，试件无侧限抗压强度随着活性 MgO/GGBS 质量比增大而增大，而强度的增大速率变小。活性 MgO 的单价远高于矿渣，从经济性方面考虑，需在保证矿渣激发效率前提下消耗尽量少的活性 MgO，因此活性 MgO 与矿渣的最佳质量比为 0.15～0.20。随着养护

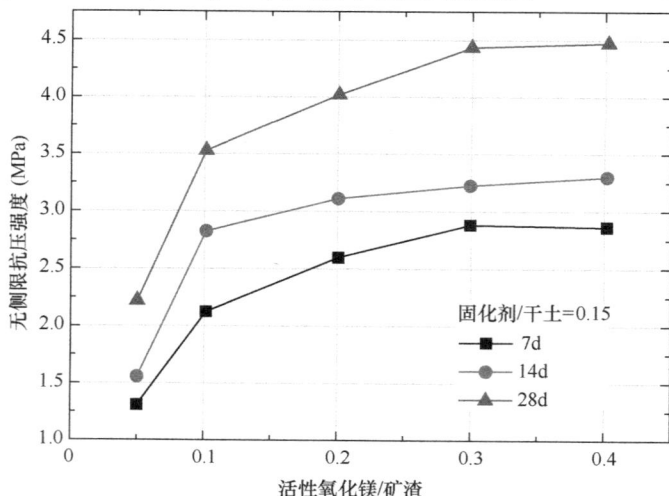

图 3.23　无侧限抗压强度随活性 MgO/GGBS 质量比的变化

龄期增加，不同活性 MgO/GGBS 质量比试件无侧限抗压强度均有增大。

增大活性 MgO/GGBS 质量比会提高加固土中活性 MgO 含量，使更多的活性 MgO 水解产生 Mg^{2+} 和 OH^-。OH^- 提高了加固土中孔隙水的 pH 值，高碱性环境促进矿渣玻璃体网络中共价键（Si-O-Si，Al-O-Si）的断裂和矿渣主要水化产物 C-S-H 的生成。同时，Mg^{2+} 与 Al-O 或 Si-O 生成 MSH 或 Ht，这些水化产物对粉土颗粒产生填充、胶结作用，使试件产生更高的早期强度[104]。但是，活性 MgO 颗粒粒度极小，具有很高的比表面积，如果活性 MgO 含量过高，大量未水解的活性 MgO 覆盖在粉土颗粒表面，减弱了土颗粒间的摩擦、嵌挤作用，对试件的强度产生负面影响。

如图 3.24 所示，试件 7d、28d 无侧限抗压强度随着固化剂掺量的增大而增大。从曲线斜率可以看出，活性 MgO 激发矿渣掺量超过 15% 后，试件无侧限抗压强度的增大速率显著变小。当活性 MgO 激发矿渣掺量为 9% 时，试件的 7d 无侧限抗压强度为 1.63MPa，大于规范要求的 1.1MPa[105]。综上，活性 MgO 激发的矿渣最佳掺量为 15%。熟石灰激发矿渣固化粉土的无侧限抗压强度增大速率随固化剂掺量增大而减小，各固化剂掺量下试件 7d、28d 无侧限抗压强度均大于活性 MgO 激发矿渣加固土，矿渣掺量为 6% 时试件的无侧限抗压强度即可满足规范要求。

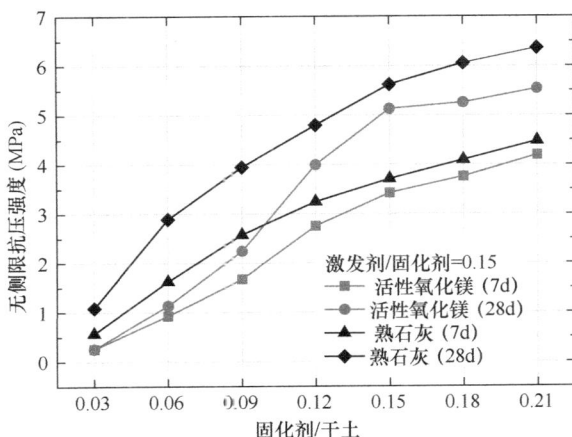

图 3.24　试件的无侧限抗压强度随矿渣掺量的变化

如图 3.25 所示，当矿渣掺量为 15% 时，随着养护时间的增加试件无侧限抗压强度逐渐增大。养护时间是试件强度增长的关键因素，养护时间越久，矿渣的水化程度越高，对土颗粒填充和胶结能力越强。从强度增大的幅度看，养护 90d 与养护 28d 后试件的无侧限抗压强度相比，强度的增长幅度较小，因此为便于工程应用，将加固土 28d 无侧限抗压强度作为调整碱激发矿渣加固土配比的控制指标。

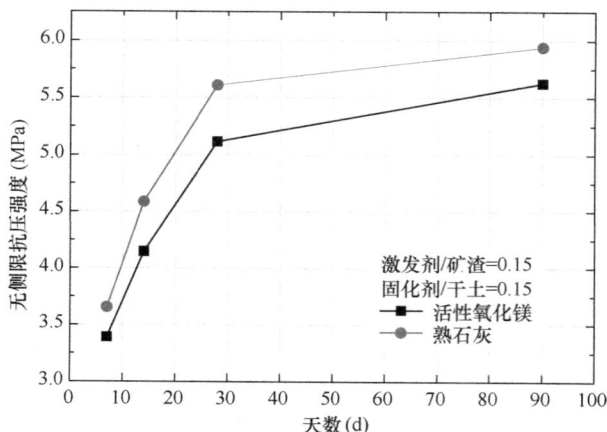

图 3.25　试件的无侧限抗压强度随养护时间的变化

　　不同养护时间下，熟石灰激发矿渣加固土试件的无侧限抗压强度均高于活性 MgO 激发矿渣加固土，但是两者 90d 无侧限抗压强度差值不大。原因是熟石灰能够提供更强的碱性环境，促进矿渣化合键的断裂，相同养护时间下熟石灰激发矿渣的水化程度更高，使得试件的早期强度更高，而加固土长期强度主要来源于矿渣水化，碱性激发剂仅加速这一过程，因此两种加固土的长期强度相差不大。

3.6.3　碱激发改性土三轴抗剪强度

　　为获得加固土的抗剪强度指标，对加固土进行三轴固结不排水剪切试验。试验用土分别为 6％熟石灰加固土、6％活性 MgO 激发矿渣加固土、15％活性 MgO 激发矿渣加固土、15％活性 MgO 激发矿渣＋9％黏土加固土，试验方案见表 3.14。

加固土三轴剪切试验方案　　　　　　　　　　　　　　表 3.14

编号	固化剂	干湿状况
S6-g	6％石灰	干试样
S6-s	6％石灰	湿试样
K6-g	6％活性 MgO 激发矿渣	干试样
K6-s	6％活性 MgO 激发矿渣	湿试样
K15-g	15％活性 MgO 激发矿渣	干试样
K15-s	15％活性 MgO 激发矿渣	湿试样
K15-P9-g	15％活性 MgO 矿渣＋9％膨润土	干试样
K15-P9-p	15％活性 MgO 矿渣＋9％膨润土	湿试样

根据击实试验成果，将不同固化剂掺量的低液限粉土制成为干密度 1.82g/cm³ 的三轴剪切试件。试件放在标准养护环境下养护 28d，其中，湿试样的制备方法为将养护 28d 后的试件浸没入水中 1d，取出擦干净试件表面的水后进行试验。三轴剪切试验的试件见图 3.26（a）。进行三轴固结不排水剪后，试件的破坏形态见图 3.26（b），呈明显的共轭剪切破坏特征。

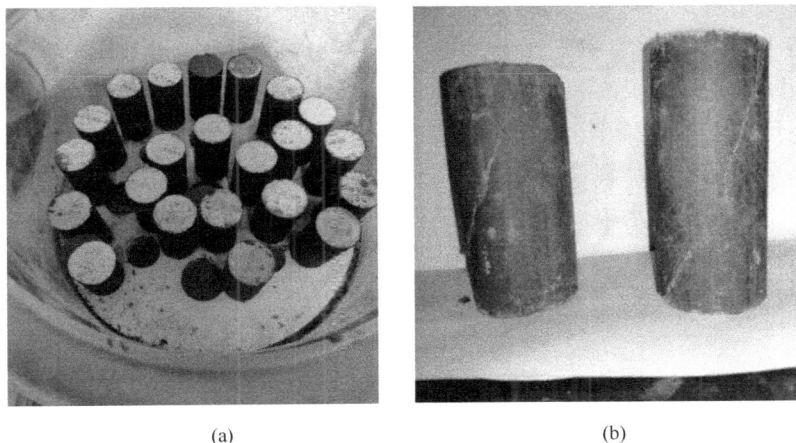

(a)　　　　　　　　　　　　　　(b)

图 3.26　三轴剪切试件

（a）试件养护；（b）试件剪切破坏形态

不同固化剂加固土的黏聚力如图 3.27 所示。对于干试样，K6 加固土的黏聚力略大于 S6 加固土，说明掺量相同时，矿渣固化剂的固化效果优于熟石灰固化剂；当矿渣固化剂掺量从 6% 提高到 15% 后，加固土的黏聚力从 130.5kPa 增大至 301.0kPa，黏聚力大幅提高，原因是矿渣固化剂掺量提高使得加固土中矿渣水化产物的含量增加，水化产物附着在粉土颗粒表面，填充了颗粒间的孔隙，将其粘结起来。K15-P9 加固土的黏聚力相比 K15 加固土有所减小，其黏聚力为 195.3kPa，因此，加固土中添加膨润土虽然提高了加固土的密实度，但是会减小加固土的黏聚力。

试件在水中浸泡 1d 后，S6 加固土的黏聚力大幅度减小，从 130.5kPa 减小到 15.9kPa，说明熟石灰加固土的耐水性较差，当大量降雨或地下水位上升时，熟石灰固化粉土填筑路基浸水后将迅速失去原有强度，

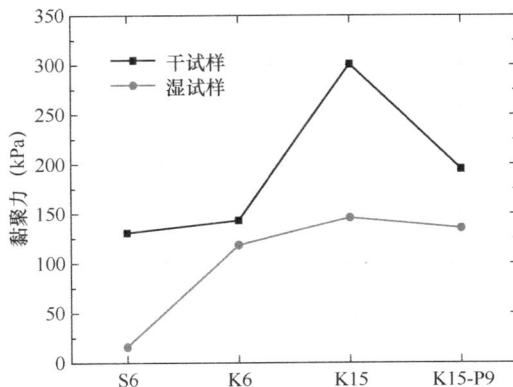

图 3.27　固化改性土黏聚力

导致路基土流失和路基失稳。活性 MgO 激发矿渣加固土遇水黏聚力亦下降，浸水后，K6 加固土的黏聚力从 143.0kPa 减小到 118.3kPa，K15 加固土的黏聚力从 301.0kPa 下降到 145.7kPa，K15-P9 加固土的黏聚力从 195.3kPa 下降到 135.0kPa，以活性 MgO 激发矿渣作为固化剂的加固土，其浸水后的黏聚力均大于熟石灰加固土，说明在改良后加固土的耐水性方面，MgO 激发矿渣固化剂优于熟石灰固化剂。

如图 3.28 所示，对于干试件，相比熟石灰加固土，活性 MgO 激发矿渣加固土的内摩擦角显著提高，但是当矿渣固化剂掺量从 6％提高到 15％时，加固土的内摩擦角从 12.64°减小至 12.12°，加入 9％的膨润土后，加固土的内摩擦角进一步减小至 11.81°，所以高掺量矿渣固化剂和掺入膨润土均会减小加固土的内摩擦角。将试件置于水中浸没 1d 后，采用不同固化剂改良的加固土的内摩擦角均有一定程度减小。

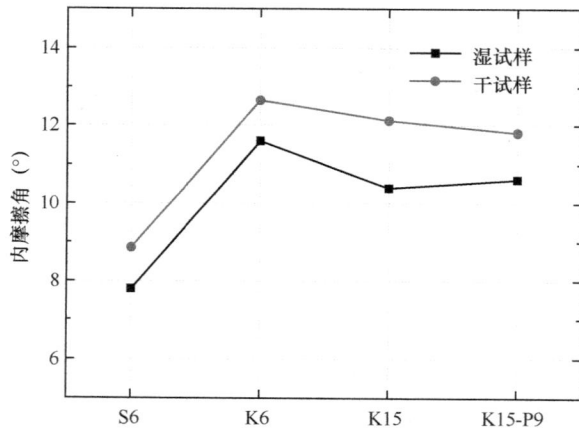

图 3.28　固化改性土内摩擦角

3.6.4　碱激发改性土微观特征

改良粉土试件养护 90d 后进行扫描电镜试验，试验结果如图 3.29 所示。其中，矿渣激发剂活性 MgO 或熟石灰与矿渣质量比为 0.15，固化剂与干土的质量比分别为 0.06 和 0.15。

活性 MgO 的活性指的是参与物理或物理化学反应的能力，MgO 晶体的晶格畸变、缺陷以及颗粒表面存在不饱和价键越多则晶体活性越强。菱镁矿晶体经过 700℃左右的煅烧，形成了轻烧 MgO 晶体，该晶体为具有较大的比表面积和吸附能力的多孔结构，具有较高的活性，如图 3.29（a）所示。如果煅烧温度高于 900℃，菱镁矿晶体发生重结晶或烧结，生成死烧氧化镁，则不具有活性。如

图 3.29（b）所示，经过研磨的粒化高炉矿渣为表面光滑的多棱颗粒，而活性 MgO 为具有多孔结构的晶体，活性 MgO 晶体直径远远小于矿渣颗粒直径，大约为矿渣颗粒直径的 0.05～0.2 倍。

根据前人研究，碱性激发剂激发的矿渣净浆，其水化产物主要是低钙硅比的水化硅酸钙（C-S-H）[106]。如图 3.29（c）和 3.29（d）所示，采用活性 MgO 或熟石灰激发矿渣形成的水化产物不同，活性 MgO 激发矿渣产生的水化产物只有气溶胶状的水化硅酸钙（C-S-H），而熟石灰激发矿渣形成的水化产物不仅有气溶胶状 C-S-H，还有针状钙矾石晶体（Ettringite，$3CaO \cdot Al_2O_3 \cdot 3CaSO_4 \cdot 32H_2O$），这是水泥水化的主要产物。由钙矾石的分子式可以看出，钙矾石生成过程中会固定大量的自由水形成结合水，可以降低加固土的含水率，并且生成的钙矾石晶体可以填充颗粒间孔隙。因此，相比没有钙矾石产物的活性 MgO 激发矿渣加固土，熟石灰激发矿渣加固土的早期强度显著提高。然而生成的钙矾石含量需要与压实后粉土的孔隙率相适应，否则过量的钙矾石会使加固土开裂，降低加固土的强度，因此熟石灰激发矿渣固化剂需要控制其掺量。

如图 3.29（e）～图 3.29（h）所示，当固化剂掺量为 3% 时，粉土颗粒表面的 C-S-H 气溶胶很少，颗粒之间仍有大量孔隙，而当固化剂掺量提高到 15% 时，可见粉土颗粒表面包裹了一层网格状 C-S-H 水化产物，起到桥接和粘结作用，将颗粒粘结为一个整体，并且颗粒之间的孔隙也被水化产物充填，提高了固化粉土的致密性，粘结作用和充填作用共同提高了加固土的强度。

3.6.5　碱激发改性土试验小结

对台背回填使用的低液限粉土进行了室内试验研究，确定了固化剂的最佳掺量及加固土的抗剪强度特征，揭示了固化剂的水化产物特征和加固土的孔隙特征。

（1）使用高炉粒化矿渣作为固化剂固化低液限粉土，击实试验结果表明，掺入矿渣对粉土的最大干密度影响不大。活性 MgO 激发矿渣固化剂可以略微增大粉土的最大干密度，有利于提高加固土的力学性能和耐久性，而熟石灰＋矿渣固化剂减小粉土的最大干密度。

（2）加固土的无侧限抗压强度随着固化剂掺量的增加而增大，固化剂的最佳掺量为粉土质量的 15%～20%。活性 MgO 激发剂的最佳掺量为矿渣质量的 15%。熟石灰或活性 MgO 激发矿渣固化剂显著提高了粉土的无侧限抗压强度，熟石灰激发矿渣加固土的早期强度高于活性 MgO 激发矿渣加固土，两者的长期强度相差不大，活性 MgO 激发矿渣加固土的压实性能更好。矿渣固化剂与粉土混合后仍缺乏填充孔隙的细小颗粒，因此需在加固土中添加适量细颗粒的膨润土，以提高加固土的压实性能，膨润土的最佳掺量为 9%。

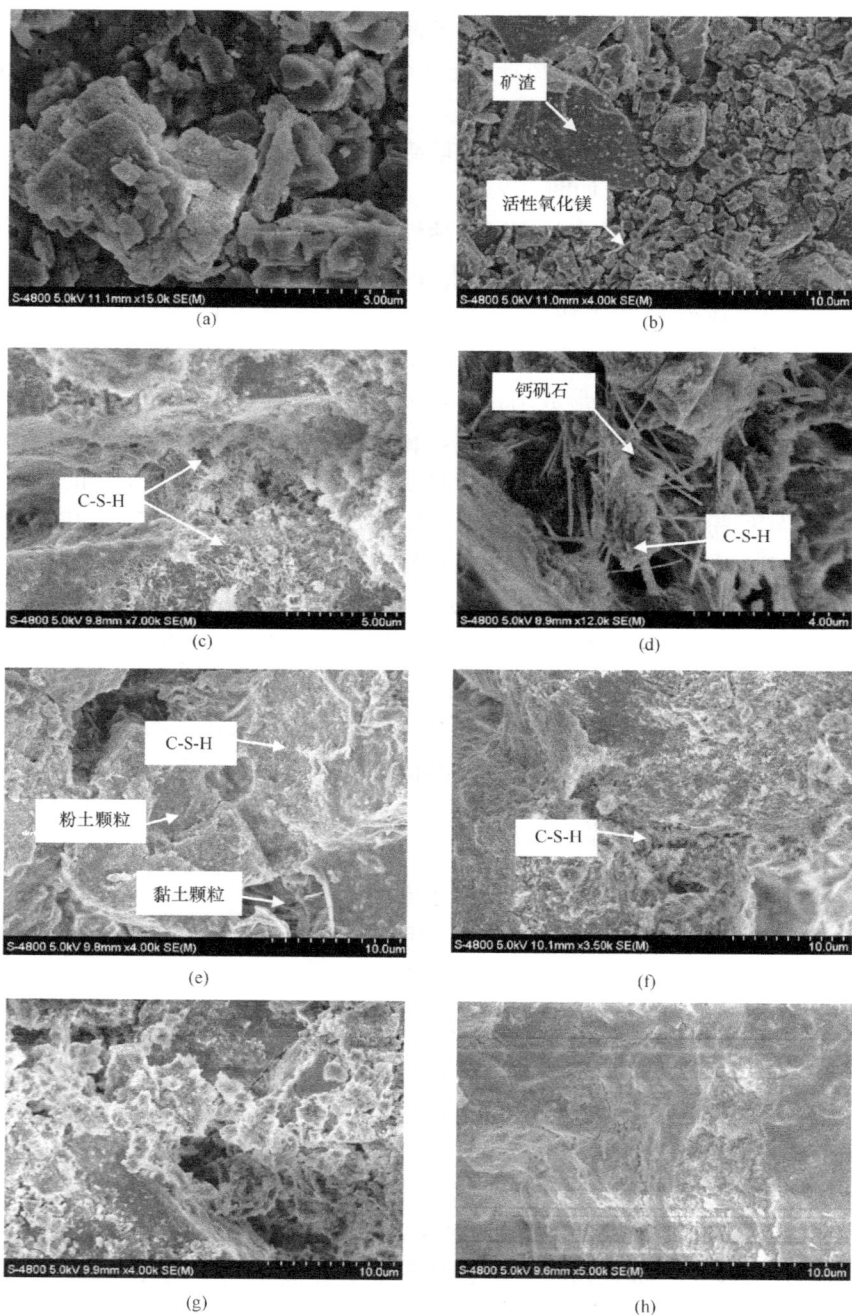

图 3.29　加固土扫描电镜图像

（a）活性 MgO 粉末；（b）活性 MgO 和矿渣粉末；（c）活性 MgO＋矿渣水化产物；（d）熟石灰＋矿渣水化产物；（e）3％固化剂（活性 MgO）；（f）15％固化剂（活性 MgO）；（g）3％固化剂（熟石灰）；（h）15％固化剂（熟石灰）

（3）活性 MgO 激发矿渣的水化产物只有气溶胶状的水化硅酸钙，而熟石灰激发矿渣的水化产物有水化硅酸钙及针状的钙矾石晶体。钙矾石可以提高加固土的早期强度，但需控制熟石灰激发矿渣固化剂掺量，使生成的钙矾石含量与加固土的孔隙率相适应。当固化剂掺量为 3% 时，粉土颗粒表面仅有少量的网格状 C-S-H，当掺量提高到 15% 时，粉土颗粒表面存在大量绵密的气溶胶状的 C-S-H，水化产物包裹粉土颗粒并填充粉土颗粒间隙，提高粉土的强度和密实度。

（4）与熟石灰改性剂相比，矿渣改性剂更能提高加固土的黏聚力和内摩擦角。矿渣掺量的增加可以增大加固土的黏聚力，掺入膨润土能够提高加固土的最大干密度，提高回填土体的压缩模量，会在一定程度上减小加固土的黏聚力和内摩擦角。加固土饱和后，熟石灰加固土的黏聚力大幅下降至接近零，而矿渣加固土仍有较大的黏聚力，矿渣加固土的耐水性比熟石灰加固土显著提高。与熟石灰加固土相比，矿渣加固土的内摩擦角显著增大，但是随着矿渣掺量的增加，加固土的内摩擦角减小。

第4章 低液限粉土新旧拼接路基
变形及加固特性研究

4.1 概述

随着黄河三角洲地区高速公路的飞速发展，既有高速公路面临着承载量不足、与新建高速公路互通等问题，需要对既有高速公路进行改扩建以满足建设需求。改扩建高速公路由于新旧路基固结程度不同，后期运营过程中，新填路基在交通荷载的作用下相较于旧路基沉降量会比较大，这种不均匀沉降会严重影响路基的安全通行。高速公路新旧路基在搭接过程中面临一系列力学问题，特别是低液限粉土填筑的路基拓宽工程，旧路基在长达数十年的车辆荷载和自重荷载的作用下，路基本身已完成固结沉降，一部分路基甚至处于超固结状态。根据《公路路基设计规范》JTC D30[107]中规定：高速公路改扩建工程中，旧路基与拓宽新路基的路拱横坡度的工后增大值应≤5%。因此新路基必然在固结程度和路基刚度上存在较大的差异，这种差异在公路使用过程中会造成路基的不均匀沉降，导致路面开裂损坏，产生严重的公路病害。

因此，随着我国高速公路改扩建工程的日益增加，对于如何减少新旧路基在固结程度上产生影响的研究也越来越多。目前关于路基沉降的预测计算方法有多种，这些预测计算方法可根据计算原理分为两大类，一类是选用比较复杂的本构模型，计算模型需要大量的物理参数且计算过程比较复杂；另一类是将路基沉降计算与现场监测相结合，在路基沉降监测的基础上根据参数的改变修正沉降计算方法。虽然这些沉降计算方法在准确性和可用性上有了较大的进步，但是仍存在以下问题：一是土作为一种离散性材料，其本身力学性质不稳定，在水力耦合作用下存在更多不确定性，通过比较复杂的土的物理力学参数进行计算存在较大的误差，且计算方法过于烦琐，对于现场技术人员来说并不能便捷地使用；二是基于现场监测的预测方法并不适用前期的路基设计工作。因此，有必要建立一种通过获取少量的岩土力学参数经过简单计算便可对路基沉降进行预测的新方法。

4.2　考虑侧向变形的分层沉降计算方法

4.2.1　分层沉降计算原理

在道路运营过程中，上部车辆荷载及自重荷载的作用引起路基中产生附加应力，附加应力会引起土体孔隙大小的改变，宏观上引起路基沉降变形。由于路基每层压实度不同，荷载也存在较大的差异，双向作用下路基土体变形不均匀，路基产生差异沉降，差异沉降过大会严重影响道路的安全使用，因此必须在设计初期合理预测路基各部分沉降量，以便在施工过程中进行施工方案修正改良。相关研究表明，土体压力<600kPa 下，土粒本身和孔隙水的压缩量一般可忽略不计。

如图 4.1（a）所示，土层在压力 p_1 的作用下已经压缩稳定。假定此时计算模型的高度为 H，计算模型总的土颗粒体积为 V_s，孔隙比为 e_1，则计算模型孔隙体积 V_v 等于 $e_1 V_s$，总体积 $V_1 = V_v + V_s = (1 + e_1) V_s$，如果将试样上的压力增加到 $p_2 = p_1 + \Delta p$，假设压缩稳定后计算模型的高度为 H'，计算模型孔隙比为 e_2，则此时计算模型的压缩量计算公式为 $s = H - H'$，孔隙体积变为 $e_2 V_s$，而总体积 $V_2 = V_v + V_s = (1 + e_2) V_s$，如图 4.1(b)所示。于是由于压力增量 P 的作用引起的单位体积土体的体积变化计算式为：

$$\frac{V_1 - V_2}{V_1} = \frac{(1 + e_1) V_s - (1 + e_2) V_s}{(1 + e_1) V_s} = \frac{e_1 - e_2}{1 + e_1} \tag{4-1}$$

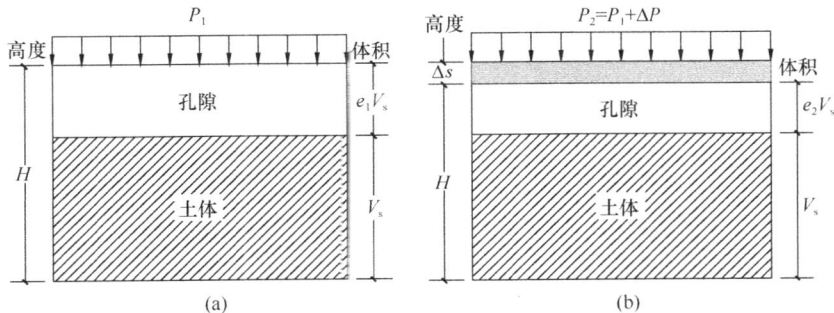

图 4.1　试样压缩前后的情况

(a) 压缩前；(b) 压缩后

在此计算模型条件下不考虑侧向作用，附加荷载压缩前后计算模型面积 A 保持不变，得到单位体积计算模型土体体积变化大小式为：

$$\frac{V_1 - V_2}{V_1} = \frac{HA - H'}{HA} = \frac{s}{H} \tag{4-2}$$

根据式（4-1）和式（4-2）可以得到无侧向变形条件下的土层压缩量计算

式为：

$$s = \frac{e_1 - e_2}{1 + e_1} H = \frac{-\Delta e}{1 + e_1} H \tag{4-3}$$

本书采用分层总和法的思路，如果将路基压缩层分为 N 个分层，设第 i 分层的竖向变形量为 s_i，则路基沉降 s 可视为各分层竖向变形量之和，即[108]：

$$s = \sum_{i=1}^{N} s_i \tag{4-4}$$

分层总和计算沉降法仅计算了路基的竖向沉降，没有考虑土层横向变形的作用。根据土体的变形规律，新填路基边缘土体在受到路面荷载产生竖向沉降的同时会有向周围的横向变形，而在假设条件中路基边坡是没有横向位移的，因此路基边坡对路基的被动土压力会减少路基竖向变形，通过计算路基边坡对路基的作用来修正分层总和沉降法。

4.2.2 考虑侧向变形的拼接路基沉降计算模型

基于土体孔隙介质特性提出一种计算路基沉降的方法，该计算方法所需要的参数不多且可以在现场通过简单的试验获取，计算过程简单易懂，适合高速公路新旧拼接路基工程技术人员现场施工计算。

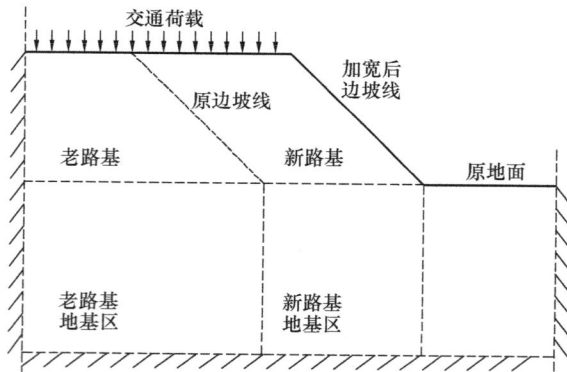

图 4.2　路基模型

基于典型高速公路路基拓宽方式，建立新旧路基拼接模型（图 4.2）。对旧路基边坡进行修坡后分成填筑新路基。传统的新路基沉降计算中，交通荷载和路基自重荷载是路基沉降主要考虑的荷载条件，但新路基边界条件较为复杂，一侧为旧路基边坡，旧路基在长期的荷载作用下，路基填土已达到完全固结甚至是超固结的状态，但旧路基边坡只有自重荷载的作用，固结程度小于旧路基内部填土，因此与这部分搭接的新填路基沉降计算需考虑旧路基边坡的固结条件。新填路基另一侧为新路基边坡，在高填方路基段，路基边坡的力学作用是非常重要的，新填路基边坡可以有效限制路基侧向变形维持路基的稳定性。路基边坡作为限制路基侧向变形的重要结构在路基受荷条件下，路基边坡也会产生相应的被动土压力，传统的计算方法忽略了新填路基边坡的作用就会对计算结果产生较大的影响，因此结合被动土压力的计算方法，将这部分土压力对路基沉降的影响加权到路基沉降计算中达到修正计算结果的目的。

将新路基边坡的作用以被动土压力的形式作用在路基土体单元，其修正后的路基受力分布情况如图 4.3 所示。

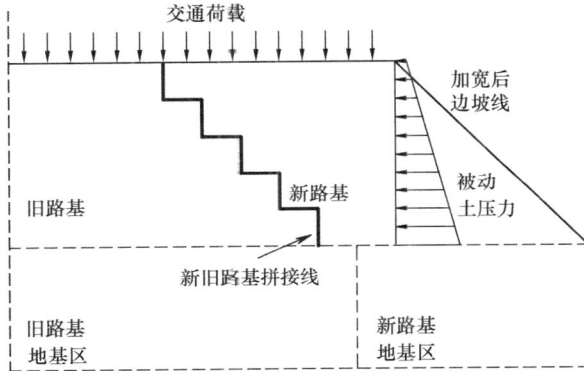

图 4.3 修正路基荷载模型

在考虑被动土压力的作用时，把土体单元的受力分布简化为如图 4.3 所示的力学模型。在这个土体力学模型中新填路基土体单元不仅受到路面荷载的作用产生竖向压缩变形还受到路基边坡被动土压力的横向力作用产生横向压缩变形，其计算模型修正为如图 4.4 所示模型。

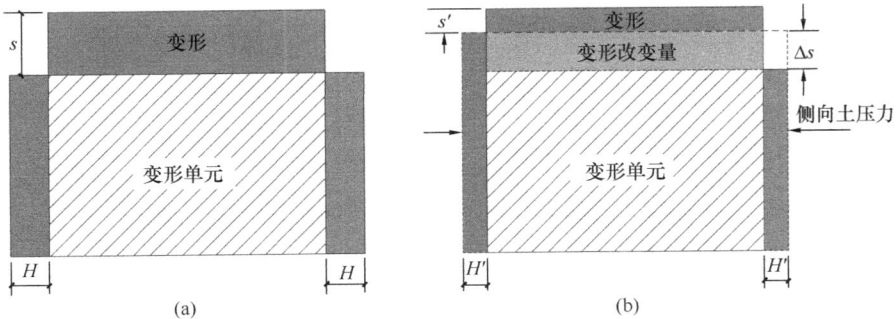

图 4.4 计算方法修正模型

图 4.4（a）为土体单向受力变形模型，土体的竖向变形为 s，图 4.4（b）为土体双向受力变形模型，竖向变形受横向压力的作用，竖向变形为 s'，这样两个计算模型的竖向变形就产生差值 Δs，通过计算 Δs 来修正最终的路基竖向变形。

针对路堤的横向变形理论，马时冬[109]根据加拿大学者 Tavenas[110]的研究结论及通过现场试验结果的修正得出了路堤横向位移 ΔL_m 和中心沉降 Δs_0 的比值关系。提出施工前期横向位移量相当小，施工后期即固结期其横向位移与中心沉降比值 $[\Delta L_m/\Delta s_0]$（0.07～0.30），这里把比值用 K_n 表示。

通过横向位移和中心沉降的关系，可以反向推导：如果计算出其横向位移，那根据比值关系可以确定其竖向位移的大小。根据这个理论，把路基边坡产生的被动土压力作为荷载，利用分层总和沉降法计算其横向变形的大小，然后根据比值推导出竖向位移。竖向变形差 Δs_{hn} 计算式为：

$$\Delta s_{hn} = \sum_{i=1}^{n} K_n \upsilon \frac{e_{1n} - e_{2n}}{1 + e_{1n}} L_n \quad (n = 1, 2, 3, \cdots, i) \tag{4-5}$$

式中，υ 为土体泊松比；K_n 为折损系数；e_{1n} 为初始孔隙比；e_{2n} 为受压孔隙比；L_n 为分层宽度（m）。

4.2.3 常规分层沉降法计算过程

为了验证理论的正确性，选取有现场监测的路段进行计算分析。计算路段为京港澳高速公路。京港澳高速公路改扩建项目全长 434.5km，扩建标准为将原双向四车道扩建为双向八车道。路基属于高填方路基高度为 8.0m，旧路基面宽 26m，采用台阶法两侧各加宽 8m。路基土层分别为粉质黏土（厚 10.0m），黏土（厚 10.2m），粉土（厚 10.5m）[111]。

高速公路改扩建工程中涉及的力学问题是十分复杂的，为了简化计算条件，进行如下假定：

（1）路基沉降问题按照平面应变问题进行考虑；

（2）高速公路改扩建工程中，新旧路基搭接部分没有相对滑移或脱离；

（3）旧路基在长期荷载作用下已完成固结，在后期使用过程中不产生变形，路基荷载主要包括车辆荷载和路基自重荷载。

根据土体压缩计算公式，由于新填路基底部与旧路基边坡搭接，如果进行分层计算，那么每一层的厚度都是不同的，因此，将新填路基进行竖向和横向的单元划分，首先计算每个单元的土体沉降然后进行叠加计算。新路基单元划分如图 4.5 所示。

根据网格划分，本书把新填路基以横向 1m 为间隔，竖向 0.89m 为间隔，划分如图 4.5 所示的单元，路面荷载可以简化为大小为 100kPa 的均匀荷载，为了简化计算，假设荷载作用在单元节点，节点作用力大小为 100kPa，根据尺寸长宽比小于 10，可知这类计算属于空间问题，且为中心荷载，所以可以得基底压力为 100kPa。由于路基填土为均质土，且地下水位在原路面以下，这里不考虑水层的影响，根据网格划分取分层厚度 $H_i = 0.89$m。根据公式计算各分层面的

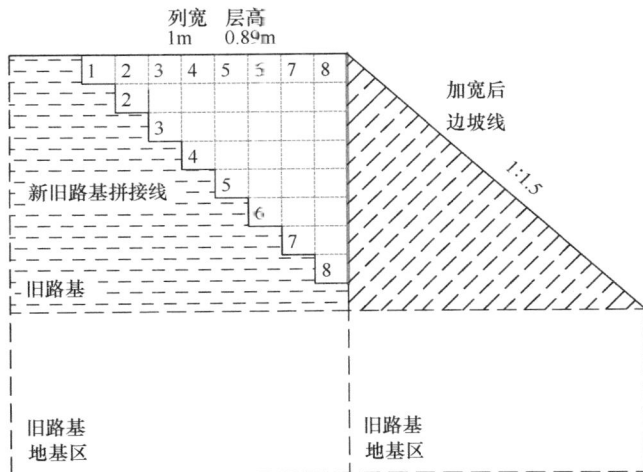

图 4.5　计算模型划分网格

自重应力 σ_{si} 和附加应力 σ_{zi}。根据相关规范可知，在路基以下附加应力比自重应力相差较大，所以取土层压缩计算层厚度为 6.67m。由于新旧路基固结程度不同，土样压缩曲线需要通过固结试验获取，在试验路段分别取新路基原状土进行试验，得到 e-p 曲线如图 4.6 所示。

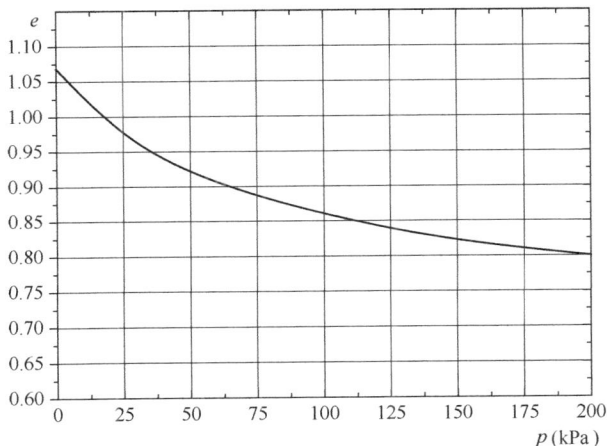

图 4.6　路基土体 e-p 曲线

各分层自重应力计算式为：

$$\sigma_{s+i} = \sigma_{si} + \gamma H_i \tag{4-6}$$

式中，γ 为土体天然湿重度。附加应力通过下式计算：

$$\sigma_{zi} = 4K_{si}p \tag{4-7}$$

式中，K_{si} 为附加应力系数；p 为基底荷载。

已知平均自重应力 σ_{si} 和加荷载后总应力 $\sigma_{si}+\sigma_{zi}$，根据 e-p 曲线分别查取初始孔隙比和压缩稳定后的孔隙比，将数据代入各公式中计算每层路基填土的压缩量，计算结果如表 4.1 所示。

各分层的平均应力及相应的孔隙比　　　　　　　　表 4.1

层次	平均自重应力 σ_{si} (kPa)	平均附加应力 σ_{zi} (kPa)	总应力	初始孔隙比 e_{1i}	压缩稳定后孔隙比 e_{2i}	层沉降量 s_i (cm)
1	8.1	87.5	95.6	0.985	0.855	5.894
2	24.3	56.88	81.18	0.955	0.86	4.373
3	40.5	29.98	70.48	0.92	0.89	1.41
4	56.7	17.2	73.9	0.90	0.88	0.947

由于路基越深，所受到的附加应力较小，其应力变化较小，因此 5m 以下的沉降根据计算推算较小，这里不进行展示。将计算的每层路基沉降量叠加，得到新路基路面沉降曲线如图 4.7 所示。

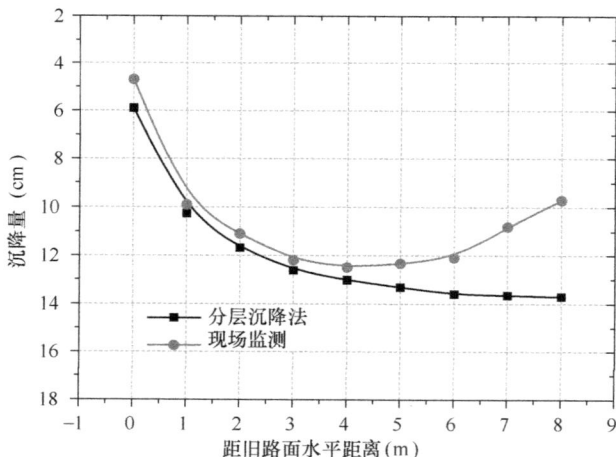

图 4.7　分层沉降法路面沉降曲线

由图 4.7 计算曲线可见分层沉降法计算的路面沉降曲线在距旧路基较近的 4m 范围内是相对准确的，但在 4m 以后，实际监测数据路面沉降减少，分层沉降法仍有变大趋势，就后半段来说变形计算误差较大。

4.2.4　考虑侧向变形的分层沉降法计算过程

朗肯土压力理论是计算主动土压力与被动土压力的基本理论，于 1857 年被提出。根据朗肯土压力理论，某一深度 z 处的土体单元所受竖向应力是小主应力，水平应力为大主应力，即：

$$\sigma_z = \sigma_{zf}, \quad \sigma_x = e_p = \sigma_{1f} \tag{4-8}$$

当土单元处于极限平衡状态时，大小主应力之间满足如下关系：

$$\sigma_{1f} = \sigma_{3f}\tan^2\frac{(\pi-\varphi)}{2} + 2c \cdot \tan\frac{(\pi-\varphi)}{2} \tag{4-9}$$

将式（4-8）代入式（4-9）可得到深度 z 处土压力计算式：

$$e_p = \sigma_z\tan^2\frac{(\pi-\varphi)}{2} + 2c \cdot \tan\frac{(\pi-\varphi)}{2} = \sigma_z K_p - 2c\sqrt{K_p} \tag{4-10}$$

式中，$K_p = \tan^2(\pi-\varphi)/2$ 称为朗肯理论的被动压力系数。

由于路基填土黏性较小，填土表面有均布荷载 q，如图 4.8 所示，深度 z 处在外荷载及自重荷载作用下土体所受竖向应力为 $\sigma_z = \gamma z + q$，得到被动土压力的计算式为：

$$e_F = (\gamma z + q)K_p \tag{4-11}$$

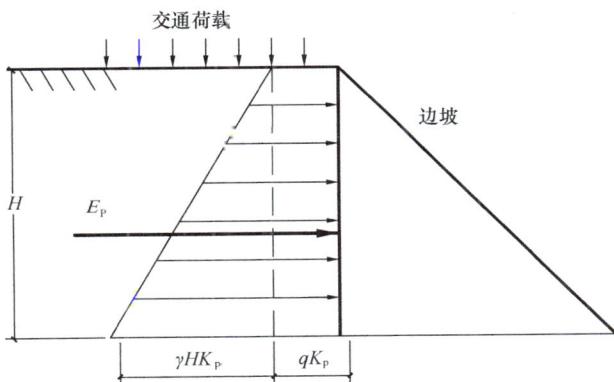

图 4.8　有均布荷载条件下的被动土压力分布

有均布荷载作用下的被动土压力由两部分组成：（1）由均布荷载引起的与深度无关，沿高度呈矩形分布；（2）由土自重引起的与深度成正比，沿高度呈三角形分布。因此作用在墙背上的总应力大小可根据按分布图的梯形面积计算，即：

$$E_p = \frac{1}{2}\gamma H^2 K_p + qHK_p \tag{4-12}$$

式中，E_p 作用在梯形的形心处。

根据朗肯被动土压力计算方法和相关假设，这里认为边坡属于刚性体，在路基填土被动土压力的作用下，没有变形和滑移[108]。

根据各个深度的土压力值计算土体的横向变形，仍然利用分层沉降的计算方法，由于在深度超过 4m 后路基的竖向变形可以忽略，为了配合计算这里计算深度为 0.89m 和 1.78m 两个点的横向变形，变形量在相应深度由新路基路肩往路中心延伸分为 0.5m、1.5m、2.5m 三个点，计算结果如表 4.2 所示。

侧向变形量计算表　　　　　　表 4.2

计算点深度（m）	0.5m 变形量（cm）	1.5m 变形量（cm）	2.5m 变形量（cm）
0.89	3.05	5.27	6.26
1.78	4.68	6.56	7.47

根据研究成果[109]可知，路基在长期固结过程中 K_n 平均值为 0.16，路基受到路基边坡的被动土压力，随着受力方向往路基内部延伸其 K_n 值是减小的，为了计算需要，这里把路基断面由路基边坡分别间隔 0.5m、1.5m、2.5m 分成 3 部分，K_n 也相应取 3 个值，根据之前学者的研究推导 $K_1 = 0.15$，$K_2 = 0.1$，$K_3 = 0.07$。结合分层总和沉降法，得出路面一点在被动土压力作用下其竖向变形改变量 Δs_{1n} 的计算式：

$$\Delta s_{1n} = \sum_{n=1}^{3} K_n \upsilon \frac{e_{1n} - e_{2n}}{1 + e_{1n}} L_n \quad (n = 1, 2, 3) \tag{4-13}$$

将横向变形加权折合到相应位置竖向沉降变形里，得到修正的分层总和沉降法新填路基沉降量，其沉降曲线如图 4.9 所示。

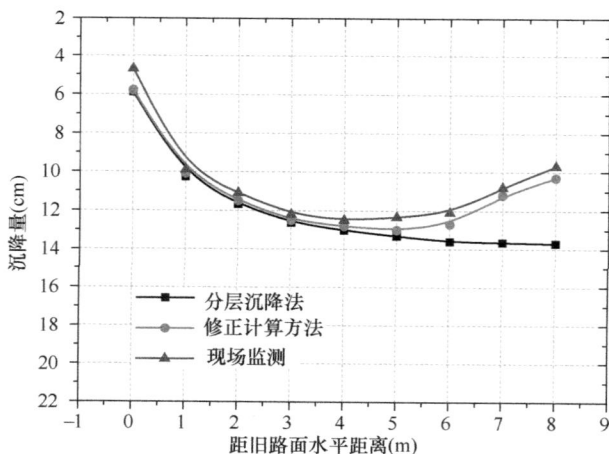

图 4.9　路面沉降曲线对比

由变形曲线可见，考虑侧向变形后计算的新填路基计算曲线变形规律与实际监测规律相符，在新填路基边坡一侧，路面沉降相比新填路基中部变形小，有效修正了分层沉降法后段的误差。

4.3　新旧路基拼接模型试验研究

大部分学者对于新旧路基拼接的研究都是基于数值模拟和理论计算，而相关的模型试验研究较少。为了更清晰的研究新旧路基差异沉降规律及加固技术，依托黄河三角洲地区多个新旧高速公路互通及既有高速公路扩建项目开展新旧拼接路基模型试验及加固机理研究。在一些复杂的岩土工程中，利用地质力学模型试验进行前期的模拟分析是非常必要的。地质力学模型通过与实际工程建立相似比尺，对原型进行一定比例的缩小，可以在整体上把握工程结构不同位置的变形规律和应力变化，有利于设计和施工人员很好地把握工程结构物的变化规律。由于地质力学模型试验与实际工程能够建立较好的联系，多用来分析地质环境复杂的工程[112,113]。

在本次模型试验中，由于是定性的试验，目的是为了探究路基差异变形规律和在不同加固方式下的路基变形规律，在横向上对比不同工况间的变化规律以此分析加固机理，由于没有在纵向上与实际工况对比，因此在本次模型试验中只进行几何相似。试验材料取自取土场，不做相似处理，保证每次试验材料的力学性状相同，保证试验结果的一致性和可对比性。

由于结构形式、荷载大小、受力阶段等不同，对模型材料的要求也不尽相同，但模型材料应当满足以下条件：

（1）在现有的量测技术条件下能够准确地量测模型应力应变变化规律。

（2）保证模型在加荷和正常试验条件下无显著的徐变产生。

（3）物理、力学、化学、热能等性能稳定，模型材料在多次试验过程中不因外界环境变化产生较大的性质变化。

（4）价格便宜、容易获取。

4.3.1　模型试验材料

根据模型试验材料要求和工程项目条件，选取长深高速滨州段路基填土作为试验材料。高广高速公路是长深高速在山东境内的组成路段，起点接长深高速公路滨州段，终点与长深高速东营段衔接。该项目部分路段由于与原有高速连通所以需采用路基拓宽的方式施工。从第 2 章的低液限粉土室内试验结果可以看出，低液限粉土存在着强度低、难压实、工后沉降大的问题，特别是在新旧路基拼接段，这种新建粉土路基与原有路基必然会存在较大的差异沉降，若施工过程中不严格控制新建路基沉降变形，会严重影响高速公路安全运营。

根据相关地勘资料取现场土样进行室内土工试验，由击实试验可得低液限粉土的最佳含水率 $w = 12.9\%$，根据颗分试验结果，该粉土的粒径多分布在

0.005～0.1之间，没有大颗粒夹杂其中，粒径＜0.005mm的颗粒含量较低，与粉土粒径分布相似。粉土 $w_L=24.9$，$w_P=15.0$，$I_P=9.9$，属于低液限粉土。经检测，取土场过来的土含水率高达19.3%。因此需要对粉土进行晾晒处理，晾晒过程中需要及时检验含水率，晾晒后的土样需要进行过筛处理，利用2mm筛将土壤中的金属块、石块、砖块、树根等杂物筛除，这样土样能够较为均匀，保证每次试验的一致性。晾晒后，土样含水率较低，通过晒水搅拌的方式对含水率进行调节，待含水率达到最佳含水率后及时将粉土封装备用，土样晾晒如图4.10所示。

图4.10　土样晾晒

4.3.2　模型设计及尺寸

根据地质力学模型试验几何相似比尺要求，模型试验各部分尺寸应与实际路基结构成同比例关系。既有高速公路建成通车时间较早，按照双向四车道标准建设，拓宽后路基为双向八车道，具体新旧路基参数如表4.3所示。

新旧公路技术指标表　　　　　　　　　　　　表4.3

项目	相关指标		修改量
	既有公路	拓宽公路	
公路等级	高速公路	高速公路	无
设计速度（km/h）	120	120	无
车道数	4	8	+4
路基宽度（m）	23	42	+19
硬路肩宽度（m）	2.25	3.0	0.75
土路肩宽度（m）	0.75	0.75	0
荷载等级	汽车-超20级 挂车-120	公路Ⅰ级 汽车-超20级 挂车-120	无
路面设计轴载（kN）	10	100	10倍
路基边坡坡比	1:1	1:1	无

既有路基宽度为 26m，改扩建为八车道整体式路基后路基宽度为 42m，每侧拼宽 8m。拓宽采用两侧拼宽整体式路基的设计方案，根据结构的对称性原理，这里选取结构的一侧进行模拟研究，由于原有道路固结时间较长，沉降量较小，在选取原型尺寸时减小原有道路的宽度，重点研究拼宽路基变形特征。因此新旧路基原型尺寸如图 4.11 所示。

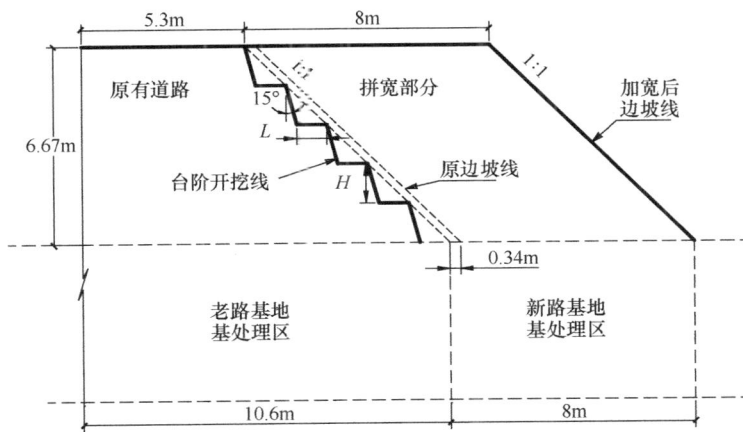

图 4.11　路基拓宽台阶开挖示意图

由图可见，路基原型原有道路路面宽度取为 5.3m，新路面宽度 8m，路基高程 6.67m，新旧路基采用台阶法搭接，台阶高度为 1.3m，宽度为 0.97m，开挖时竖向逆时针转角 15°。根据原型尺寸并结合实际条件，设计试验架尺寸长、宽、高均为 1.5m，一面为透明玻璃材质，其他面为钢结构，上部可提供稳定荷载。

根据模型架尺寸和相似比原理，几何比例尺 $C_L = 13.33$，实际旧路面宽度 5.3m，新路基宽度为 8m，坡比 1:1，路基高度为 6.67m。路基模型尺寸为：旧路基路面宽 0.4m，新路基路面宽 0.6m，路基高度 0.5m，路基地基高度为 0.5m，根据矩形均布荷载作用下角点附加应力系数 K_s 值，在（1m×1.5m）均布荷载下，荷载面下 1m 处 $K_s = 0.19$，传递附加应力比例较小，因此设计地基深度 0.5m。模型新旧路基采用台阶法拼接，由于尺寸较原型较小，若台阶按照原型比例试验难以实现，因此对模型台阶进行简化，由上至下，上两节台阶高度为 0.15m，最后一阶 0.2m，宽变为 1.5m，坡比 1:1，具体尺寸如图 4.12 所示。

图 4.12（a）为模型剖面图，主要表示模型内部填土分组情况，图 4.12（b）为模型俯视图，主要反映模型表面路面尺寸。模型底部填铺 40cm 高的细砂，细砂在填铺过程中应分层夯实，由于细砂密实度高，夯实后基本没有沉降。细砂上

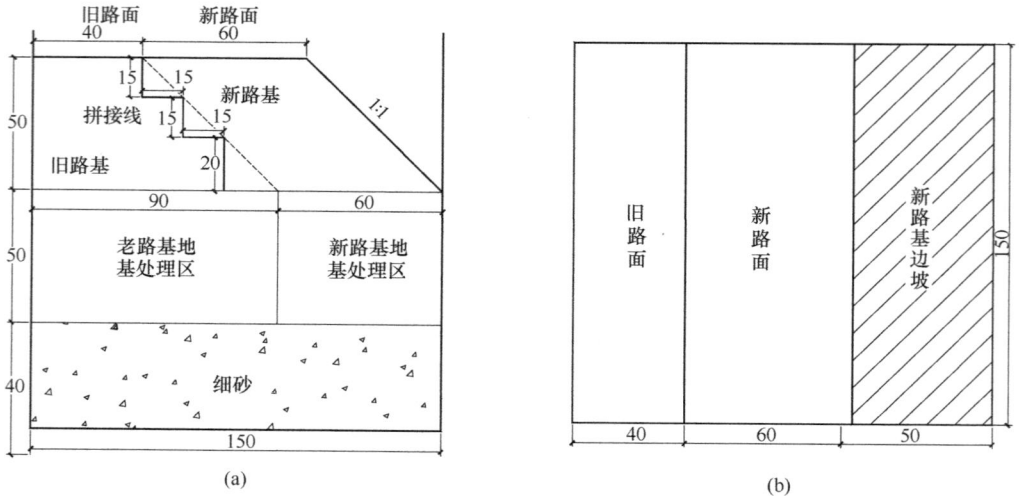

(a)

(b)

图 4.12　模型尺寸图

（a）模型剖面图；（b）模型俯视图

是新旧路基地基处理区，高度为 50cm，旧路基一侧宽度 90cm，新路基一侧宽度 60cm，由于这部分土体的密实度在试验过程中会对试验产生较大的影响，所以根据现场新旧路基地基处理区的密实度对模型试验土体进行不同程度夯实，模拟新旧路基地基处理区土体的不同固结程度。地基处理区则是新旧路基填土，旧路面根据相似比尺宽度为 40cm，新路面宽度为 60cm，路面总体宽 100cm，试验时先进行旧路基的填筑，旧路基分层夯实填筑好后根据设计尺寸修筑台阶，修筑台阶的过程中分层填筑新路基填土，试验过程中严格控制新旧路基的密实度，通过密实度的差异体现新旧路基的固结程度的差异。

4.3.3　模型试验装置

模型试验架作为试验的主体结构除了有较强的强度外，还要在满足试验功能的基础上尽可能提高操作的便利性。该模型试验架整体框架为钢结构，下部设有导轨，填料箱可以在导轨上滑动，填料箱滑出后可以方便地进行填料。填料完成后滑入相对应位置进行试验。其上部液压千斤顶在水平面可以自由调节位置，方便对不同位置进行加载。试验架整体结构原理图如图 4.13 所示。填料箱采用钢和钢化玻璃组成，其四个侧面中的三个由钢板拼接，一面为钢化玻璃，结构尺寸为 1.5m×1.5m×1.5m，钢板和钢化玻璃的厚度为 2cm，可实现试验过程中模型内部的变形和破坏情况可视化功能。

在新旧路基差异沉降模型试验中采用均布荷载的加载方式，但在模型试验中由于液压千斤顶数量有限，不可能安装大量的液压千斤顶实现路面不同位置的均

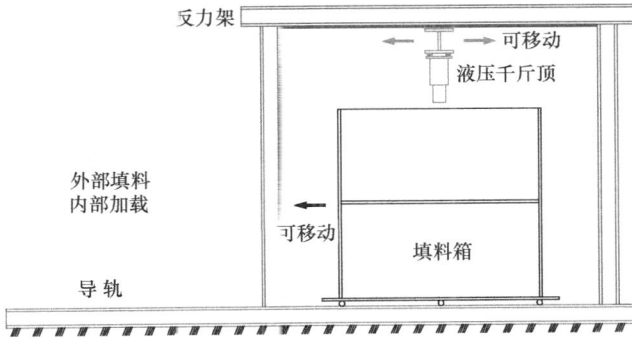

(a)

(b)

(c)

图 4.13 模型试验架

（a）模型架结构原理图；（b）加载装置；（c）模型箱

布荷载的施加。若采用平板法进行均布荷载的施加，由于平板刚度很大，路基产生差异沉降时，平板刚度会限制路面的不均匀变形，对试验结果的准确性影响较大。因此需要设计一种新的加载装置，实现均布荷载施的同时满足不同位置差异沉降的要求。

通过查阅相关资料和研究设计，制作了一种自平衡均布荷载加载装置，如图 4.14 （a)所示。可转动均布荷载加载装置可利用一个液压泵实现均布荷载的

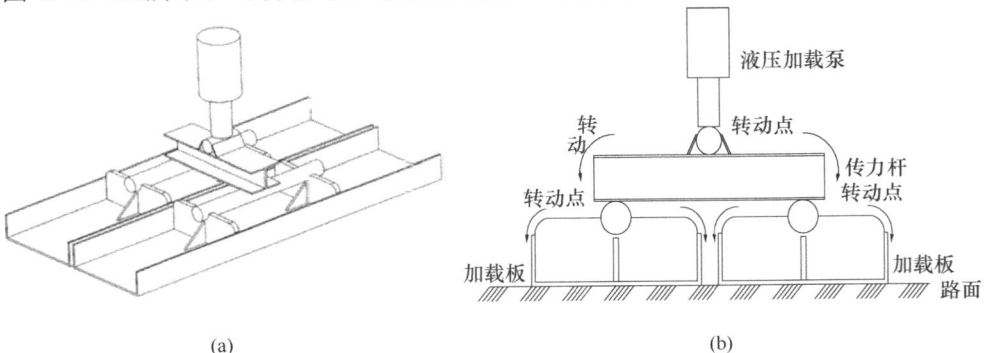

(a)   (b)

图 4.14 自平衡加载装置示意图

施加，其可转动性又保证在加载过程中实现路面不均匀变形，如图 4.14（b）所示。由图可见该装置共有 3 个转动点，最上面的转动点用于连接液压加载泵和传力杆，传力杆将加载力均匀地传递到两个加载板上，并且当两个加载板产生不均匀沉降时传力杆可以产生转动不会约束两个加载板整体上的沉降。下面两个转动点连接传力杆和加载板，当加载板下路面产生不均匀沉降时，加载板可绕转动点进行旋转，这样可以有效地为不均匀沉降路面提供相同大小的均布荷载。

根据设计原理与设计方案，通过加工厂加工得到该装置如图 4.15 所示。该装置底板部分采用 36 号槽钢，槽钢平均厚度达到 1.5cm，刚度和强度满足加载要求。圆柱采用直径 6cm 实心铁柱，焊接于底板上部，安装肋板固定，两侧延伸一定长度，方便试验过程进行吊装。模型试验中路面荷载采用液压千斤顶进行加载，加载过程需要控制每一步加载力的大小，并在每级荷载提供稳定的压力，采用液压电机控制加载过程，由电脑软件控制液压站电机，由电机控制液压千斤顶推力。该液压加载装置可以将荷载精确至 0.1kN，并能稳定维持荷载，至变形量稳定后进行下一级加载。

图 4.15　可转动均布荷载加载装置

4.3.4　试验数据采集系统

模型试验中对模型应力应变的量测是极其重要的环节，若测量方法不合理，极易造成数据不准确。新旧路基差异沉降模型试验的主要目的是探究新旧路基差异沉降规律及新路基加固技术，因此路基不同位置的变形量和应力量是模型量测的重点。为了测量路基不同位置的应力应变情况，在路基模型断面安装多点位移计及土压力计用以监测位移和应力，具体点位布置方案如图 4.16 所示。

监测项目主要包括位移和压力，其中位移包括模型试验内部分层土体沉降变形、路面沉降和路基边坡的侧向变形，因此在距模型底部向上 65cm、90cm 和 115cm 处安装了位移计，用以监测模型路基内部变形，在路面安装位移计监测路面变形，路面位置主要监测新路基、旧路基与新旧路基搭接处三个点的路面变形数据。位移计的安装共分为三个断面，分别为旧路基断面、新旧路基搭接断面和

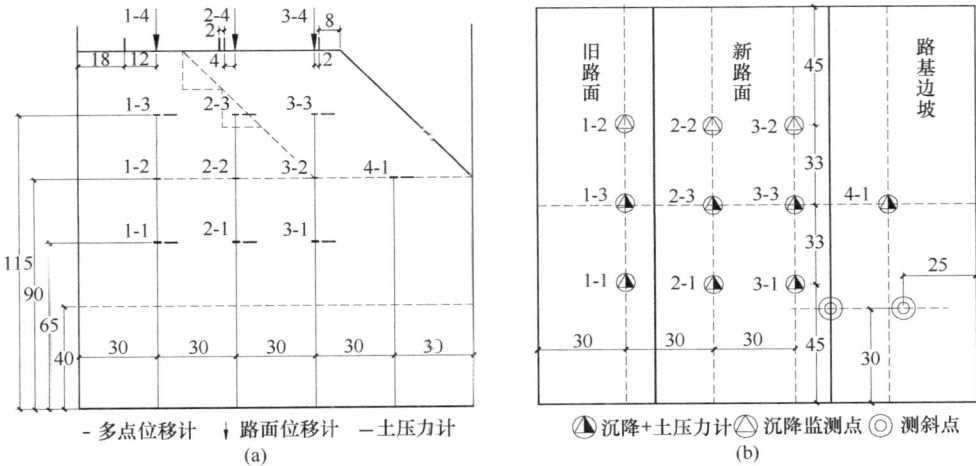

图 4.16　监测点布置图
(a) 模型监测点剖面图；(b) 模型监测点俯视图

新路基断面，通过测量三个断面不同深度变形情况，便于后期试验数据的对比分析和探究新旧路基变形规律。

通过土压力计测量路基内部土体压力，以分析荷载传递规律，其检测点的布置与位移计的布置位置相似，但只布置了高度 65cm 和 115cm 处，分为三个断面，土压力计安装于位移计一侧，便于后期数据处理时位移和应力形成对应关系。模型试验过程中，因路基模型外部和内部安装了较多的位移计和土压力计，需要多通道数据采集仪进行数据采集。考虑到通道数和试验时间较长，选用了东华测试技术有限公司生产的 DH3816n 静态应变式数据采集仪，共设有 60 通道，可实现位移、应力应变、力等数据采集，采样频率为 1Hz。

4.3.5　模型制作及监测设备安装

由于模型内部需要测量深度分别为 25cm、50cm 和 75cm 的位移，因此制作了高度分别为 65cm、90cm 和 115cm 的固定支座。位移计由于埋设于土体内部需要进行一定的防护处理，以防在埋设过程中发生损坏，位移计采用的型号为 JTM-Y7000 型位移计，量程为 50mm，精度 0.1mm，附带线缆长 6m，外部通过螺丝套有 PVC 管，PVC 管通过紧缠带固定于模型箱底板支座上（图 4.17）。

为方便填料箱进行分层填土并对旧路基修筑台阶等结构，在填料箱侧面利用红色胶带进行分区，并标记每部分结构的位置和名称，如图 4.18 所示。填料箱底部装有 40cm 高的细砂，通过吸砂机分层填装，每次填 20cm，然后夯实。填砂过程中保证位移计固定支座位置固定和方向垂直。细砂分层夯填后，上面铺设一层土工格栅，以便分隔细砂和上部填土，方便进行多次试验。

图 4.17　位移计固定支座

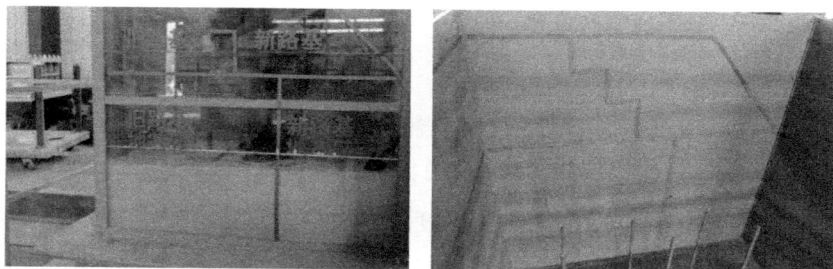

图 4.18　填料箱分区及细砂回填

细砂上部为高 50cm 的新旧路基地基处理区，根据现场试验可以得到新旧路基地基区固结程度存在差异，为了在模型试验中体现新旧路基地基密实度的差异，通过控制夯击次数控制模型试验中地基区的密实度。考虑模型试验尺寸和试验效果，模型试验中新旧路基地基处理区密实度分别为 80% 和 86%。由于上部填土部分土层需要安装位移计，因此在填土之前安装位移计，并将导线整理后在填料箱一侧引出，如图 4.19 所示。

在相应位置安装位移计后，开始分层填筑地基土，地基土分新旧两个部分，

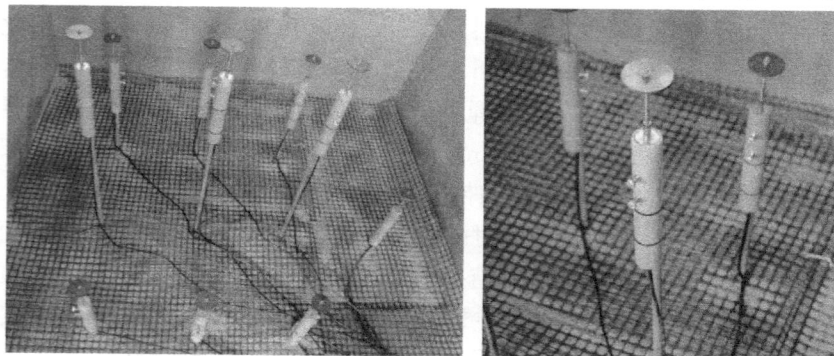

图 4.19　位移计安装

填筑过程中应按照前文提到的密实度进行压实。填土密实度采用环刀法测量，为保证测量精度，每层每个区取两个点。新旧路基地基土填好后开始填筑路基土，路基填筑同样分为新旧路基，由于旧路基在新路基填筑之前就修筑好，因此在路基的填筑过程中首先填筑旧路基（图 4.20a），填筑过程中在旧路基相应位置应埋设土压力计，修整台阶后进行新路基的填筑。新路基按照旧路基填筑方法进行填筑，填筑夯实过程中应分层测量填土的密实度，保证新旧路基填土密实度差异的一致性，新路基需要进行修筑边坡，新路基边坡坡度比为 1∶1。填筑完成的新旧路基路面及边坡样式如图 4.20（b）所示。

(a)　　　　　　　　　　　　　　　(b)

图 4.20　新旧路基模型制作

(a) 旧路基填筑；(b) 新路基拼接完成

新旧路基模型填筑完成后，开始安装路面加载装置和路面位移监测装置。加载装置为自平衡均布荷载加载装置，加载装置的安装应距新路基边坡 8cm，因为在实际中高速公路备用车道基本无车辆荷载的作用，因此这部分路面不施加荷载。为了保证转动不受约束，两加载装置间距 2cm，旧路基压实度较高，且在实际中旧路基路面不发生沉降，因此旧路基路面荷载的施加并不是全部的，具体路面荷载施加位置如图 4.21 所示。

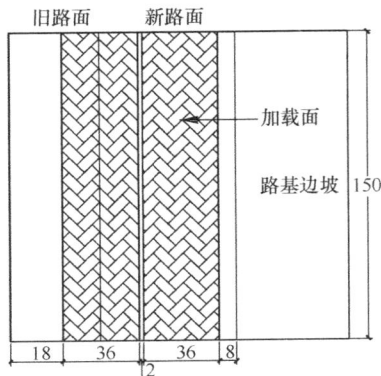

图 4.21　加载位置示意图

模型试验共分为 4 种工况，分别为常规路基、土工格栅加固、碎石桩加固和 CFG 桩加固，这 4 种工况之间除安装的结构物有区别，其余结构形状和尺寸保持一致，准备工作完成后开始进行正式试验，由于第一组常规路基加固工况试验过程中存在较多的人为失误，所以第一组试验进行了两遍，以确保试验准确性。

4.3.6 常规新旧拼接路基试验数据分析

试验加载采用分步加载的方式，每一次加载后等位移变化趋于稳定后进行下一级加载，每步加载增量为 2kN。常规路基加固新旧路基模型试验监测点布置及变形监测数据如图 4.22 所示。

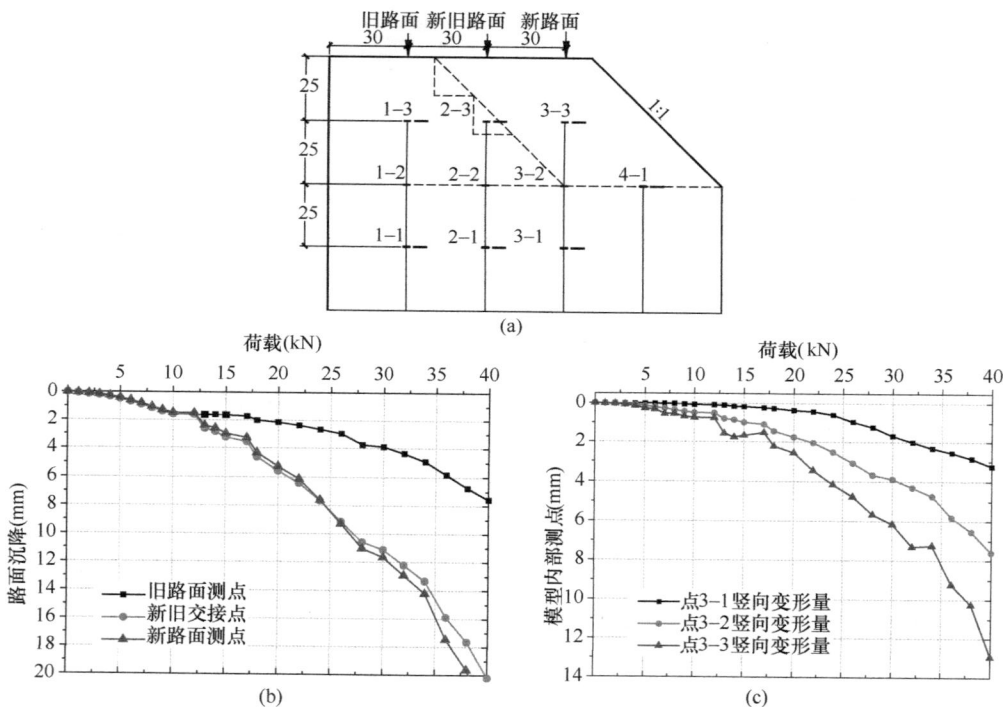

图 4.22 监测点位置及其变形曲线

（a）监测点位图；（b）路面监测点位移曲线；（c）新路基内部监测点十位移曲线

从路面测点位移曲线可以看出，路面在荷载 10kN 之前，变形较为一致，这是由于加载装置和路面之间存在一定的孔隙造成的，当荷载继续增加，三个位置的路面沉降差异逐渐明显，旧路基路面虽产生一定位移变形但相对另两个点的位移变化较小。新旧路基拼接面监测点和新路基内部测点位移变化相似，在加载后期新路面位移略大于前者。整体上路面变形是典型的新旧路基差异沉降模式，也说明了这种新旧路基模型在建模和加载上是合理可行的，为后期其他工况的试验对比创造了条件。边坡顶部和坡腰的横向变形量、路基沉降和侧向变形曲线如图 4.23 所示。

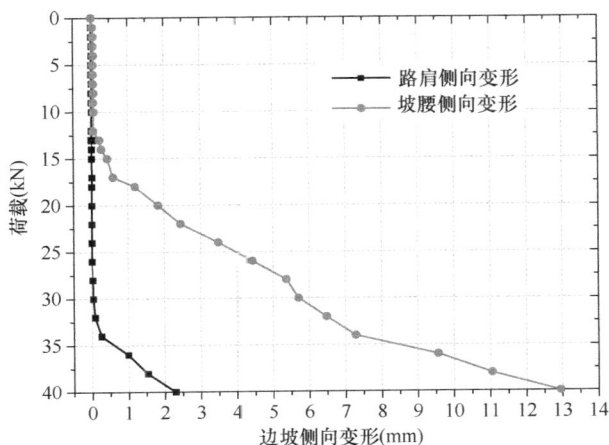

图 4.23　边坡变形曲线

　　由侧向位移可以看出，路基模型在加载初期变形较小，但随着荷载的施加，路基侧向变形开始出现较大的变化，特别是坡腰侧向变形，其侧向变形量基本等于路面沉降量，通过观察路基破坏情况可看到路基边坡实际是产生了一定量的滑坡，由此可见边坡滑坡也是造成路面变形过大的一个重要原因。路基模型在加载后期出现的破坏现象如图 4.24 所示。

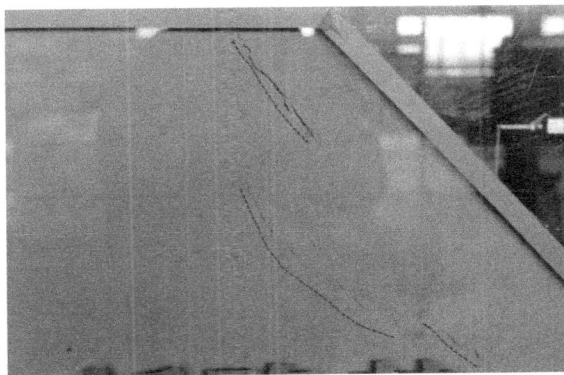

图 4.24　新路基破坏形式

　　新路基破坏形式是典型的路基边坡滑坡造成的路基失稳，边坡中部和底部都出现了明显的破坏裂缝，这也是造成坡腰产生较大侧向变形的最主要原因。因此这种破坏形式可以有效地揭示路基施工加固过程中应该注意的问题。

4.3.7 格栅加固新旧拼接路基试验数据分析

土工格栅作为一种土工合成材料，与其他的结构物相比没有抗弯性能却有较高的抗拉强度。在新路基分层填筑过程中，铺设到新路基内部，其网格设计可以

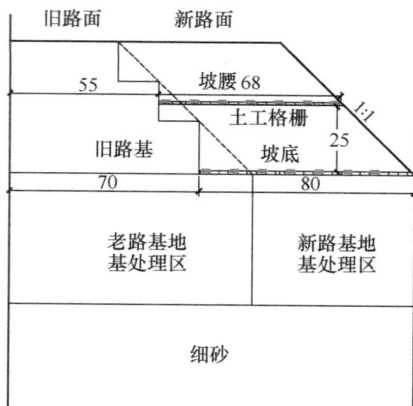

图 4.25 土工格栅位置及尺寸图

较好地和土层结合，产生较大的摩擦力，利用其高强抗拉性能可以有效地减少新路基内部的侧向变形，提高新填路基结构强度。模型试验中由于尺寸原因在新路基内部仅铺设两层土工格栅，分别位于坡腰和坡脚位置（图 4.25）。考虑到在实际施工中不可能将旧路基挖开铺设土工格栅，因此仅在新路基路面铺设土工格栅，为了加强土工格栅与周围土层的结合力，通过安插固定销固定土工格栅的位置。本次试验采用的土工格栅产品孔径为（2cm×2cm），抗拉强度为 13.5kN/m。试验过程与无加固工况相似，不同的是在新路基填筑过程中分层铺设土工格栅，土工格栅安装如图 4.26 所示。

图 4.26 土工格栅安装
（a）坡脚层土工格栅；（b）坡腰层土工格栅

按照试验要求将模型修筑好后，开始进行加载。土工格栅加固工况试验和常规路基加固工况试验加载方式相同，采集信息初位移和压力外，在土工格栅焊接了一定数量的应变片，以测定土工格栅的受力情况。按如图 4.22（a）所示中的测点布设方式及编号进行加载试验，试验结果如图 4.27 所示。

从位移变化曲线中可以看出，新路基内部铺设土工格栅后，新旧路基路面沉降差异较大，新路基和新旧交接面出现了一定的差异变形，但整体沉降量较无加固工况还是出现了大幅的减小。铺设土工格栅的主要目的是为了限制其侧向变

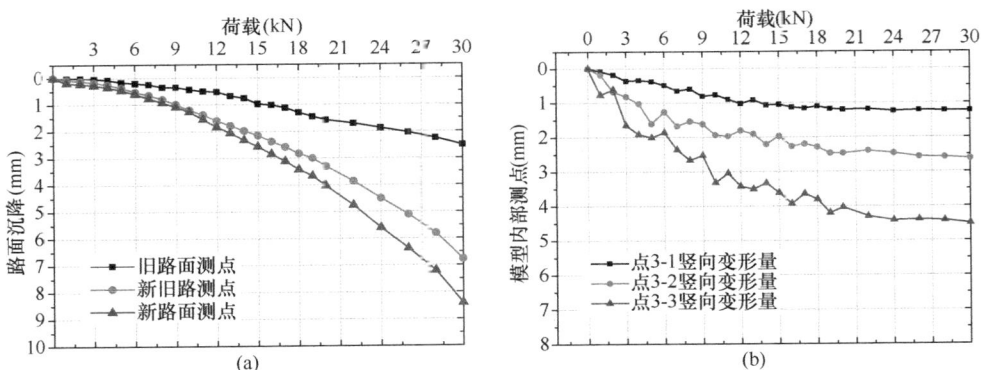

图 4.2⁷　监测点位移曲线

（a）路面监测点位移曲线；（b）路基内部测点十位移曲线

形，因此路基模型边坡的侧向变形量是验证其效果的主要指标，其侧向变形量如图 4.28 所示。

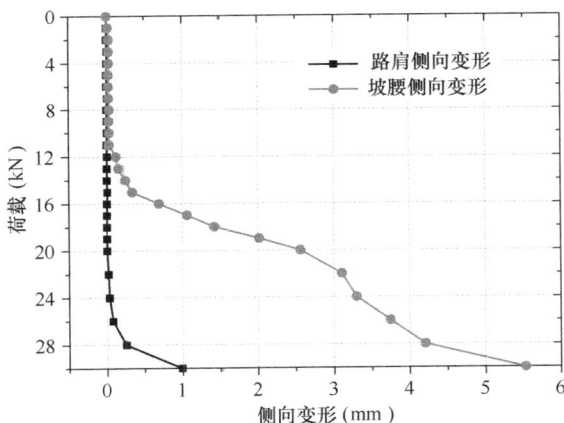

图 4.28　边坡侧向变形曲线

　　路基侧向变形曲线反映出路肩侧向变形较小，在加载后期路基破坏时才出现小量的变形。而坡腰变形则出现了三个阶段，第一个阶段是在荷载＜15kN，这时坡腰侧向变形非常小，路基处于一个稳定的状态；当荷载为 15～20kN 时，坡腰开始出现侧向变形，变形较均匀；当荷载＞20kN 时，坡腰侧向变形有一个突变随后开始出现较大的变形，此时路基边坡开始失稳，格栅失去加固作用。为揭示土工格栅在这 3 个阶段产生的作用，分析土工格栅应变片受力情况，土工格栅拉应变情况如图 4.29 所示。

　　在第一个阶段，边坡被动荷载较小，在土工格栅的作用下，边坡变形较小。在第二个阶段，土工格栅开始跟随土体产生移动，这时土体和土工格栅之间还是存在摩

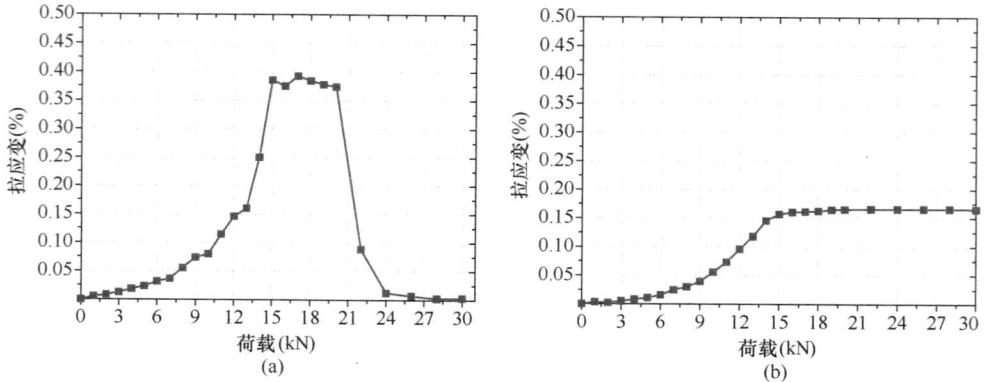

图 4.29　土工格栅拉应变曲线
（a）坡腰格栅拉应变；（b）坡脚格栅拉应变

擦力。在最后一个阶段则是土体与土工格栅之间失去静摩擦作用，路基土体出现较大的变形。坡脚格栅在荷载的作用下拉应变逐渐增大，到一定程度后趋于稳定。

4.3.8　碎石桩加固新旧拼接路基试验数据分析

碎石桩作为路基施工中较常见的一种桩体形式，适用于挤密松散的砂土、粉土、素填土和杂填土地基，可以对周围土体起到挤压密实的加固效果，在填土中以置换作用为主，兼有不同程度的挤密和促进排水固结的作用。实际中碎石桩直径一般在 $60\sim80\text{cm}$ 之间，考虑到模型的尺寸和可操作性，选用直径为 80cm 的碎石桩。本模型通过碎石桩对新填路基进行压实加固，试验其控制沉降的效果，碎石桩体主要受力集中在桩体附近 4 倍左右的桩径范围内。模型碎石桩直径为 6cm，因此碎石桩最大作用范围为 27cm 左右，模型纵向长度为 150cm，按照要求纵向安装 4 个碎石桩，间隔 28cm，高度为 50cm，在进行填土时，先利用 PVC 管在新填路基预留孔，后期往里面填入碎石，并用振锤分层击实。实际中碎石桩使用的填料为天然级配砂石料、碎石料矿渣或其他不溶于地下水的稳定的硬性骨料，要求骨料粒径不超过 5cm，因此考虑比例尺要求，模型碎石粒径应为不超过 1cm 的碎石子，碎石桩布置如图 4.30 所示。

考虑到模型试验的尺寸及可操作性，采用预留孔的方式安装碎石桩，碎石桩的安装过程为：在路基填筑过程中首先在相应位置安装相应孔径的 PVC 管，待路基模型填筑后，向上提拉 PVC 管，同时从管孔填碎石桩材料，PVC 管每次提高 5cm，填入一定量的材料后用金属管锤振捣密实，进行下一步填料。为了测量碎石桩桩底压力，在安装 PVC 管之前先安装土压力计，在试验填料过程中保证管的位置固定及方向垂直。由于旧路基部分也安装碎石桩，所以在旧路基填料前安装一排相应的 PVC 管，旧路基填料完成并修筑好台阶后安装新路基 PVC 管，

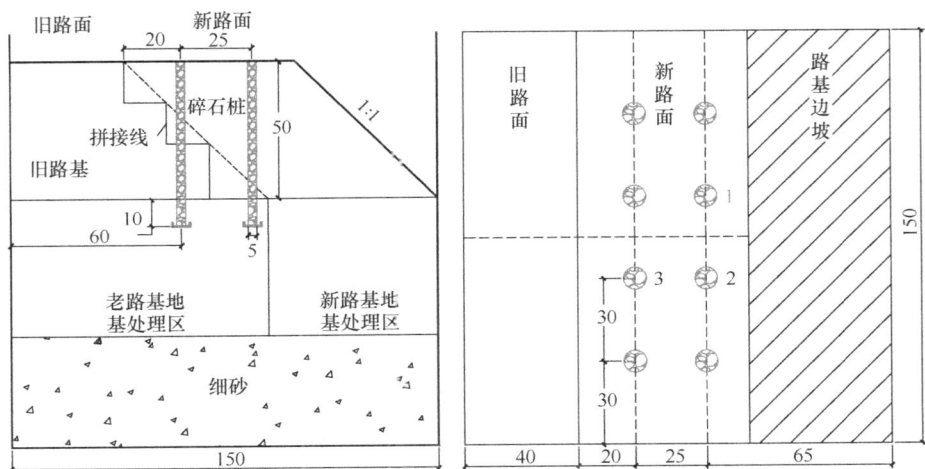

图 4.30　碎石桩位置尺寸图

其试验过程如图 4.31 所示。

碎石桩安装好后可进行加载试验，加载过程与前两组试验相同，加载后提取相关数据进行分析对比。试验结果如图 4.32 所示。

(a)

(b)

(c)

(d)

图 4.31　新旧路基内部 PVC 管安装

(a) 安装桩底压力计；(b) 旧路基部分碎石桩 PVC 管；

(c) 旧路基填料完成；(d) 新路基部分 PVC 管安装

95

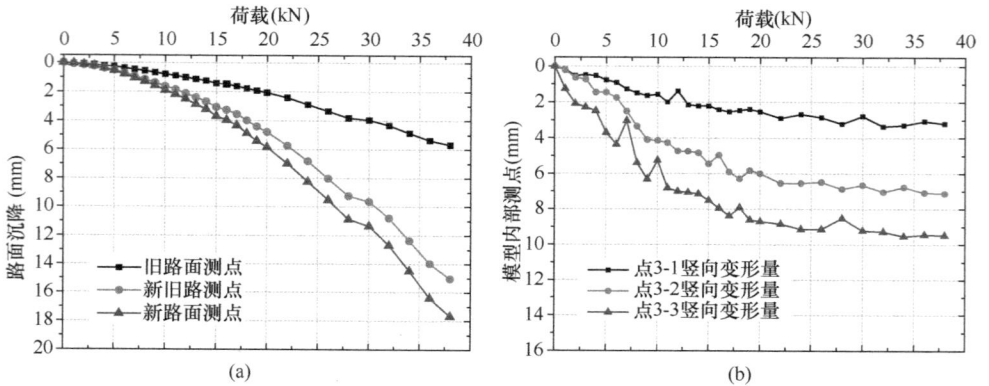

图 4.32　模型监测点位移曲线

（a）路面监测点位移曲线；（b）模型内部测定位移曲线

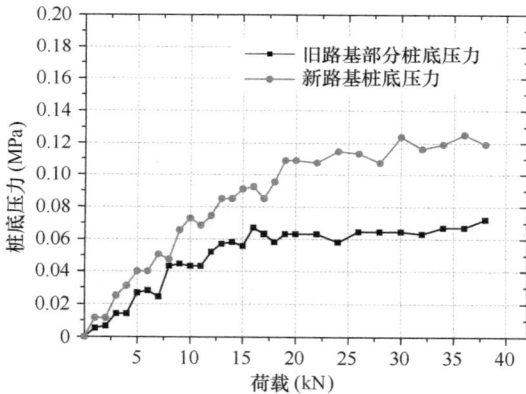

图 4.33　碎石桩桩底压力曲线

由位移曲线可见碎石桩对限制路基差异沉降的作用是很小的，碎石桩作为一种无黏性桩只能起到挤压密实的作用，但在新路基的加固中，若碎石桩距离路肩较近，起不到挤压密实的作用。碎石桩底压力曲线如图 4.33 所示。

由桩底压力曲线可见，在加载过程中，桩顶力并没有传递到桩底，碎石桩填料在直径方向产生扩孔现象，如图 4.34 所示。

碎石桩的扩孔现象不仅会减少其承载力，还会在扩孔过程中增加路基边坡侧向变形量，边坡侧向变形量如图

图 4.34　加载后扩孔现象

4.35 所示。

由图 4.35 可见，路肩及坡腰均产生了较大的侧向变形，且路肩的侧向变形较前面几种工况变形要大，变形出现的时间要早，碎石桩的扩孔现象影响了路基的稳定性，路基模型破坏也出现在路基上部，如图 4.36 所示。这种现象与路基模型尺寸有一定关系，表明该加固方法在本次模型试验中并不适用。

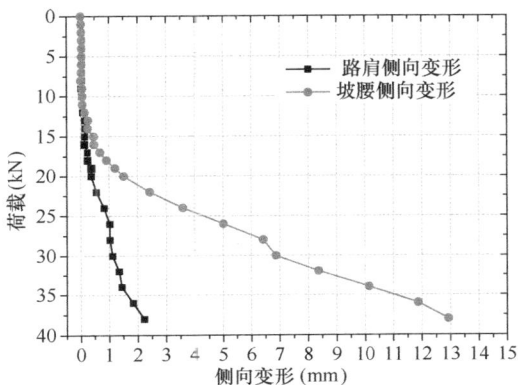

图 4.35　路基边坡侧向变形曲线

图 4.36　碎石桩加固路基破坏图

4.3.9　CFG 桩加固新旧拼接路基试验数据分析

在新路基安装 CFG 桩可以形成复合地基及土拱效应，限制其侧向位移，减小竖向变形。模型试验设计 CFG 桩长度为 0.6m，直径 5cm，桩体材料为细石子、砂砾、细砂和水泥，通过查阅相关规范，CFG 桩材料配合比如表 4.4 所示。桩的体积约为 $1.1775 \times 10^{-3} \mathrm{m}^3$，共有 8 根桩，所需总体积约为 $0.01 \mathrm{m}^3$，考虑到试验过程中材料不能完全利用，需制备 $0.03 \mathrm{m}^3$ 桩体材料。

CFG 桩材料配合比 表 4.4

材料	细石子 粒径 5～16mm	砂砾 粒径＞2mm	细砂 粒径＜2mm	水泥 强度等级 42.5	水
单位用量（kg/m³）	1135	452	175	252	186
试验用量（kg）	34.05	13.56	5.25	7.56	5.58

CFG 桩安装位置与碎石桩位置相同。试验仍采用预留桩孔的方案，在路基填筑过程中首先在相应位置安装相应孔径的 PVC 管，待路基模型填筑好后，向上提拉 PVC，同时从管孔填 CFG 桩材料，PVC 管每次提高 5cm，填入一定量的材料后用金属管锤振捣密实，进行下一步填料。先按照设计尺寸位置安装桩底压力计和旧路基 PVC 管，旧路基填筑好后进行新路基 PVC 管安装，填土过程中应保证 PVC 管保持位置固定和竖直。路基模型填筑好后进行 CFG 桩体的填筑，根据配合比称取相应量的材料进行拌和，主要包括细石子、砂砾、细砂和水泥。为了加速桩体材料固结，在材料中添加 4% 的混凝土早强剂，桩体填料采用上提 PVC 管然后分层填料压实的方法，其桩顶应注意保证与路面齐平，待桩体凝固后用混凝土磨片将桩顶凸起部分磨整平滑。固结完成的 CFG 桩桩顶情况如图 4.37 所示。

图 4.37 模型路面 CFG 示意图

CFG 桩浇灌完成后，静置 7d，达到试验强度后开始进行加载试验，试验过程与前 3 组试验相同，加载试验结束后提取相关数据进行分析，其模型位移监测曲线如图 4.38 所示。

由位移曲线可见，旧路基、新旧路基交接点及新路基路面 3 个监测点位移大小及变化趋势相似，说明在 CFG 桩的作用下，新旧路基路面差异沉降较小，新路面监测点的位移甚至略小于旧路基测点，说明 CFG 桩加固作用明显，为了探究 CFG 桩在试验过程中受力变化历程，提取桩底压力数据如图 4.39 所示。

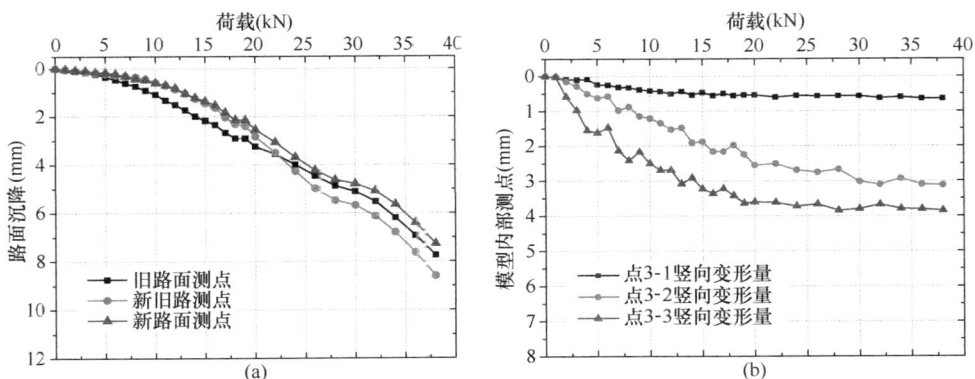

图 4.38　模型监测点位移曲线
（a）路面监测点位移曲线；（b）模型内部测定位移曲线

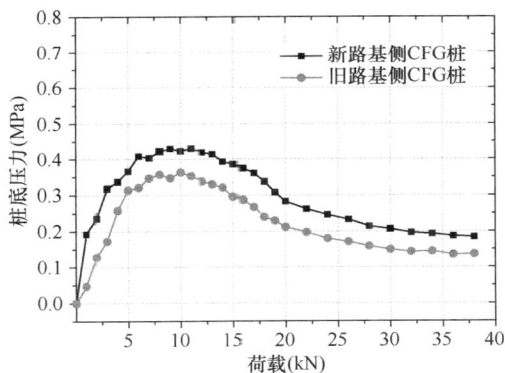

图 4.39　桩底压力变化曲线

　　从两排 CFG 桩的桩底压力变化曲线可以看出，两排桩的变化规律相近。在试验初期，荷载低于 10kN，桩底压力处于增长规律；荷载＞10kN 后，桩底压力逐渐下降，后期桩底压力趋于稳定。CFG 桩在前期荷载作用下，承受的荷载逐渐增大，桩底压力逐渐增大，增加到 0.4MPa 左右，桩底土体失稳，桩底压力减小，但由于底部土体挤压密实，桩底压力逐渐趋于定值。对比两条压力变化曲线，新路基一侧 CFG 桩底压力高于旧路基一侧，受力变化趋势相同。CFG 桩承担了路面荷载，将一部分荷载传递到路基深部，路基深部土体力学性质较好，从而减少了路面沉降。根据边坡侧向变形曲线（图 4.40）可得，边坡侧向变形量较小，CFG 桩在路基一侧形成土拱效应，有效减少了路基的侧向变形，从而有效控制了路基沉降。

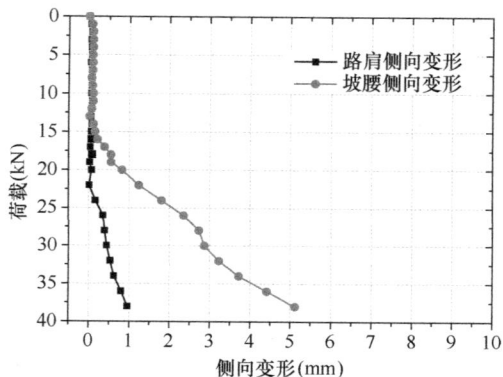

图 4.40　路基边坡侧向变形曲线

4.4　新旧拼接路基差异沉降数值模拟分析

利用有限元分析软件扩展分析高速公路改扩建过程中新旧路基差异沉降规律及加固效果。首先，通过模型试验得到旧路基拓宽中新旧路基差异沉降的定性规律，包括路基模型中地应力场、位移场等，分析路堤几何参数、加宽路堤材料性能及新旧路基固结程度的影响。

4.4.1　计算单元选取

采用线弹性模型与摩尔-库仑塑性模型组合的本构形式进行模拟计算，模拟中需要选取合适的模拟单元。针对路基模型的土体单元、土工格栅单元等，在建模时采取如下单元选择方法：（1）土体及 CFG 桩模拟选用实体单元。（2）土工格栅作为一种抗拉不抗弯材料在数值模拟中适合采用薄膜单元。（3）在模型试验加载时，采用的是可转动的加载板，模型试验中由于加载板的刚度远大于下部土体的刚度。因此，在模拟过程中，将该装置定义为刚体单元，不产生变形，只起到传导力作用。

4.4.2　数值模型建立

为了对比数值模拟结果及建立数值模拟与模型试验的联系，建立与模型试验同尺寸的数值模型，如图 4.41 所示。为了更好地研究土工格栅及 CFG 桩对路基的加固效果，在数值模拟中对工况进行拓展分析，开展了单层、坡脚和坡顶不同位置土工格栅的数值模拟，以及不同桩长加固拼接路基的数值模拟。

在模型试验中分别约束了路基模型侧向变形和底面竖向变形，在数值模拟中进行相同的边界约束。数值模拟中加载位置过程与模型试验相同，在模型试验中

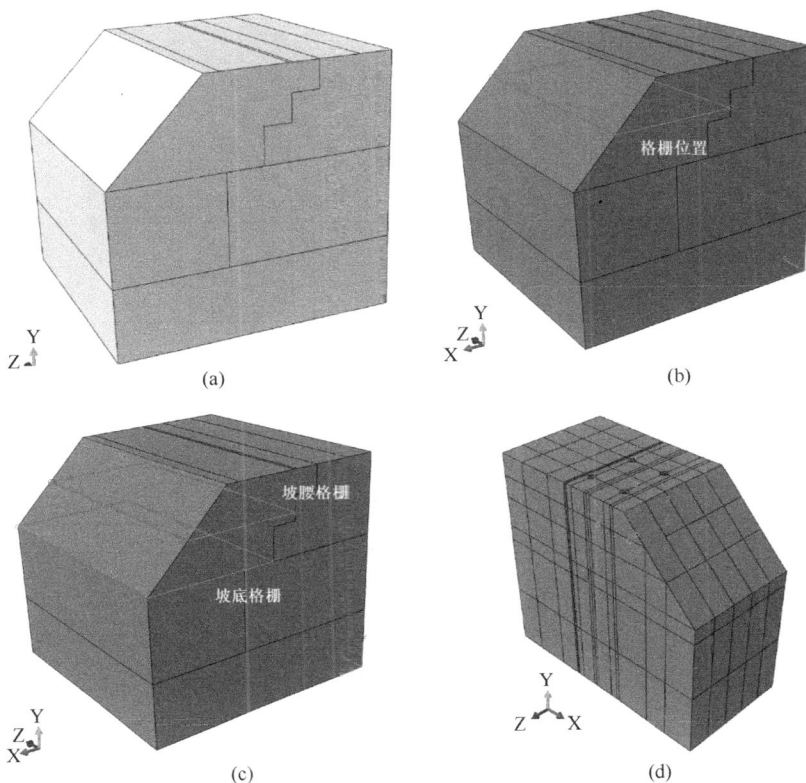

图 4.41　新旧拼接路基仿真模型

（a）常规拼接模型；（b）加单层格栅模型；（c）加双层格栅模型；（d）CFG 桩模型

是通过控制集中荷载的方式进行加载，在数值模拟中将集中荷载换算为均布荷载的形式进行加载，加载分为 16 步，包括计算地基初始应力和分步加载。

4.4.3　常规拼接路基模拟结果分析

　　常规拼接路基加载模拟结果如图 4.42 所示。由图 4.42（a）可见路基模型有效应力在新旧路基拼接处较大，边坡及新路基地基较小。竖向应力分布主要集中在旧路基台阶处，表明旧路基台阶承担较大的应力。由图 4.42（c）、图 4.42（d）变形云图可见，新旧路基交界处变形较大，在没有荷载的路肩位置变形较少，变形主要产生于路基，地基变形较少，新旧路基变形出现明显差异沉降呈现"碗"形。路基模型侧向变形主要产生于坡腰处，这与模型试验监测数据相吻合。

　　在模型试验中，路面沉降变形监测共 3 个点，边坡变形共 2 个点，无法反映路面和边坡的整体变形规律，数值模拟可以采集连续的路面和边坡的变形数据，将计算最终步的路面和边坡的变形数据提取，其曲线如图 4.43 所示。

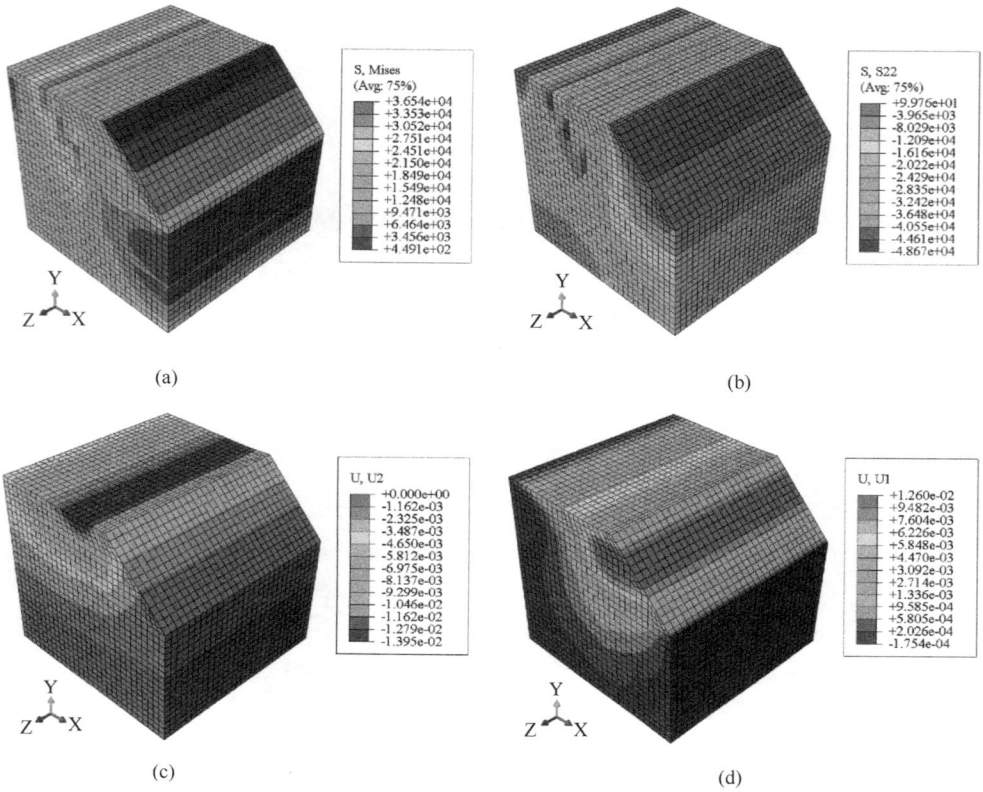

(a)

(b)

(c)

(d)

图 4.42 数值模拟结果

(a) 有效应力云图；(b) 竖向应力云图；(c) 竖向变形云图；(d) 横向变形云图

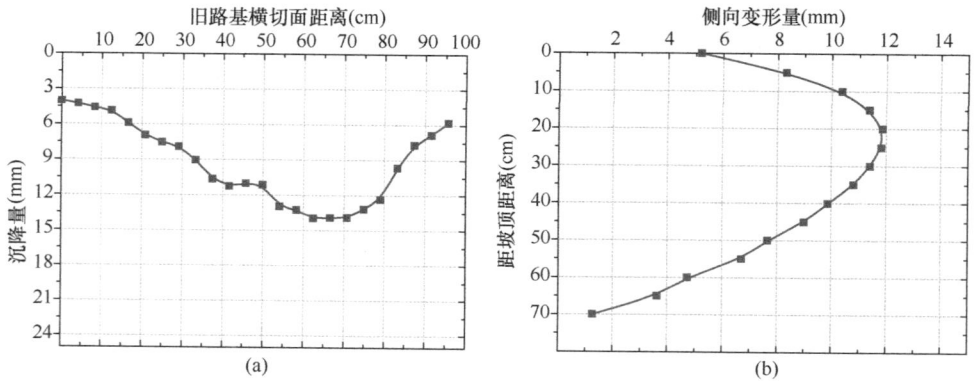

(a)

(b)

图 4.43 路基变形曲线

(a) 路面沉降曲线；(b) 边坡侧向变形曲线

对比相关学者的研究规律，路面沉降规律与模型试验对应测点的沉降数据相吻合，路面沉降曲线准确反映了新旧路基路面变形规律，对于模型试验来说是较好的补充。图 4.43（b）为边坡侧向变形曲线，在模型试验中仅监测了坡腰和坡脚的变形数据，可以得到边坡由坡顶到坡脚一个连续的变形规律，由曲线可见边坡变形最大出现在坡腰附近，边坡上半部分变形要大于下半部分，可见 1∶1 坡比的边坡稳定性要低于 1∶1.5 坡北的边坡，在高填方路基区应慎重选用 1∶1 坡比。

4.4.4　格栅加固拼接路基模拟结果分析

路基的应力分布及变形情况及格栅的受力分布及变形情况如图 4.44 所示。由路基模型侧向变形及格栅侧向变形云图可见，格栅在路基中产生了较大的作用力，有效减少了边坡中部的侧向变形，根据格栅应力分布云图可见应力格栅主要承受拉应力，在旧路基一侧受力较大。

提取模型路面变形和边坡变形数据进行对比分析，如图 4.45 所示。单层土工格栅路面沉降较常规路基加固路面沉降相比旧路基部分差别较小，但在新路基部分加固效果明显，有效限制了新路基的沉降量。对比了两种工况边坡侧向变形情况可知，侧向变形在土工格栅的加固效果下也有大幅度的减少。因此可得出结论：坡腰处土工格栅可以限制路基的侧向变形，加固效果显著。

开展坡腰和坡脚两层格栅的工况模拟，在坡腰位置和坡脚分别设置长度为 1.5m、宽度与新填路基相同的格桩模型，两层格栅参数属性设置与一层相同，完成相关设定后进行加载模拟，其计算模拟结果云图如图 4.46 所示。由变形云图可见，路基模型侧向变形变化较少，通过土工格栅的变形和应力云图可见，坡腰格栅产生较大的拉应力和变形，而坡脚的格栅应力较小，说明坡脚的土工格栅加固效果差。

路面变形对比曲线及边坡侧向变形对比曲线如图 4.47 所示。由侧向变形曲线可见，两种加固工况下的边坡侧向变形差异主要体现在坡脚部分，虽然坡脚侧向变形减少较大，但这部分边坡对路面沉降限制较少，根据路面变形对比曲线可见两种工况的路面沉降曲线差异非常小，可以忽略不计，因此可得出结论：坡脚土工格栅加固效果较差，不适合加固使用。

根据前两组工况的模拟结果可以得到结论土工格栅设立于路基上部可以起到较好的加固效果，因此为了继续对路基进行加固，在坡腰和坡腰上部设立两层土工格栅，进行加固效果模拟。在路面和坡腰中间安装一层土工格栅，格栅距路面 12.5cm，其模型图如图 4.48 所示。

上两层土工格栅加固模型计算结果如图 4.49 所示。在坡腰及上部安装土工格栅并没有改变路面的沉降规律，但路基的侧向变形有一定程度的减少。根据格

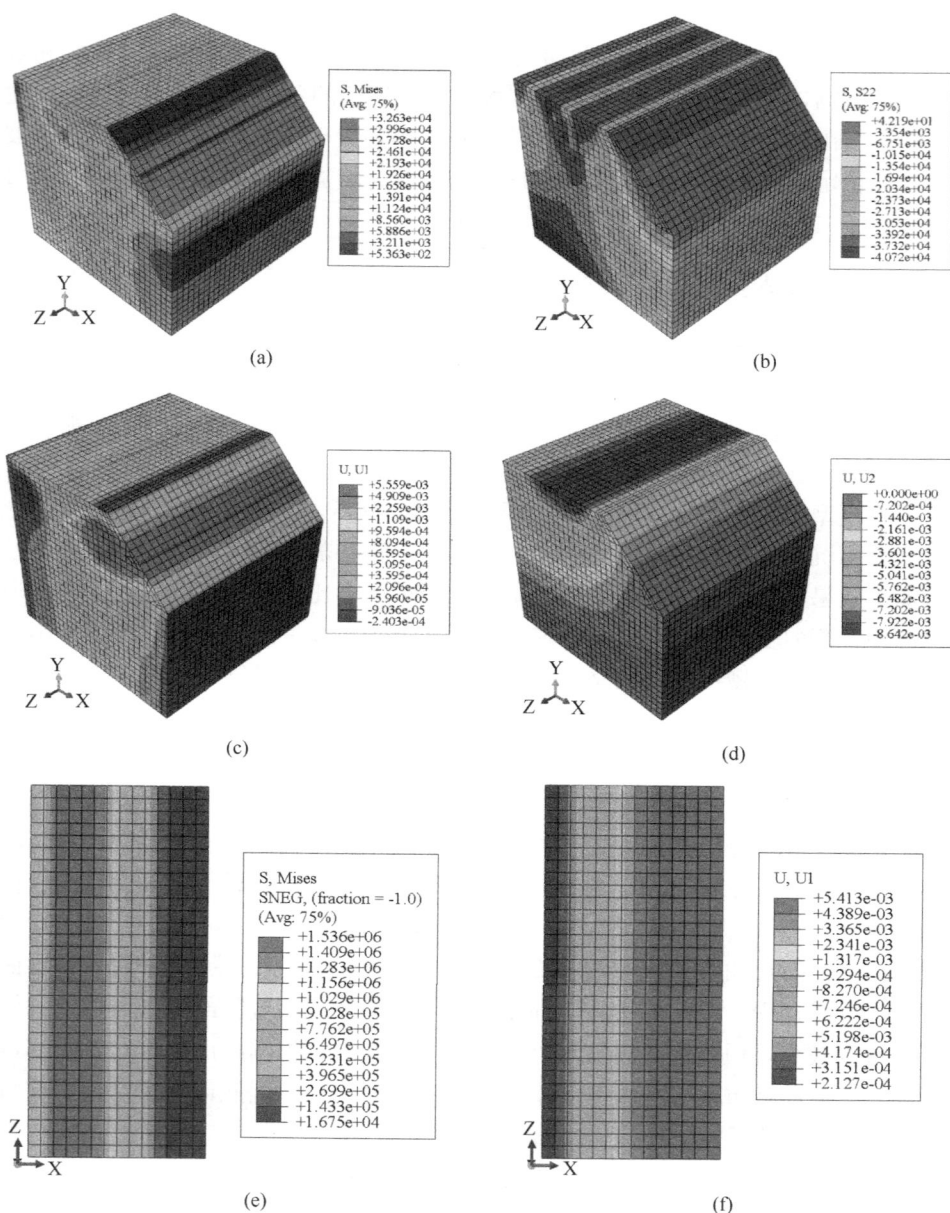

图 4.44　单层坡腰格栅模型模拟云图

（a）有效应力云图；（b）竖向应力云图；（c）侧向变形云图；
（d）竖向变形云图；（e）格栅有效应力云图；（f）格栅侧向变形云图

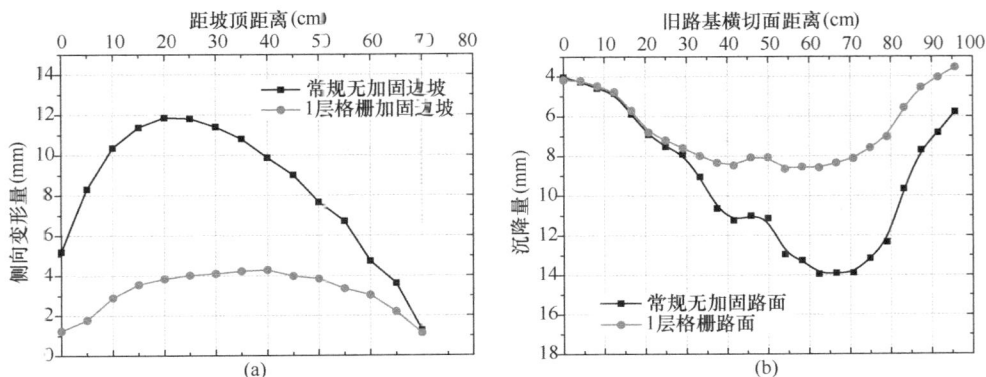

图 4.45　单层格栅加固模型变形曲线

（a）边坡侧向变形对比曲线；（b）路面变形对比曲线

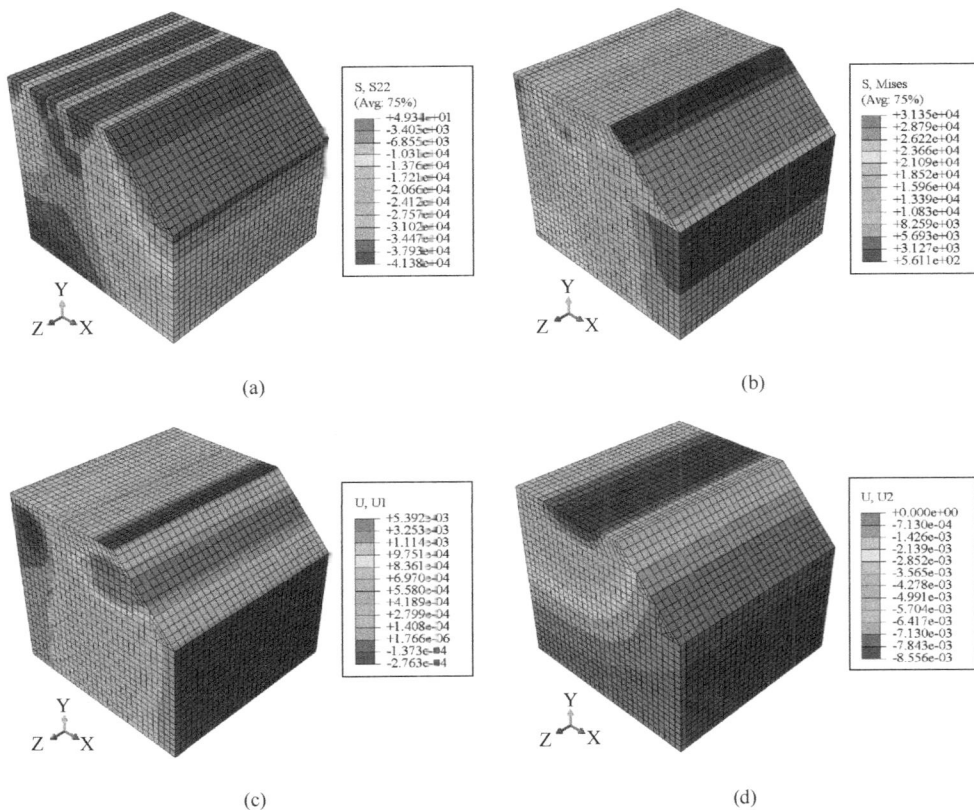

图 4.46　双层坡腰格栅模型模拟云图（一）

（a）路基有效应力云图；（b）路基竖向应力云图；（c）路基侧向变形云图；（d）路基格栅竖向变形云图

105

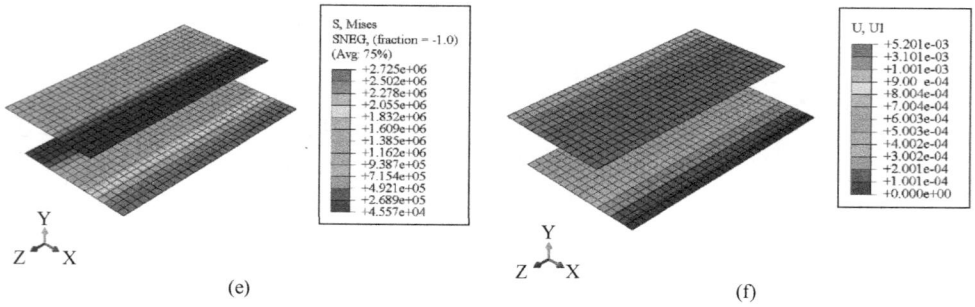

(e)

(f)

图 4.46　双层坡腰格栅模型模拟云图（二）

（e）格栅有效应力云图；（f）格栅侧向变形云图

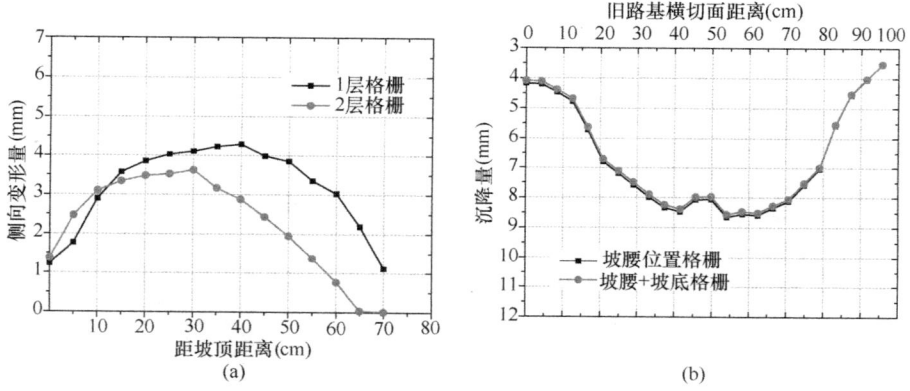

(a)

(b)

图 4.47　双层格栅加固模型变形曲线

（a）边坡侧向变形对比曲线；（b）路面变形对比曲线

图 4.48　坡腰＋上部格栅模型图

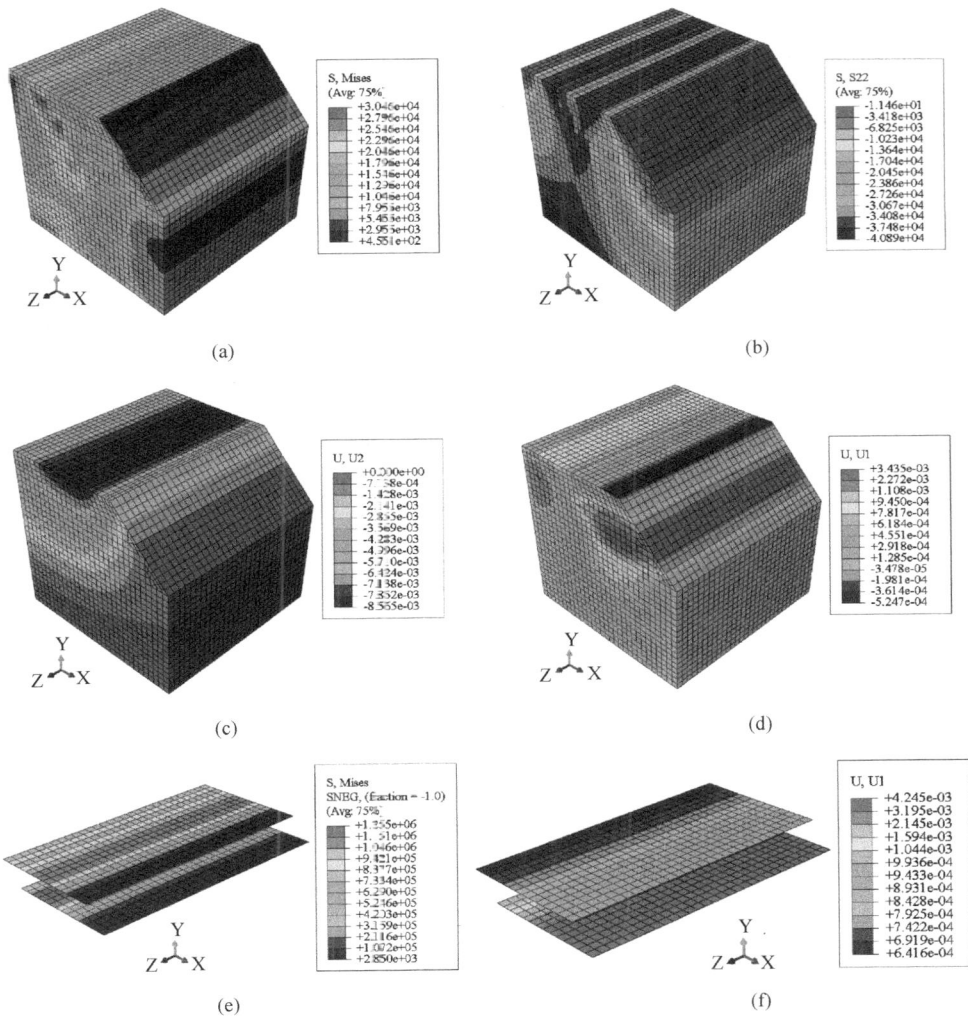

(a)

(b)

(c)

(d)

(e)

(f)

图 4.49　坡腰＋上部格栅数值模拟云图

（a）路基有效应力云图；（b）路基竖向应力云图；（c）路基竖向变形云图；
（d）路基侧向变形云图；（e）格栅有效应力云图；（f）格栅侧向变形云图

栅应力分布可见坡腰位置格栅应力较大，且集中于旧路基一侧。坡腰上部格栅也产生了一定的加固效果，但整体作用效果比坡腰位置格栅差。

为了详细探究其加固效果，提取模拟数据进行对比分析，其边坡侧向变形曲线及路面沉降曲线如图 4.50 所示。从图 4.50（a）边坡侧向变形可见，不同格栅位置对边坡作用效果有一定的差异，两格栅作用效果比单格栅作用效果好，边坡侧向变形整体较小。两种不同位置格栅对比，上部格栅可以有效控制边坡上部的侧向变形，下部格栅主要加固位置在坡脚。由图 4.50（b）可见三种加固方式下的路面沉降规律相同，数值差别较小，但坡腰+上部格栅比其他两种加固效果好，可见控制边坡上部位置的侧向变形对控制路基沉降作用效果明显。

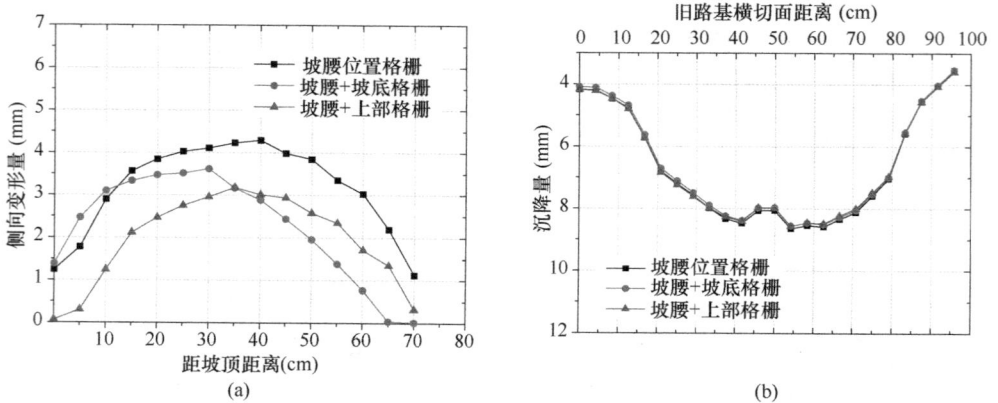

图 4.50　模拟数据对比曲线
（a）边坡侧向变形对比曲线；（b）路面沉降对比曲线

4.4.5　CFG 桩加固拼接路基模拟结果分析

桩土模型的接触面主要包括 CFG 桩体的底面和侧面及路基模型与这两个面接触的面，定义完整接触条件后进行加载数值模拟。模拟中边界约束条件与前面模拟相同，加载面设立于加载板上方，由于加载板属于刚性单元，所有荷载会通过加载板传递到路面和桩顶，由这两个部分共同承担荷载，这样符合桩土模型受力方式，CFG 桩加固路基模拟结果如图 4.51 所示。

从 60cm CFG 桩加固拼接路基的模拟结果中可以看出，加载板对路基模型变形产生了一定的影响，路面变形呈片状分布，但整体变形规律仍与之前几种工况的模拟规律相同，侧向变形集中于坡腰位置，路面竖向变形呈"碗"状分布。为了研究桩在路基模型中的作用效果，提取 CFG 桩的应力及变形云图进行研究分析，如图 4.52 所示。

根据桩的有效应力云图可见，在不同的部位受力大小不同，说明 CFG 桩可限制拼接路基侧向变形。由竖向主应力云图可见，应力主要分布在桩体上部，下部受力较小，这是由于荷载直接作用于桩顶后部，荷载通过侧摩阻力分散到周围土体内。根据侧向变形云图，桩底桩体的侧向变形要大于桩顶，桩顶在加载板的限制作用下变形有一定量的减少，而底部由于边坡侧向变形是整体的，因此桩体发生一定量的旋转，桩限制侧向变形能力大大降低。

为了更明确地研究桩体不同位置的受力情况，提取路面以下 0.125m 深处桩

(a)

(b)

(c)

(d)

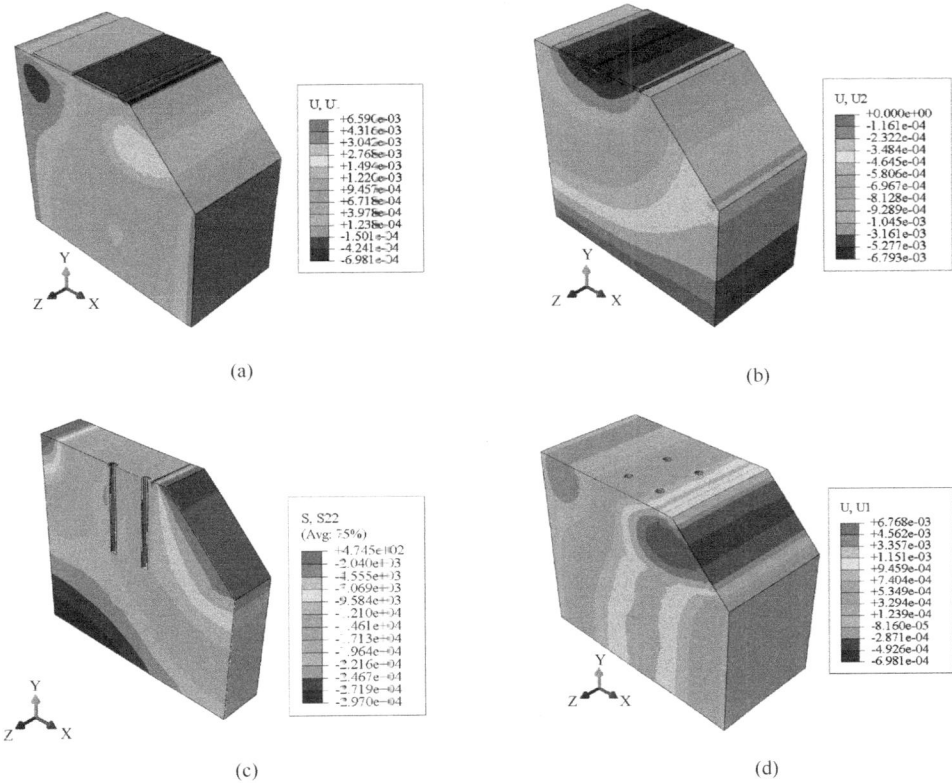

图 4.51　50cm CFG 桩加固拼接路基模拟结果

（a）路基模型侧向变形云图；（b）路基模型竖向变形云图；

（c）模型剖面竖向主应力；（d）模型水平剖面侧向变形

身一周的有效应力值，根据变化曲线分析其受力情况，为了清晰地表示，桩身一周各点的布置情况如图 4.53 所示。边坡右手侧的俯视图中定义各桩最下为 1 号点。然后顺时针分别为 2、3、4 点。靠近旧路基一侧桩由模型内部到外部分别定义为 1-1、1-2，靠近新路基一侧柱为 2-1、2-2 号桩。根据桩点位提取数据绘制曲线图，如图 4.54 所示。

从桩周有效应力变化规律可见，桩身一周的应力变化较大，但变化规律相同，1 点和 4 点应力最小，2 点和 3 点应力较大，而 2 点和 3 点正是路基侧向变形一侧，由于承担了主动土压力，导致桩身这一侧的应力较大。桩 2-1 应力明显大于桩 1-1。由桩身有效应力曲线可见，桩身应力由上至下先增后减，桩体下部应力远小于上部应力，可见桩体下部已不能限制土体变形。根据桩身侧向位移曲线可见桩上部侧向变形情况较小，下部反而产生了较大的侧向变形，新路基一侧的 CFG 桩侧向变形大于另一侧的桩，说明由于桩深度较小，桩底随路基产生滑移，桩身失稳，其加固作用大大降低。

109

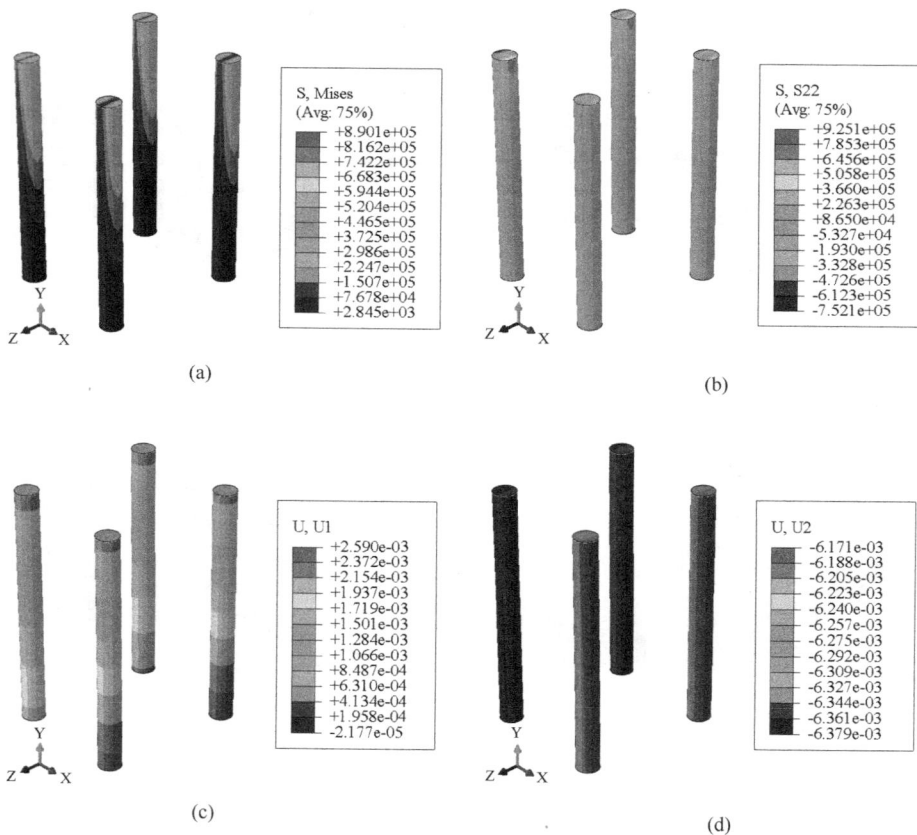

(a)

(b)

(c)

(d)

图 4.52　60cm CFG 桩模拟结果

（a）CFG 桩有效应力云图；（b）CFG 桩竖向主应力云图；

（c）CFG 桩侧向变形云图；（d）CFG 桩竖向变形云图

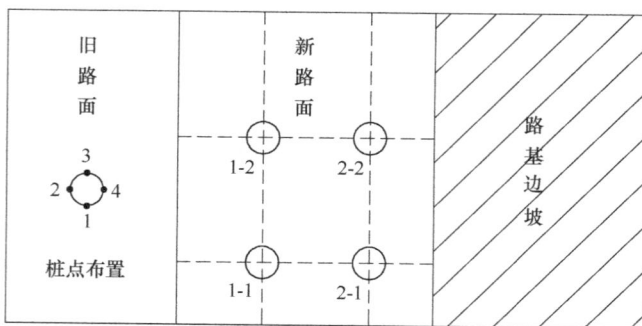

图 4.53　CFG 桩点位及名称

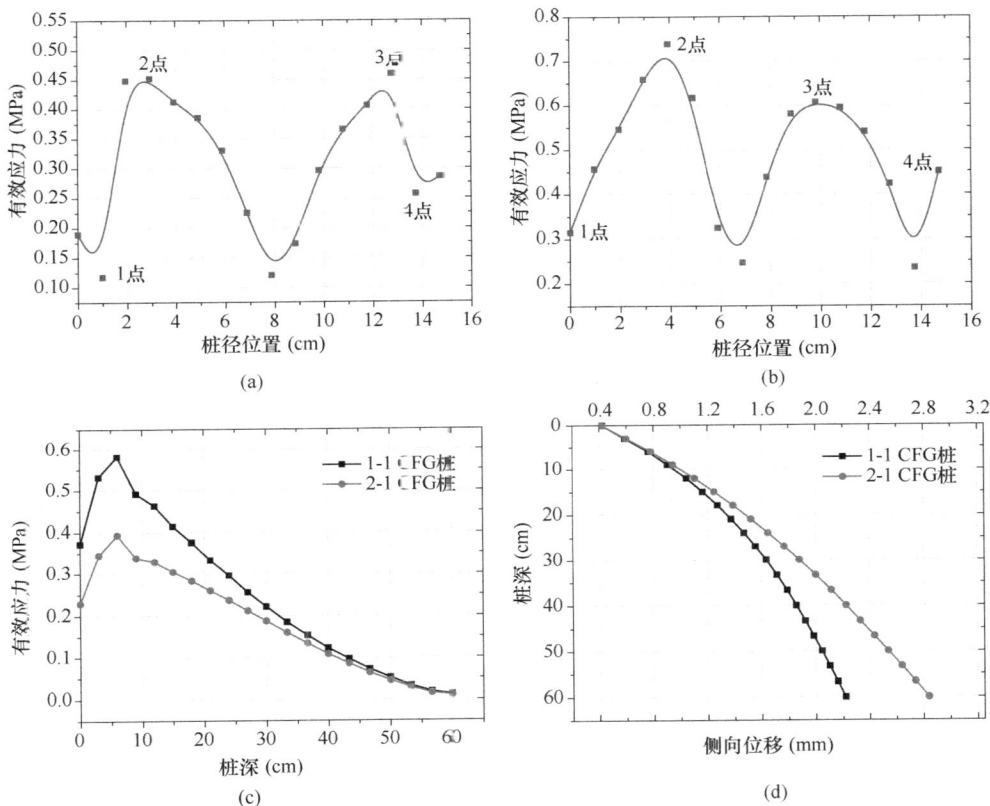

图 4.54　60cm CFG 桩应力及变形曲线

(a) 桩 1-1 周有效应力曲线；(b) 桩 2-1 周有效应力曲线；

(c) 桩身有效应力曲线；(d) 桩身侧向位移曲线

模型试验中 CFG 桩长 60cm，试验结果表明，通过 CFG 桩加固后，新旧路基模型无论是路面沉降还是边坡侧向变形都有大幅度减小，加固效果最好。通过数值模拟该工况，发现桩底和路基土体产生了侧向滑移，这是由于桩长较短，提供的反作用力不足的原因，为了解决桩底侧向滑移的问题，将桩长伸长为 80cm，分析桩长对路基变形的影响。

从图 4.55 中可以看出，CFG 桩加长后，路面沉降有一定的减少，边坡侧向变形也有一定程度的减少，且坡脚侧向变形较整体变形有大幅减少，说明加长桩体后，CFG 桩能够承担更大的侧向荷载，有效地限制了侧向变形，从而减少了新旧路基的差异沉降，桩底承受的压力也有一定的增长，桩长的增加提高了稳定性。通过数值模拟也能直观地研究 CFG 桩体应力变形情况，提取桩体整体变形及应力情况与 60cm 桩对比分析，如图 4.56 所示。

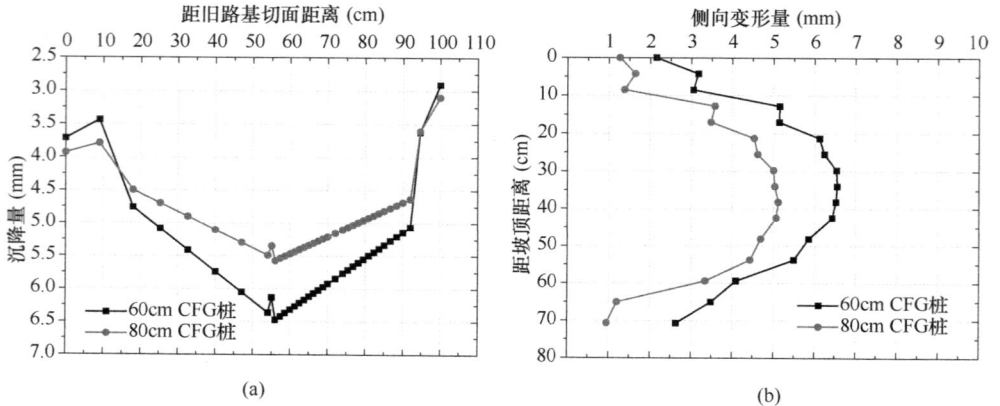

图 4.55　80cmCFG 桩加固拼接路基变形曲线

（a）路基路面变形曲线；（b）边坡侧向变形曲线

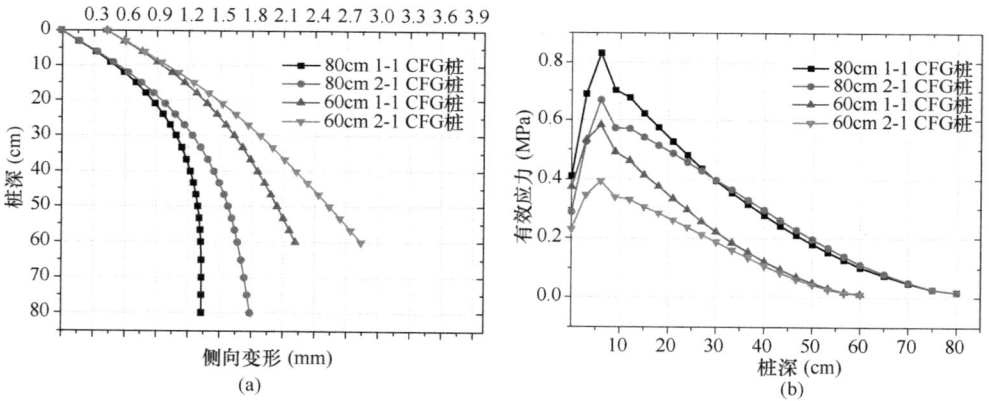

图 4.56　桩体变形及应力对比曲线

（a）桩体侧向变形；（b）桩体应力

通过对比分析 CFG 桩加固两种工况的桩体应力及变形曲线可见，80cmCFG 长桩的桩底位移较 60cmCFG 短桩变化较大，短桩桩底位移有变大的趋势，说明桩身已经失稳，但长桩桩底位移变形较少，仍然能够起到加固作用。通过桩身应力曲线也可以看到，长桩承担较大的侧向应力。

4.5　本章小结

本章主要介绍了新旧路基模型试验方案及自主设计研发的试验装置，开展了新旧拼接路基模型试验，分别对无加固工况、土工格栅工况及 CFG 桩加固工况进行了数值模拟分析，在确定模拟数据与模型试验结果相似的条件下，对不同工况进行了扩展模拟。具体结论如下：

（1）提出的考虑侧向变形的分层沉降计算方法，计算过程简单，计算参数通过常规试验即可获取，计算结果与实际监测结果误差小。

（2）设计研发了一种自平衡均布荷载加载装置。该装置可以在加载过程中跟随路面产生一定的转动，保证路面受到均布的垂直荷载，可控制每级荷载精度在 0.1kN，并稳定维持该荷载值。

（3）常规路基加固工况中，在搭接位置差异变形较大，最大变形出现在新路基中部位置。路基在达到极限荷载时，破坏模式为边坡失稳，滑移面出现在坡顶与坡腰下部位置。

（4）土工格栅有效限制了边坡的侧向变形，其路面竖向变形也比无加固工况小，由于土工格栅并无抗弯性质，证实限制边坡侧向变形可有效控制路基路面竖向变形。格栅应力逐渐增大到一定值后，土工格栅与周围土体产生滑移，土工格栅失效。

（5）由于碎石桩没有粘结性，其抗侧向变形能力较小，在加载过程中出现了扩孔现象，扩孔导致边坡侧向变形较大，竖向承载力减小，因此对路基加固效果较差。CFG 桩承载性能较强，可以有效地将路面荷载传递到地基深部，减少路基变形。桩底应力先增大后减少，CFG 桩在荷载的作用下达到极限承载力后产生滑移，但随着向下移动土体挤玉密实，桩体承载力稳定。

（6）通过对 4 种工况的路面竖向变形及边坡侧向变形数据对比，CFG 桩加固效果最好，其次为土工格栅，碎石桩加固效果最差。路基侧向变形与竖向变形存在相对应的关系，通过限制路基侧向变形可有效控制路基的竖向沉降。

（7）无加固工况条件下路面沉降规律呈"碗"状分布，边坡侧向变形最大部位为坡腰，且路基破坏模式呈边坡滑移破坏，与模型试验结果及现象一致。

（8）坡腰＋坡脚两层格栅的模拟结果和变形规律与模型试验相符，土工格栅有效限制了路基侧向变形，从而减小了路面沉降。坡腰位置土工格栅限制侧向位移效果最好，坡脚及上部土工格栅加固效果有限。土工格栅应力分布主要集中于旧路基一侧，因此在实际施工中，通过加强土工格栅与旧路基间的作用可以提高土工格栅的加固效果。

（9）CFG 桩将部分路面荷载传递到路基深部，减少了路面的受力，从而降低了路面竖向变形。CFG 桩在竖向和侧向都可以对路基起到较好的加固效果，但 CFG 桩在到达极限荷载后，失稳模式表现为竖向滑移和跟随路基整体侧移。提高桩长可以提高桩的稳定性，并且长桩加固效果和稳定性更好。

第5章 路桥过渡区改性土承载特性及参数敏感性分析

5.1 改性土路桥过渡区模型试验研究

低液限粉土加入碱激发矿渣固化剂后，粉土颗粒通过矿渣的水化产物粘结在一起，形成具有黏聚力的整体，强度大幅提高，并且水化产物充填了粉土颗粒间的孔隙，使粉土变得更加密实。由室内土工试验可知，相比实际工程中使用的6%掺量熟石灰固化粉土，碱激发矿渣固化粉土的无侧限抗压强度显著提高。因此，将碱激发矿渣固化粉土作为台背回填土，有利于提高回填区域路基的稳定性，减小回填路基沉降。

路桥过渡区模型试验分别采用6%掺量的熟石灰固化粉土和碱激发矿渣固化粉土来填筑模型路基，研究均布荷载下不同材料路基的路面沉降规律、土体内部应力—应变规律，验证碱激发矿渣固化剂固化粉土的效果。

5.1.1 模型试验材料

试验用土为低液限粉土，与室内试验用土为同一场地区域。固化剂高炉粒化矿渣粉（GGBS）与碱性激发剂活性氧化镁购买自济南某试剂公司，矿渣的活性等级为S95，活性氧化镁的活性等级为MA150。取土场取回的粉土过筛，并铺摊、晾晒至干燥，以方便加固土的配制。

5.1.2 模型及试验装置

依托的高速公路工程，其路面宽度为25.5m，其中，中央分隔带宽2m，两条车道分别宽11.75m；台背处路基填高为8m。为便于压路机压实，台背回填区域开挖呈倒梯形，底部宽度为6m，开挖台阶的坡度为1:1，台阶宽度为1.0m。

本模型试验的主要目的是研究两种台背回填材料的压缩和强度特性，与实际工程相比，对路基模型进行了简化：（1）不考虑路基边坡的影响，试验模型不设置路基边坡；（2）不考虑公路面层的影响。

根据模型箱尺寸，确定路基模型与现实工程的几何比尺为1:13.3。路基模型的路基高度为0.6m，地基高度为0.4m。因为不设置路基边坡，路面宽度即为模型箱的宽度，台背回填处底部宽度为0.4m，上部宽度为0.85m。由于尺寸限制，模型开挖台阶的尺寸没有按照实际工程台阶宽度等比例缩小，而是将台阶尺寸设计为 0.15m，坡度为 1∶1。路基模型的详细尺寸如图 5.1 所示。

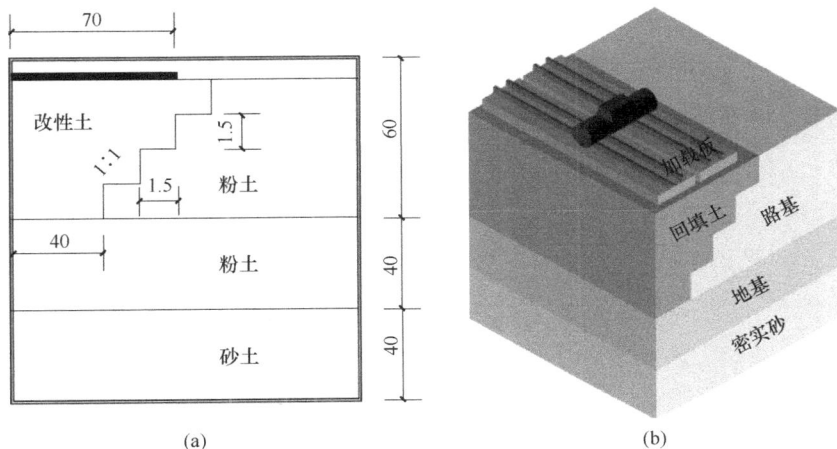

图 5.1　路桥过渡区模型设计

(a) 路基模型的尺寸；(b) 三维路基模型

试验装置与新旧路基拼接模型试验所用装置相同。液压加载系统（图 5.2）包括控制系统、液压油泵及液压千斤顶。加载系统的刚度为 10GN/m，最大加载值为 200kN，加载精度为 0.5N。控制系统由电脑、配套软件和液压油泵控制电路板组成，在控制系统的指挥下，加载系统能够按照设置的加载速率均匀加载，加荷至设定值后，系统自动维持荷载。

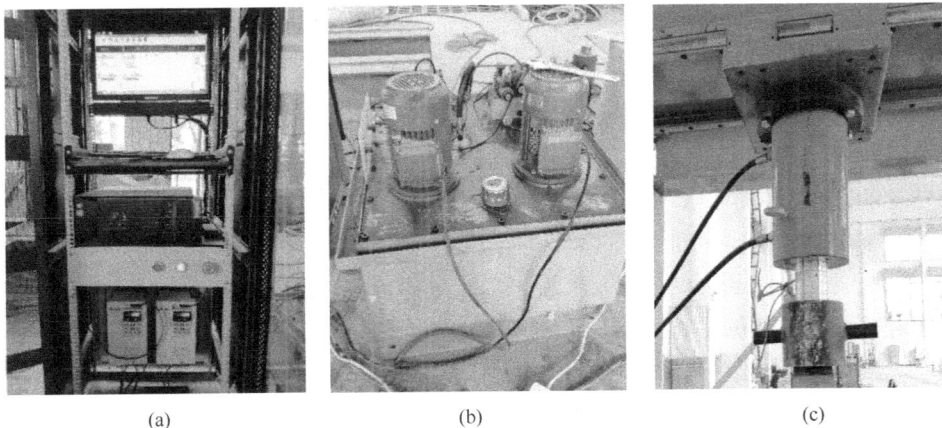

图 5.2　试验加载装置

(a) 控制系统；(b) 液压油泵；(c) 液压千斤顶

本试验采用的位移计为 JTM-Y7000A 应变式位移传感器，量程为 0～50mm，灵敏度系数 100～120με/mm。位移计的伸缩杆上安装有沉降板，使用时将沉降板埋置在特定深度的土层内，通过沉降板带动伸缩杆将土体内部位移传递至位移计。土压力监测采用微型应变式土压力盒，量程为 $0\sim200\text{kPa}$，灵敏度为 $0\sim10\mu\varepsilon/\text{mm}$。将土压力盒通过胶水粘接到位移计的沉降板上，用以测量该深度的土压力。土压力盒和位移计如图 5.3 所示。

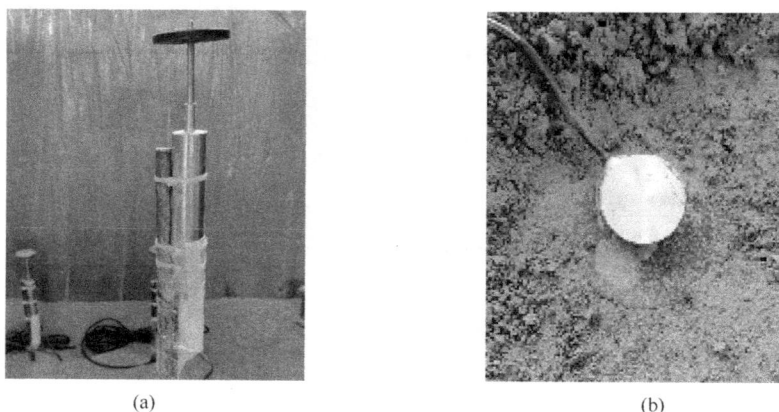

(a)　　　　　　　　　　　　　　　　　　(b)

图 5.3　位移计与土压力盒
（a）应变式位移计；（b）振弦式土压力盒

位移计及土压力盒的数据采集采用东华测试公司的 DH3816n 型静态应变测试系统，使用时将应变测试系统通过网线连接电脑，并将位移计和土压力盒的信号线通过半桥连接到采集仪，在电脑端开启采集软件即可实现位移计和土压力盒信号的自动采集、换算和记录。

5.1.3　试验方案

监测元件包括上部位移计、内部位移计及土压力盒，监测元件布设的位置如图 5.4 所示。内部位移计布设在两个断面，断面 1 为台背回填区域底部的中间位置，至左侧模型箱箱壁的距离为 20cm，断面 2 至左侧模型箱箱壁的距离为 62.5cm。内部位移计在竖向上按 4 个台阶的高度布设（距路基顶面分别为 15cm、30cm、45cm、60cm）。在每个断面布设 4 根不同高度的连接杆，每根连接杆固定

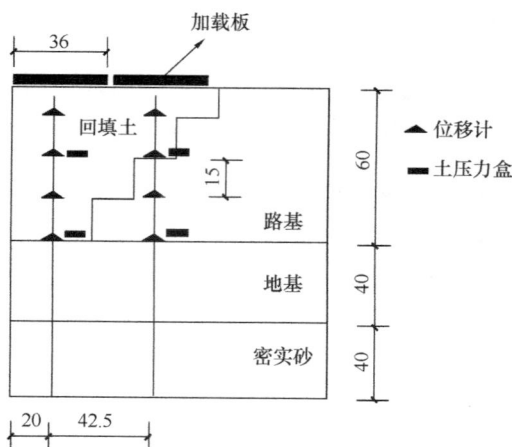

图 5.4　监测元件布设平面图

一个位移计，保证位移计的沉降板分别位于4个测量高度，从上到下分别记为位置1到位置4。土压力盒布设在位移计的沉降板上，可以随沉降板上下移动，测量该层位的土压力。为了测量荷载作用下路面的沉降，分别在两个加载板上部布设了位移计。监测元件的布设方式如图5.5所示。

(a)　　　　　　　　(b)　　　　　　　　(c)

图5.5　监测元件的布设

(a) 内部位移计的布设；(b) 土压力盒的布设；(c) 上部位移计布设

试验用土配制过程如图5.6所示。本次模型试验的填料分为两种，一种为素土，另一种为添加了固化剂的加固土。对于素土的处理：(1) 将从取土场取来的低液限粉土过5mm筛，筛除石子、杂物及大颗粒土块；(2) 称取一定质量粉土，通过燃烧法测量其初始含水率；(3) 根据击实试验成果，计算出使该粉土达到其最佳含水率所需的水量，用量筒量取所需水量后使用喷壶均匀喷洒至填土表

(a)　　　　　　　　(b)　　　　　　　　(c)

图5.6　试验用土的配制

(a) 粉土过5mm筛；(b) 固化剂与土充分混合；(c) 加水至最佳含水率

面，洒水过程中用铁锹持续翻动粉土，保证混合均匀；（4）洒水结束后，采用燃烧法检测土的含水率，如果含水率不足，则重复上述步骤继续加水，直至粉土达到其最佳含水率。

对于加固土的处理，基本与素土的处理相同，区别为筛除杂质后，按照试验配比分别称取一定质量的矿渣和激发剂，与粉土充分混合均匀。

在荷载作用下，路基模型会发生不均匀沉降，此时若使用整体式加载板则施加的荷载不是均布荷载，为了克服这一缺点，设计制作了一种分体式加载板，如图 5.7 所示。该加载板由厚度为 1.5cm 的钢板制作，以保证系统的刚度。加载板上部焊接有直径 5cm 的圆棒，工字钢置于两根圆棒的中间位置，两个加载板可以自由错动。两块加载板分别放置在台背回填处和回填土体与路基交接处，当路基模型发生不均匀沉降时，加载板发生错动，但能够始终保持水平，保证施加的荷载为均布荷载。

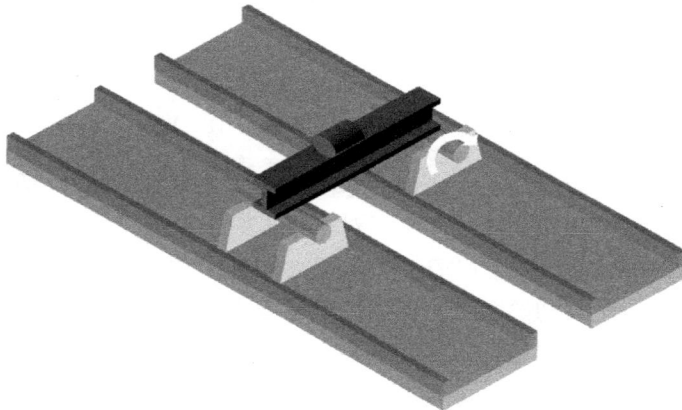

图 5.7　加载板三维示意图

试验过程如图 5.8 所示。（1）在模型箱底部固定连接杆，并按照设计高度安装好位移计；（2）在模型箱底部填筑 40cm 砂层，每层填筑高度为 10cm，用铁夯夯实；（3）地基土为粉土和素土，填筑厚度为 40cm，压实度控制为 90%，填筑方式为分层填筑，每层填筑 10cm，具体为将处于最佳含水率的粉土铲入模型箱内，人工铺摊均匀夯实，直至压实度达到 90%（每填筑一层选择两个测点，分别测压实度，每个测点的压实度都要达到要求）；（4）路基采用压实度为 94% 的粉土分层填筑，填筑总厚度为 60cm，每层填筑 10cm，填筑方法与地基填筑方法相同；（5）路基整体填筑完成后，按照现场台背回填的施工工序，依据设计尺寸开挖出台背处的台阶；（6）在开挖区域回填加固土，填筑方法与地基土的填筑方法相同，压实度控制为 94%，当填筑到监测元件布设高度时，清理粘贴有土压力盒的沉降板下部浮土，保证沉降板与下部土层贴合，然后填筑下一层填土并

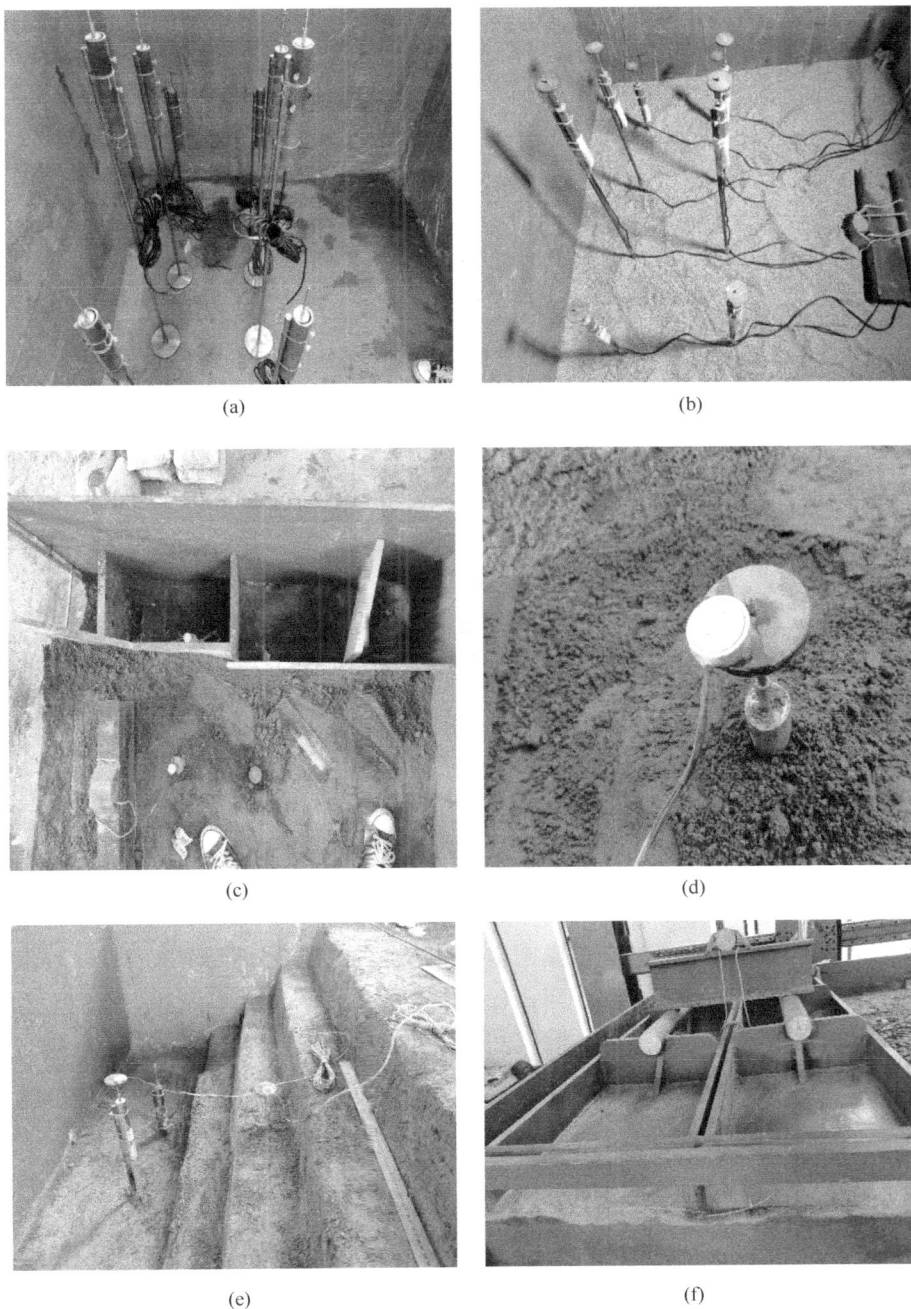

(a)

(b)

(c)

(d)

(e)

(f)

图 5.8　试验步骤（一）

（a）位移计固定在模型箱底部；（b）底部回填砂并分层夯实；

（c）回填粉土并分层夯实；（d）位移计沉降板上粘贴土压力盒；

（e）整修出台阶；（f）加固土回填并分层夯实完毕

119

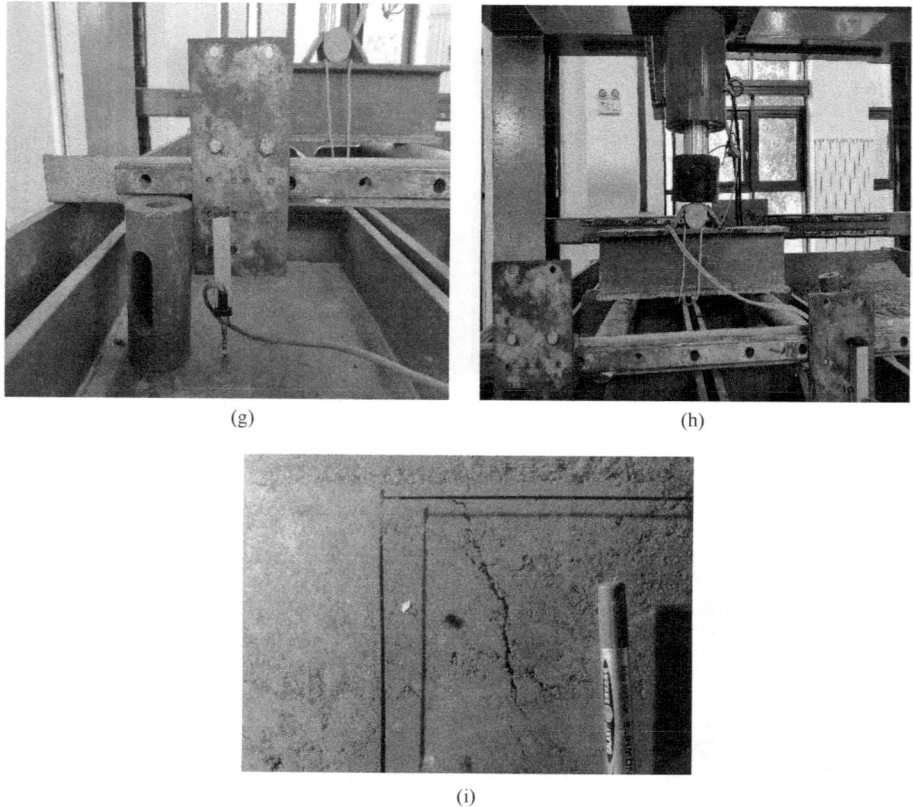

(g)   (h)

(i)

图 5.8　试验步骤（二）

（g）安装上部位移计；（h）开始加载；（i）土体内部出现裂纹

夯实，保证土压力盒与上部土层紧密接触；（7）加固土回填后养护28d，使固化剂充分水化，发挥其改性加固作用；（8）养护完成后，在回填路基上部放置加载板，通过加载系统对模型进行加载，加载速率为20kN/h，当土体内部出现裂纹时停止加载，加载最大值为160kN，加载时间持续8h，加载过程中使用应变采集仪持续采集监测元件数据。

5.1.4　模型试验数据分析

随着荷载的增加，路基顶面的位移逐渐增大，当荷载大于100kN时，沉降值增大幅度逐渐变小，表明此时土体的主固结沉降已完成。由于模型没有设置边坡，路基模型没有出现沉降突然增大的失稳破坏。当土体出现裂纹时，停止加载，此时的荷载值为160kN。

由图5.9可见，随着上部荷载的增加，回填区土体内部的沉降逐渐增大，但沉降速率逐渐减小，原因是路基模型没有设置边坡，不会发生边坡失稳破坏的情况。随着附加应力的增加，土颗粒间孔隙逐渐压密，产生压缩沉降。但随着荷载的不断增大，土体逐渐变得密实，压缩模量增大，压缩沉降的速率变小。

将填土为灰土的试验工况记为工况 1，将填土为碱激发矿渣的试验工况记为工况 2。对于工况 1，当荷载达到 160kN 时，回填土体中距顶面 15cm 的测点（点 1-1）的沉降值达到最大值 3.36mm，距顶面 45cm 的测点（点 1-3）的沉降值达到最大值 1.59mm，两者相差 1.77mm。对于工况 2，当荷载为 160kN 时，测点 1-1 达到最大沉降值 0.864mm，相比工况 1，测点 1-1 的最大沉降值减小2.50mm。初始加载阶段，两种试验工况下测点 1-1 的沉降速率相差不大，但是当荷载逐渐增大后，工况 2 的土体沉降速率小于工况 1 的沉降速率，在加载的最后阶段，工况 2 的沉降速率甚至接近 0。

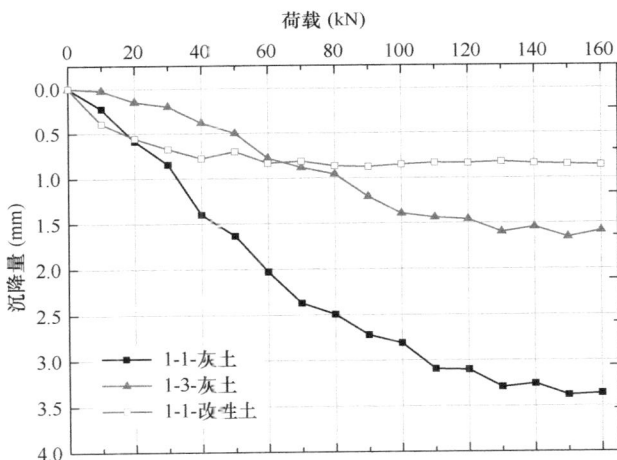

图 5.9　回填区土体内部位移

回填土体与路基交界处的土本沉降情况见图 5.10。对于工况 1，当荷载达到160kN 时，测点 2-1 的分层沉降达到最大值 2.88mm，测点 2-3 的分层沉降达到最大值 6.79mm。对于工况 2，测点 2-1 的最大沉降值为 3.11mm，相比工况 1，最大沉降值减小 3.68mm。

与回填区的土体沉降相比，回填区与路基交界处土体的沉降更大。对于工况1，测点 2-1 相比测点 1-1 的最大沉降值增大 3.43mm，测点 2-3 相比测点 1-3 的最大沉降值增大 1.52mm。对于工况 2，测点 2-1 相比测点 1-1 的最大沉降值增大 2.246mm。这是由于交界处土体仅上部为加固土，下部仍为普通粉土，在荷载作用下，下部粉土的压缩变形大，造成该区域整体沉降变大。这种回填区到交界处土体刚度从大到小的变化，为控制路桥过渡段差异沉降起到平缓过渡作用。

初始加载阶段，两种工况下的回填土体在附加荷载作用下，土体中的孔隙闭

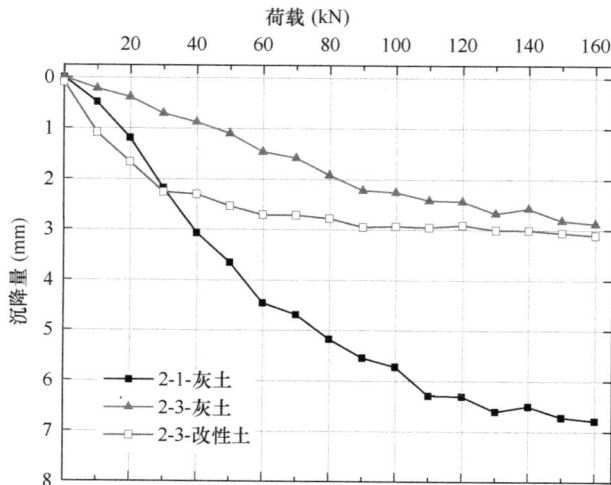

图 5.10　回填区与路基交界处土体内部位移

合，表现为初始弹性变形。随着荷载的增大，土颗粒开始相互移动，颗粒间的孔隙减小，土体出现塑性变形，分层沉降逐渐增大，但是因为路基模型处于侧限状态，沉降增大的速率在变小。对于矿渣固化粉土，由于矿渣水化产物的粘结和填充作用，加固土的压缩模量和黏聚力大幅增大，土体的最大沉降相比石灰加固土显著减小。模型试验结果表明，相比石灰加固土，将矿渣加固土作为台背回填土在减小路桥过渡段不均匀沉降方面具有明显的优越性。

加固土回填区域中土压力的变化如图 5.11 所示。各层位土压力值随着荷载的增大而增大，由于应力扩散作用，各层位土压力都小于上部施加的附加荷载，

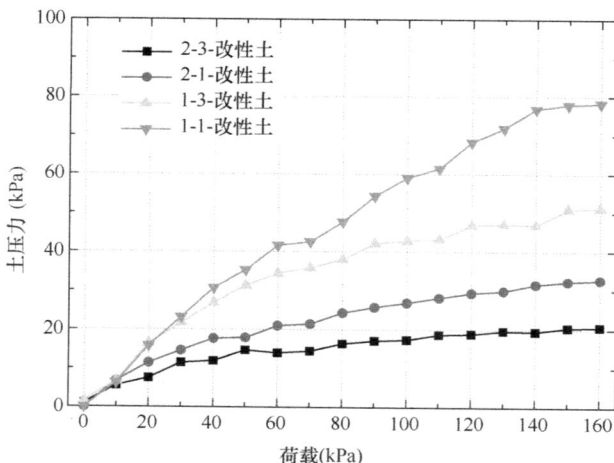

图 5.11　加固土中土压力随荷载的变化

距顶面 15cm 的测点（点 1-1 和点 2-1）处土压力大于距顶面 45cm 处测点（点 1-3 和点 2-3）的土压力。回填区的土压力明显大于回填区与路基交界处的土压力，原因是该区域为碱激发矿渣加固土，相比素土，加固土的黏聚力大幅提高，能够更好地传导附加应力，而交界处下部填土为素土，表现为"上硬下软"的双层地基特征，上部的硬土层起到扩散应力的作用，导致下部土压力减小。

5.2　路桥过渡区刚性搭板布设优化分析

基于承载试验中的路桥过渡区土体承载特性，对刚性搭板的设计参数进行分析，确定搭板的最优设计参数，并提出搭板深埋布设方案，通过大型通用有限元软件，分别建立路桥过渡段常规搭板布设方案和搭板深埋布设方案的二维数值模型，研究采用不同搭板布设方案对搭板应力及路基沉降的变化规律。

5.2.1　搭板设计参数分析

为保证搭板使用性能和经济性，对搭板的设计参数进行了分析。将搭板简化为一端铰接，一端自由的弹性地基梁模型，梁下方地基认为服从 Winker 地基模型，在变形中梁体与地基始终保持接触，且不考虑梁体与地基间的摩擦作用力，通过理正岩土软件中的弹性地基梁分析子程序，研究搭板设计参数变化对近桥台处地基反力、路面沉降和搭板内力的影响，确定最优设计参数。根据规范[114]，确定作用在弹性地基梁上部的车道荷载（均布荷载）q 为 10.5kN/m，根据地质工程勘探资料及其他关于地基刚度 K 取值资料[115-120]，将地基刚度 K 值取为 15000kN/m³。计算模型如图 5.12 所示。

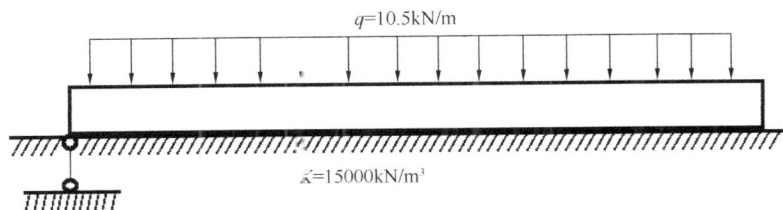

q=10.5kN/m

K=15000kN/m³

图 5.12　桥头搭板力学简化模型

梁内力计算采用梁和地基支撑刚度统一计算的有限元法，单元的刚度矩阵见式（5-1）~式（5-6）。

$$[K]_e = \frac{2E_k J}{L^3} \begin{bmatrix} \gamma_1 & & \text{对} & \\ L\beta_1 & L^2\alpha_1 & & \text{称} \\ -\gamma_2 & -L\beta_2 & \gamma_1 & \\ L\beta_2 & L^2\alpha_2 & -L\beta_1 & L^2\alpha_1 \end{bmatrix} \quad (5\text{-}1)$$

式中：

$$\alpha_1 = \frac{\text{ch}\lambda\,\text{sh}\lambda - \cos\lambda\sin\lambda}{\text{sh}^2\lambda - \sin^2\lambda}\lambda \qquad (5-2)$$

$$\alpha_2 = \frac{\text{ch}\lambda\sin\lambda - \text{sh}\lambda\cos\lambda}{\text{sh}^2\lambda - \sin^2\lambda}\lambda \qquad (5-3)$$

$$\gamma_1 = 2(\alpha_1\beta_1 - \alpha_2\beta_2) \qquad (5-4)$$

$$\gamma_2 = 2(\alpha_1\beta_2 - \alpha_2\beta_1) \qquad (5-5)$$

$$\lambda = \frac{L}{S} = L\sqrt[4]{\frac{K}{4E_k J}} \qquad (5-6)$$

其中，λ 为梁的弹性特征；S 为梁的特征长度（m）。

搭板沉降值、内力及地基反力随搭板厚度变化如图 5.13 所示。均布荷载作用下，搭板呈均匀且平缓的斜坡式沉降，伸缩缝处没有出现台阶式差异沉降。当搭板与桥台的连接方式为铰接时，随着搭板厚度的增大，搭板的坡度变化减小，有利于缓解桥头跳车。但是，搭板末端沉降值随着搭板厚度增大而增大，因为搭

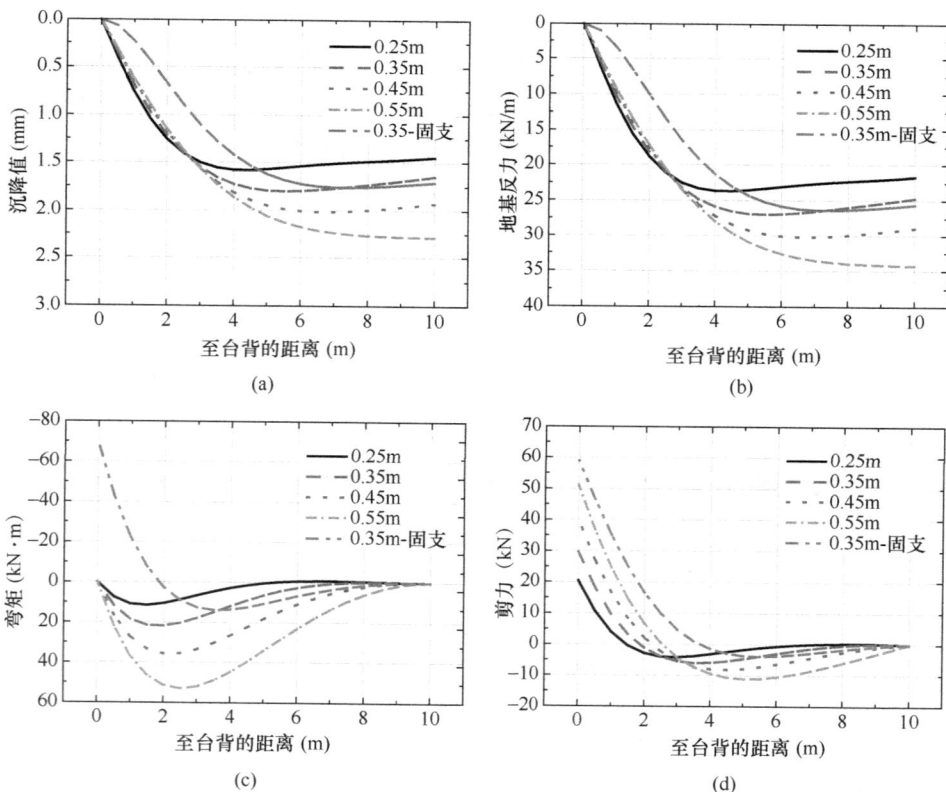

图 5.13 搭板厚度变化时搭板沉降值和内力及地基反力变化
（a）沉降值；（b）地基反力；（c）弯矩；（d）剪力

124

板厚度越大，荷载应力重分布后搭板末端受到的垂直集中荷载越大，导致搭板末端的沉降越大。搭板末端与路基连接处产生过大的差异沉降会导致二次跳车。因此，搭板不宜过薄或过厚，建议厚度为 0.35~0.45m，并在搭板末端下部设置枕梁或进行地基处理。随着搭板厚度的增大，搭板的最大弯矩和最大剪力增大，弯矩最大值出现在距桥台 1.5~2.5m 处，最大剪力出现在搭板与桥台连接处，应增强搭板最不利截面的抗弯抗剪设计。

与铰接形式相比，当搭板与桥台的连接方式为固支时，搭板的坡度变化明显减小，有利于消除桥头跳车，另一方面使得连接处搭板对地基的压力减小，能够减轻由于路基受到车辆荷载作用导致搭板下部脱空的问题。但是，连接处相同厚度搭板上部的拉应力和剪应力显著增大，不利于搭板在长期服役中保持稳定，容易在连接处断裂，因此搭板与桥台连接处不建议采用固支的形式。

搭板沉降值、内力以及地基反力随搭板长度的变化如图 5.14 所示。搭板存在最佳长度，厚度为 0.35m 的搭板最佳长度为 8m。当长度小于 8m 时，搭板末

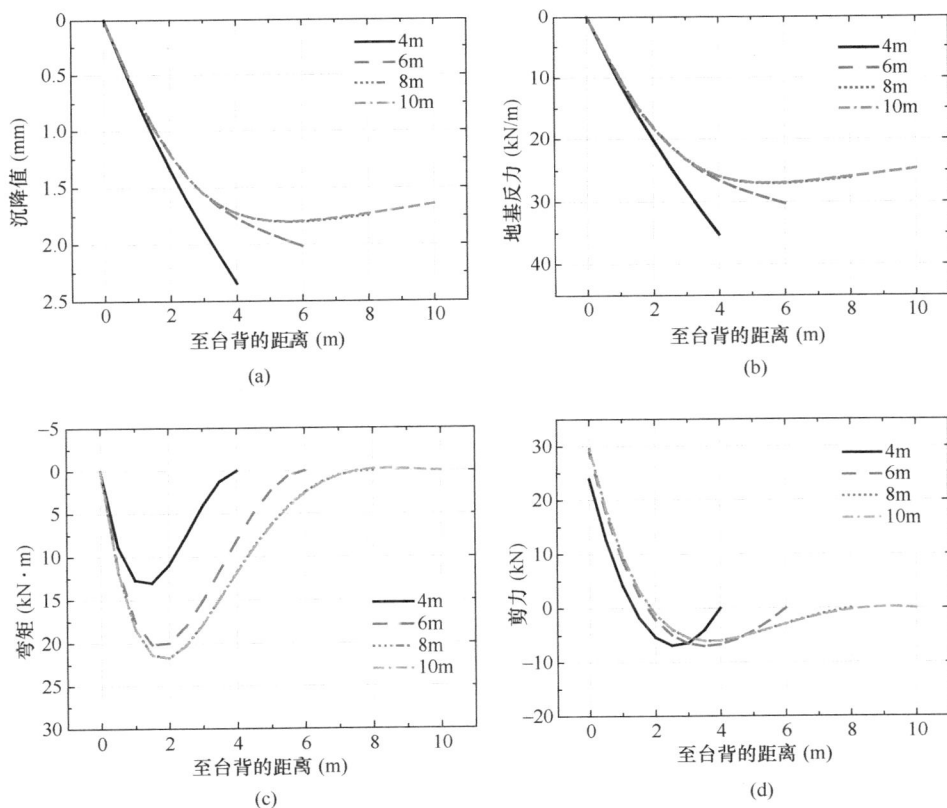

图 5.14　不同搭板长度时搭板沉降值和内力及地基反力变化
(a) 沉降值；(b) 地基反力；(c) 弯矩；(d) 剪力

端的地基反力和沉降随搭板长度的减小而增大，原因是当搭板长度减小时，其弯曲程度减小，应力重分布后搭板末端出现应力集中现象导致末端沉降大。搭板末端过大的差异沉降会导致二次跳车。增大搭板长度减小了搭板的坡角，搭板长度为 4m 时，连接处搭板的坡角为 $0.35°$，搭板长度为 6m 时，搭板的坡角为 $0.25°$，这有利于消除桥头跳车。搭板的弯矩和剪力最大值随着长度的增大而增大，搭板长度从 4m 增大到 8m 时，最大弯矩从距桥头 1.5m 移动到距桥台 1.8m 处，剪力的最大值出现在搭板与桥台连接处。但是，当搭板长度超过 8m 时，增大搭板的长度，对搭板的沉降值、地基反力以及剪力和弯矩最大值几乎没有影响。综合以上分析，搭板的最佳长度为 8m。

5.2.2 有限元计算基本理论

通过累计增量解收敛于正确解的有限元计算方法称为非线性有限元解法，该解法的计算过程如图 5.15 所示。

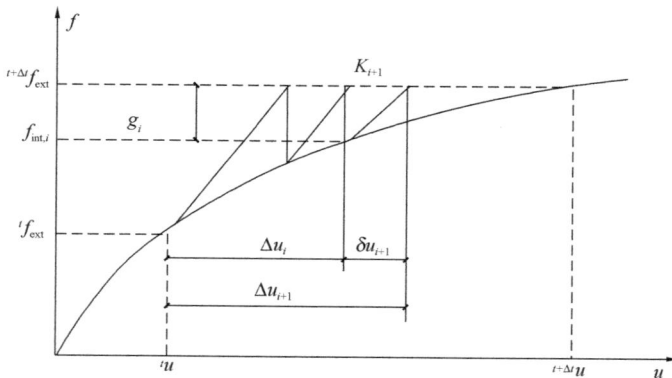

图 5.15 增量法原理图

图中 $^t f_{ext}$ 和 $^{t+\Delta t} f_{ext}$ 为 t 时刻和 $t+\Delta t$ 时刻的外力，两个时刻的解和增量解关系如下：

$$^{t+\Delta t}u = {}^t u + \Delta u \tag{5-7}$$

式中，Δu 为时间增量 Δt 产生的增量解。

累计增量解的表达式如下：

$$\Delta u_{i+1} = \Delta u_i + \delta u_{i+1} \tag{5-8}$$

式中，Δu_i 为直到第 i 次迭代计算的累计增量解；δu_{i+1} 为第 $i+1$ 次迭代计算时的增量解。δu_{i+1} 通过式（5-9）进行计算：

$$\delta u_{i+1} = g_i / K_{i+1} \tag{5-9}$$

式中，g_i 是残余力；K_{i+1} 为切线刚度矩阵。

$^{t+\Delta}f_{ext}$ 为外力，$f_{int,i}$ 为内力，非平衡力 g_i 表达式如下：

$$g_i = {}^{t+\Delta}f_{ext} - f_{int,i} \tag{5-10}$$

对式（5-8）～式（5-10）进行重复迭代计算，直到满足收敛准则为止，收敛准则包括力准则、位移准则和能力准则。迭代求解收敛条件有力准则、位移准则、能量准则，如式（5-11）～式（5-13）所示。

$$力准则 = \frac{\sqrt{g_i^T g_i}}{\sqrt{\Delta f_{int,i}^T \Delta f_{int,i}}} \tag{5-11}$$

$$位移准则 = \frac{\sqrt{\delta u_i^T \delta u_i}}{\sqrt{\Delta u_i^T \Delta u_i}} \tag{5-12}$$

$$能量准则 = \left| \frac{\delta u_i^T g_i}{\Delta u_i^T \Delta f_{int,i}} \right| \tag{5-13}$$

5.2.3　计算模型及加载条件

根据本课题依托的在建高速公路工程，采用大型有限元软件，建立了路桥过渡段数值模型。某在建箱梁桥的台背回填工程，路基采用当地的低液限粉土填筑，填高为 7.6m，采用 6% 熟石灰固化粉土作为台背回填填料，底基层上部布设长为 10m，厚度为 35cm 的钢筋混凝土桥头搭板。根据工程勘察资料，回填区域下部地基土层主要为粉土、粉质黏土，从地基顶面向下土层依次为粉土（4.3m）、粉质黏土（2.1m）、粉土（6.5m）。

根据地质勘察资料和桥台的实际尺寸，对地基土层和构筑物进行一定的简化，将地基简化为粉土地基，并将台背简化为矩形的刚性体，因为台背的压缩变形与路基沉降相比可忽略不计。简化后模型的尺寸：路基填筑高度 7.5m，底基层厚度 0.5m，基层厚度 0.3m；桥头搭板长度 10m，厚度 35cm；开挖的台阶长度和宽度均为 1.5m，开挖后第一级台阶至台背的距离为 5.0m。如果模型的尺寸过小，将会产生尺寸效应，影响分析精度，根据文献研究，对于结构物与土体相互作用问题，结构物至土层边界的距离为结构物尺寸的 3～5 倍[121-122] 可满足分析精度的要求，因此，台背后的路基长度取为 60m，台背前的地基长度取为 40m。模型尺寸如图 5.16 所示。

数值模型的土体采用四节点平面应变单元，台背回填区域的单元尺寸为 0.5m，远离回填区域的土体单元尺寸为 1.0m。由于桥头搭板主要受弯，而且其纵向长度远远大于其横截面尺寸，因此搭板采用 2/3 单元的一维梁单元。数值模型共有 4567 个单元，4719 个节点，如图 5.17 所示。

数值模型中台背和搭板为钢筋混凝土结构，另外，路基的基层由水泥稳定级配碎石填筑而成。台背、搭板和基层的刚度均比较大，因此采用弹性本构模型，底基层和土层采用摩尔-库仑本构模型，土体和结构物的参数如表 5.1 所示。

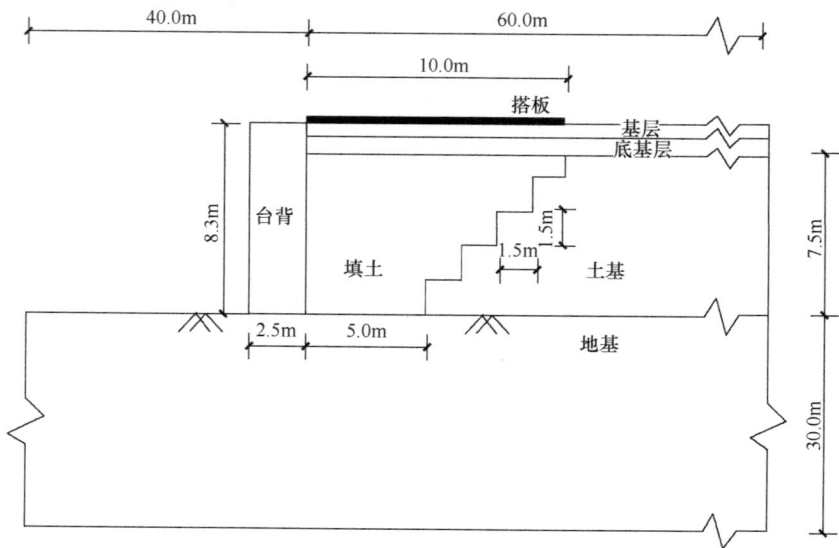

图 5.16　模型尺寸

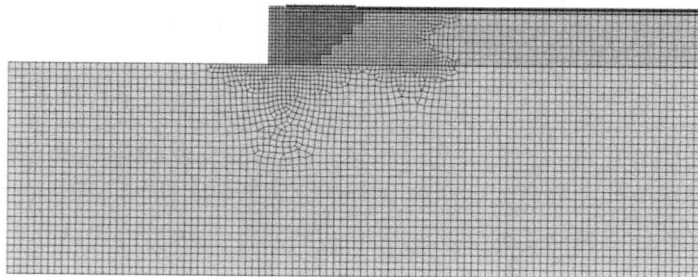

图 5.17　二维数值模型

材料参数　　　　　　　　　　　　　　　　　　　　　　　　表 5.1

项目	厚度（m）	变形模量（MPa）	泊松比	内摩擦角（°）	黏聚力（kPa）	重度（kN/m³）
面层	10	1400	0.25			20
基层	50	1500	0.25			21
底基层	50	250	0.3	22	58	18
土基	750	58.91	0.35	19	40	18.8
地基	2000	40	0.35	18	25	18.6
混凝土		21000	0.2			24

模型左、右边界为水平约束，底边为水平和竖向约束，顶面为自由面。搭板与台背的连接处为铰接，不允许连接点发生水平和竖向位移，但是允许发生转动。钢筋混凝土台背底部设置约束，不允许其发生竖向和水平向位移。

为模拟荷载作用下台背和填土间以及桥头搭板和基层间的相对位移，在台背与填土以及基层与搭板的接触界面设置接触单元，允许界面两侧的单元发生相对错动。界面的参数：法向剪切刚度模量 28200000kN/m³，剪切刚度模量 2560000kN/m³，摩擦面采用库仑摩擦，内摩擦角为 18.0°，黏聚力为 46.4kPa。根据土体和结构构件的相对刚度差异可以得到界面材料的刚度及参数。如式（5-14）~式（5-18）所示。

$$K_n = E_{oed,i}/t_v \tag{5-14}$$

$$K_t = G_i/t_v \tag{5-15}$$

$$C_i = R \times C_{soil} \tag{5-16}$$

$$E_{oed,i} = \frac{2G_i(1 - v_i)}{1 - 2v_i} \tag{5-17}$$

$$G_{soil} = \frac{E}{2(1 + v_{soil})} \tag{5-18}$$

式中，v_i 为界面的泊松比，这里取 0.45（因为接触界面主要用来模拟界面两侧单元的非压缩摩擦行为，取 0.45 以免软件自动迭代计算错误）；t_v 为虚拟厚度系数，取 0.02（一般的取值范围为 0.01~0.1，土体和结构物的刚度差异越大，取值越小）；R 为强度折减系数，取 0.8（混凝土与黏土接触界面的折减系数取值为 1.0~0.7，混凝土与砂土接触界面的折减系数取值为 1.0~0.8）。

如图 5.18 和表 5.2 所示，规范采用的标准汽车荷载的后轴重力标准值为2×140kN，后轮着地宽度及长度为 0.6m×0.2m，轮距为 1.8m，后轮轴距 1.4m。本次模拟采用荷载值最大的后轮轴载作为车辆荷载来计算荷载对搭板及下部填土的影响。采用点荷载的方式加载，荷载值为 140kN，两个加载点相距 1.5m。

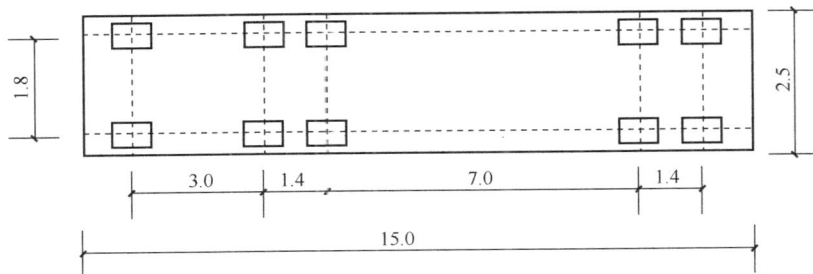

图 5.18　车轮荷载的平面尺寸（单位：m）

标准车辆的主要参数　　　　　　　　　　　　表 5.2

项目	单位	技术指标
车辆重力标准值	kN	550
前轴重力标准值	kN	30
中轴重力标准值	kN	2×120
后轴重力标准值	kN	2×140
轴距	m	3+1.4+7+1.4
轮距	m	1.8
前轮着地宽度及长度	m	0.3×0.2
中、后轮着地宽度及长度	m	0.6×0.2
车辆外形尺寸（长×宽）	m	1.5×2.5

为确定车辆荷载的施加位置，分别计算了 3 个不同加载位置下搭板的弯矩。从搭板后端到前端依次为荷载位置 1 至荷载位置 3，每个不同的加载位置间隔 1.5m。不同车辆荷载加载位置下搭板的弯矩如图 5.19 所示，随着加载位置向桥台方向移动，搭板的最大弯矩不断增大，荷载位置 1 至荷载位置 3 的搭板最大弯矩分别为 46.138kN·m、56.689kN·m、121.844kN·m，为了研究最不利情况下搭板的受力情况，选择加载位置 3 作为本次数值模拟试验的加载位置。

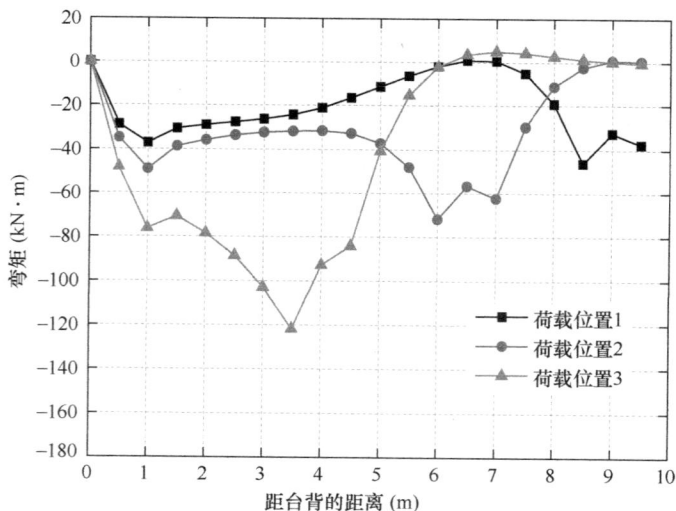

图 5.19　不同加载位置车轮荷载下搭板的弯矩

采用分步加载的方式来模拟路基填筑过程。首先激活地基、路基、台背、回填土体以及台背与填土的接触单元，施加重力荷载，计算至收敛，清零各单元的位移值，然后激活深埋搭板的上部填土、底基层、基层、搭板以及搭板与基层的接触单元，施加车辆荷载，通过有限元方法获得车辆荷载作用下模型的位移、应力和应变分布。

为了验证数值模型的合理性，建立弹性地基梁模型，计算相同工况下搭板的挠度，与数值模拟获得的挠度进行对比。弹性地基梁模型如图 5.20 所示。根据地基土性质，结合地基刚度的取值资料[123-124]，确定地基的刚度为 15000kN/m，搭板长度为 10m，厚度为 40cm，与数值模型中搭板的长度和厚度相同，弹性模量为 $31500000kN/m^2$。

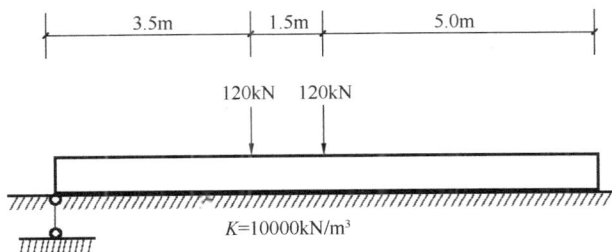

图 5.20　弹性地基梁模型

相同工况下，数值模拟计算得到的梁挠度与弹性地基梁模型理论计算得到的梁挠度的对比见图 5.21，梁的挠度变化趋势相同，数值模拟值的最大值位于距台背 5m 处，最大挠度为 3.04mm，理论计算值的最大值位于距台背 4.5m 处，为 2.8mm。通过相同工况下，两种分析模型计算得到的梁挠度变化趋势的对比，验证了数值模型建模的合理性，可将数值模型应用到下一步的分析中。

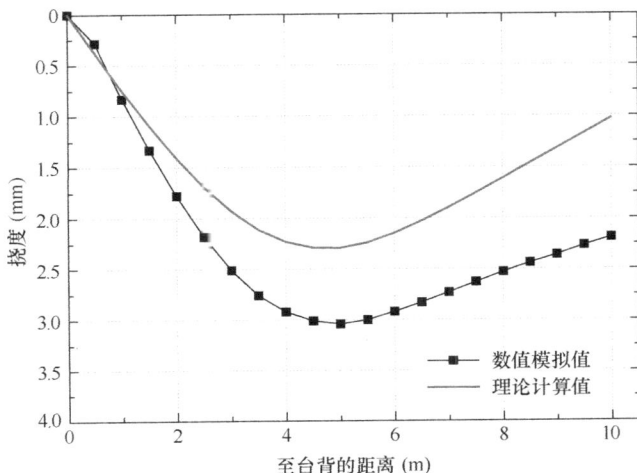

图 5.21　梁挠度的理论值和数值模拟计算值

本次数值模拟设计了两种搭板深埋方案，方案 1：搭板深埋在填土中，距基层顶面 1.3m,搭板与土体接触的上下两个面均设置接触单元,以搭板顶面为基准,从下往上的土层依次为 0.5m 的 6%熟石灰加固粉土、0.5m 的基层、0.3m 的水泥稳定级配碎石基层;方案 2:其他布置与方案 1 相同,但为防止搭板深埋后,搭板上部填土强度不足,导致路面开裂、凹陷以及在交通荷载作用下产生过量的压缩沉降,将搭板上方的熟石灰加固土替换为水泥稳定级配碎石。

5.2.4 计算结果分析

不同搭板布设方案,车轮荷载下模型的位移见图 5.22。不设置桥头搭板时,在车轮荷载作用下,台背回填区域呈整体沉降,路桥过渡段出现明显的台阶状差异沉降,这将导致桥头跳车。设置常规搭板后,车轮荷载下方土体的沉降值最大,与不设置搭板方案相比,靠近台背处土体的沉降值明显减小,路桥过渡段没有出现台阶状差异沉降,因此设置常规搭板可以有效缓解桥头跳车现象。采用搭板深埋布设方案时,在荷载作用下路桥过渡段也没有出现台阶状差异沉降,而且路面的整体沉降值进一步减小。

不同搭板布置方案下模型的竖向压力分布见图 5.23。不设置搭板时,车轮荷载下方土体受到的竖向应力最大,呈倒喇叭状向下扩散,下部土体所受的竖向应力小于上部土体。设置常规搭板时,由于钢筋混凝土搭板的应力扩散作用,与不设搭板方案相比,车轮荷载下方土体所受竖向应力明显减小,应力扩散范围增大,有利于土体的稳定和减小土体不均匀沉降。当采用搭板深埋布设方案时,车轮下方土体受到的竖向应力与不设搭板时相同,由于搭板的分担、扩散作用,搭板下方的土体受到的竖向应力减小。

不同搭板布设方案下搭板的弯矩见图 5.24。采用常规搭板布设方案时,车轮荷载下方搭板所受的弯矩最大,在超载车辆的作用下容易导致搭板断裂,失去其功能。采用搭板深埋布设方案时,与常规搭板布设方案相比,搭板的弯矩分布更为平缓,并且最大弯矩减小,有利于搭板的稳定。

搭板所受的剪力见图 5.25。采用常规搭板布设方案时,搭板在车轮荷载作用处出现最大正剪力和负剪力,此处搭板容易出现断裂。当采用搭板深埋布设方案时,除与桥台的连接处外,搭板其他部位所受的剪力均较小。两种布设方案下,搭板受到的最大剪力均位于搭板与桥台连接处,设计时应关注该截面的抗剪强度,保证搭板连接处不在使用过程中出现损坏。

通过以上分析可以看出,不设置搭板时,在荷载作用下,回填区域土体整体沉降,在路桥过渡段出现明显的台阶状差异沉降,导致桥头跳车。采用常规搭板布设方案时,搭板一端与桥台铰接,另一端自由放置于路基上,给桥台和路基间存在的刚度差提供了过渡,可有效缓解桥头跳车问题。但是,由于布设于填土上方,搭板直接承受车辆的活荷载,工作环境恶劣,车轮荷载作用处的弯矩和剪力

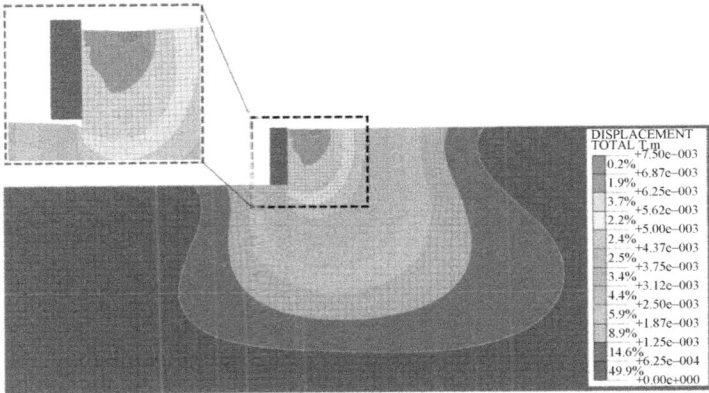

(a)

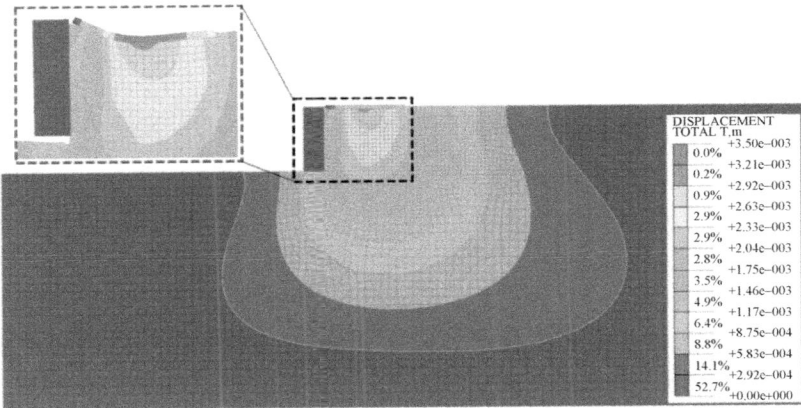

(b)

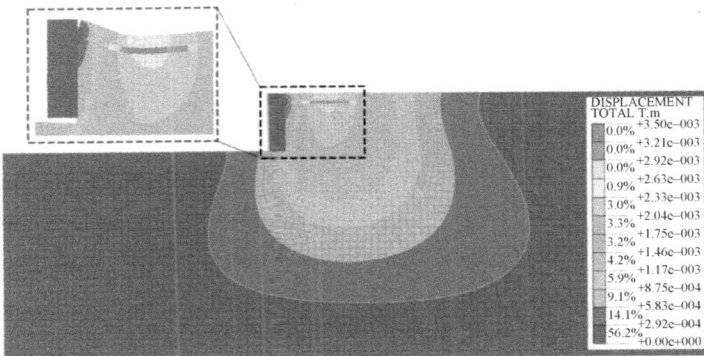

(c)

图 5.22　不同搭板布置方案下模型的位移

（a）不设搭板；（b）常规搭板；（c）搭板深埋

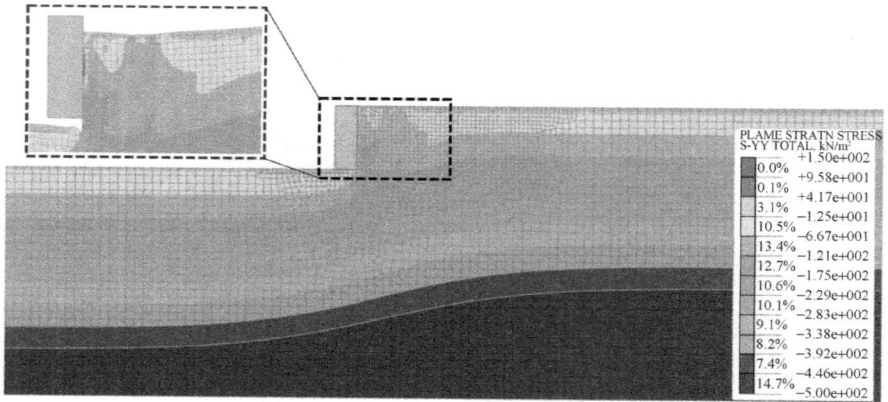

(a)

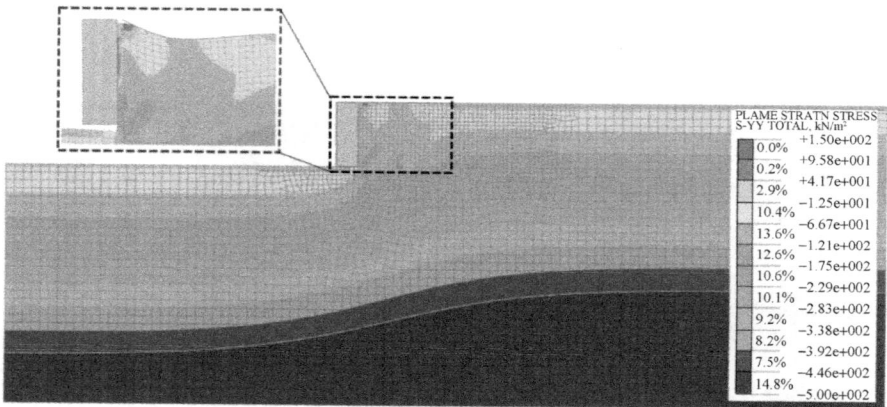

(b)

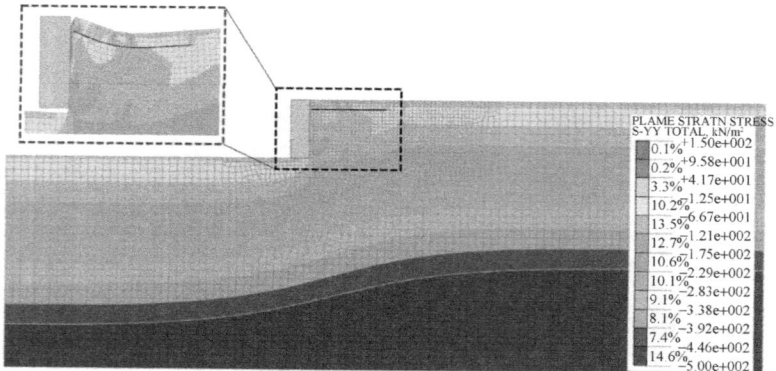

(c)

图 5.23　不同搭板布置方案下模型的竖向压力分布

（a）不设搭板；（b）常规搭板；（c）搭板深埋

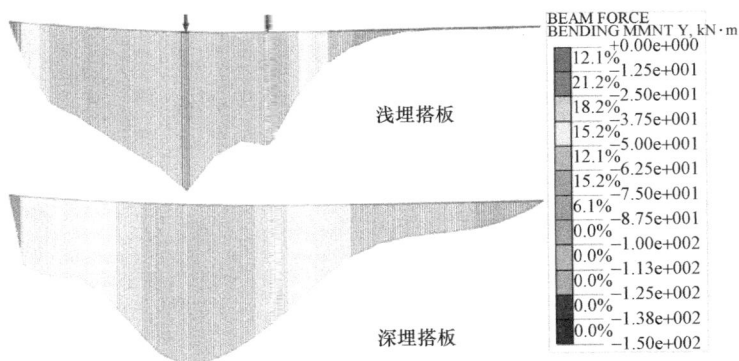

BEAM FORCE BENDING MMNT Y, kN·m
+0.00e+000
-1.25e+001
-2.50e+001
-3.75e+001
-5.00e+001
-6.25e+001
-7.50e+001
-8.75e+001
-1.00e+002
-1.13e+002
-1.25e+002
-1.38e+002
-1.50e+002

图 5.24　搭板弯矩图

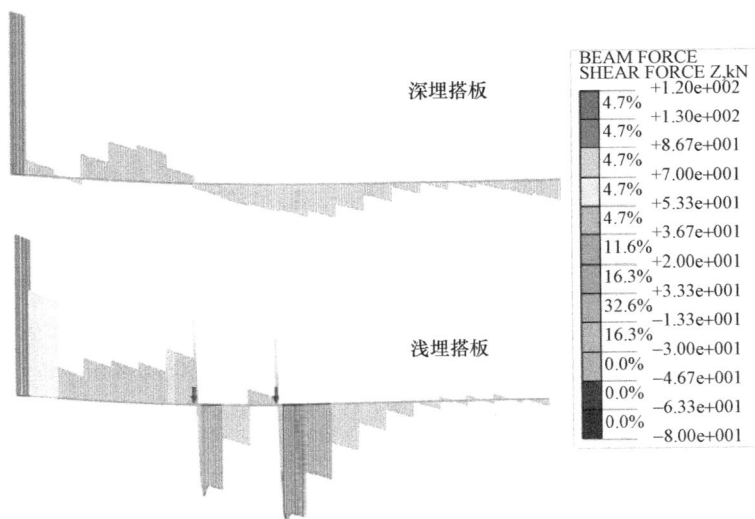

BEAM FORCE SHEAR FORCE Z, kN
+1.20e+002
+1.30e+002
+8.67e+001
+7.00e+001
+5.33e+001
+3.67e+001
+2.00e+001
+3.33e+001
-1.33e+001
-3.00e+001
-4.67e+001
-6.33e+001
-8.00e+001

图 5.25　搭板剪力图

最大，容易导致搭板断裂、失效，因此公路部门每年会花费大量资金来维修断裂的搭板。采用搭板深埋布设方案时，搭板上方的回填土采用水泥稳定级配碎石，其自身的压缩沉降极小，刚度大，可有效避免路桥过渡段不均匀沉降，另一方面，水泥级配碎石填土强度高，可以承受路面传递的荷载，避免因回填土体失稳导致路面凹陷、开裂。由于上部填土起到应力扩散的作用，搭板所受的活荷载减小，改善了搭板的工作环境，提高了搭板使用寿命。

搭板厚度与路面沉降的关系如图 5.26 所示。当不设搭板时，在台背回填区域与台背接触处出现台阶状差异沉降，差异沉降值为 6.43mm，最大沉降值为 7.48mm。设置搭板后，路桥过渡段台阶状的差异沉降现象消失，路桥过渡段的

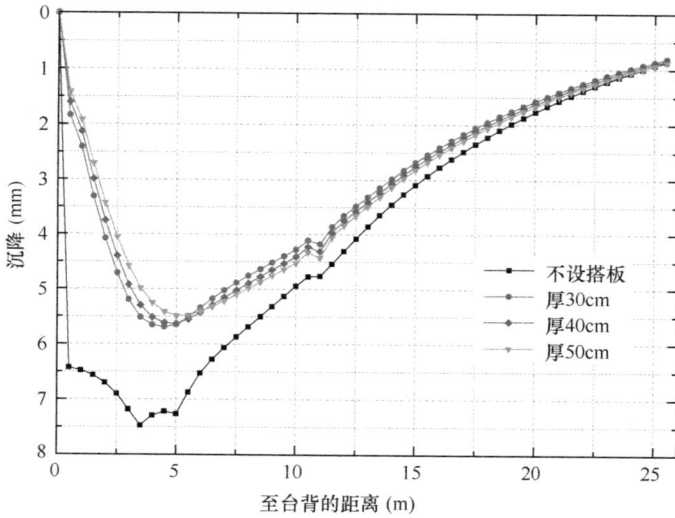

图 5.26　搭板厚度与沉降的关系

差异沉降更为平缓，荷载施加位置的沉降值最大，搭板厚度为 30cm、40cm、50cm 时路面的最大沉降分别为 5.69mm、5.62mm 和 5.49mm，可以看出随着搭板厚度的增大，最大路面沉降值变小。

采用不同搭板布设方案时搭板的挠度变化如图 5.27 所示。采用常规方案时，搭板最大挠度为 3.04mm；采用深埋方案 1 时，搭板最大挠度为 2.89mm；采用深埋方案 2 时，搭板最大挠度为 2.49mm。与常规搭板布设方案相比，搭板深埋布设方案减小了搭板的挠度。另外，当采用搭板上部填筑压缩性小、强度大的水

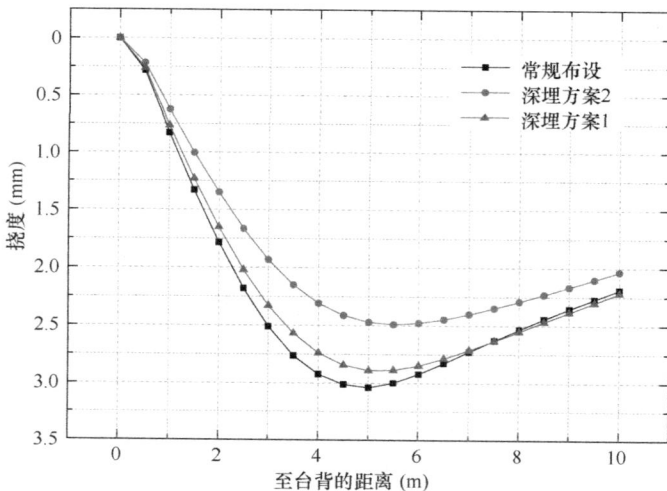

图 5.27　不同搭板布设方案下搭板挠度变化

泥稳定级配碎石的深埋方案 2 时，搭板最大挠度在 3 种方案中最小。

不同搭板布设方案下路面的竖向位移如图 5.28 所示。不设搭板时，路桥过渡段出现台阶状差异沉降。设置桥头搭板后，过渡段台阶状差异沉降消失，沉降值呈现出荷载下方最大，向两侧逐渐变小的特征；采用常规搭板布设方案时，路面最大沉降为 3.94mm；采用深埋方案 1 时，路面最大沉降为 3.24mm；采用深埋方案 2 时，路面最大沉降为 2.58mm。采用深埋方案 1 时，由于车辆荷载下没有搭板，荷载直接作用在回填土体上，因此该方案的沉降最大值最大。深埋方案 2 的路面沉降最大值小于常规搭板布设方案和深埋方案 1，此时虽然荷载直接作用在回填土体上，但是由于将搭板上方填土换填为水泥稳定碎石，大大减小了土体自身的压缩沉降，并且深埋的搭板限制了搭板下方土体沉降向上传递，使得该方案下路面沉降最小。同时，与整个台背回填区域都采用水泥稳定级配碎石回填相比，该方案只需要换填搭板上方填土，搭板下方仍采用常规填土，节约了水泥稳定碎石的用量，降低了工程成本。另一方面，上部传递下来的荷载在深埋搭板作用下重分布，减小了搭板下方土体的附加应力，降低了对地基和下部回填土体自身压缩沉降性能的要求。综上，深埋方案 2 相比其他两种方案更具有优势。

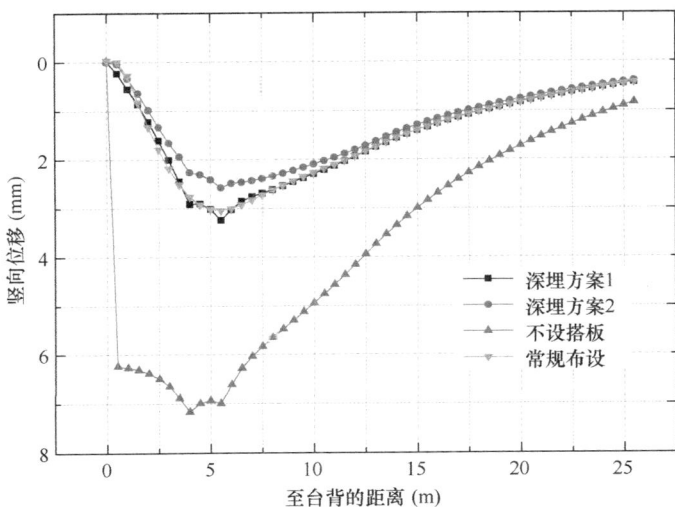

图 5.28　不同搭板布设方案下路面竖向位移变化

采用不同搭板布设方案时，搭板下方土压力的变化如图 5.29 所示。采用常规搭板布设方案时，由于搭板起到了应力重分布作用，与采用不设搭板方案相比，车轮正下方土体受到的土压力减小，呈现出车轮正下方土压力大，两边逐渐变小的特征，并且搭板末端处土压力出现峰值，这会导致搭板末端差异沉降。采用深埋方案 2 时，上部填筑的水泥稳定级配碎石与搭板一起形成具有刚度的"新

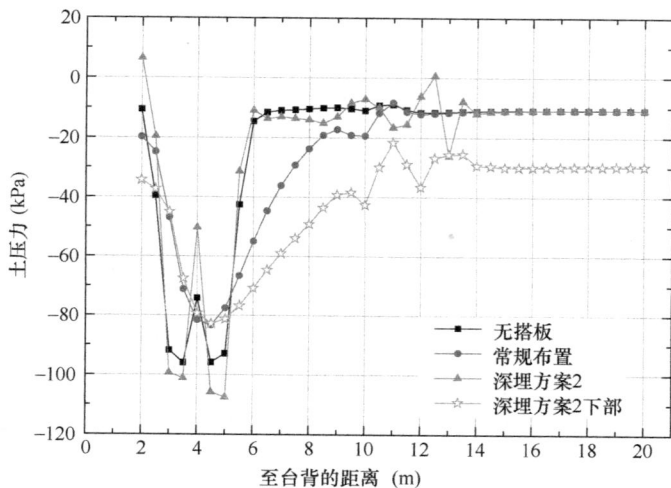

图 5.29　不同搭板布设方案下土压力变化

搭板"，车轮荷载经过"新搭板"的应力重分布和应力扩散作用，对板底土体施加的附加应力显著减小。

采用不同搭板布设方案时，搭板的弯矩变化如图 5.30 所示。搭板的最大弯矩位于车轮正下方，采用常规搭板布设方案时，搭板受到向上的弯矩的作用，最大弯矩为 174.22kN·m，容易导致搭板下部出现裂纹。采用搭板深埋布设方案时，搭板的弯矩峰值变小，且变化较为平缓，有利于搭板的稳定，采用深埋方案 1 时，搭板最大弯矩为 96.78kN·m；采用深埋方案 2 时，搭板最大弯矩为 76.37kN·m。

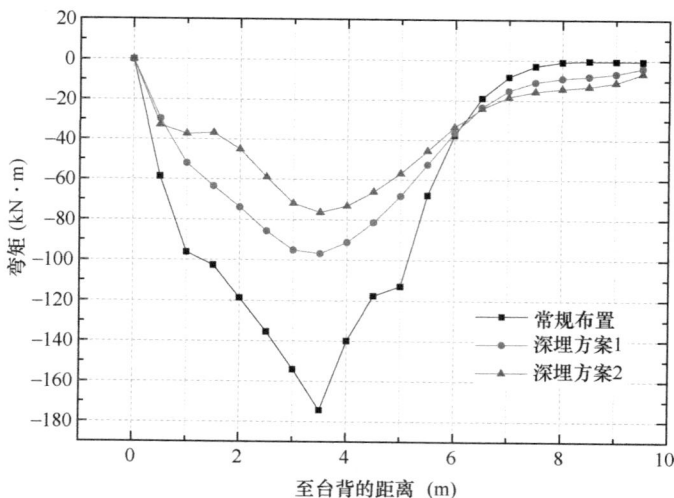

图 5.30　不同搭板布设方案下搭板弯矩的变化

不同搭板布设方案下搭板受到的剪力变化如图 5.31 所示。搭板受到的剪力随着与台背的距离增大而增大，常规布设方案时搭板在车轮下出现正、负剪力峰值，不利于搭板的稳定，而采用深埋方案时，搭板受到的剪力变化较为平缓，没有出现峰值，采用深埋方案 2 时搭板受到的剪力小于深埋方案 1。在搭板和桥台的连接处出现正的剪力峰值，在搭板的设计中需要加强该处的强度，防止该处搭板在使用过程中断裂。

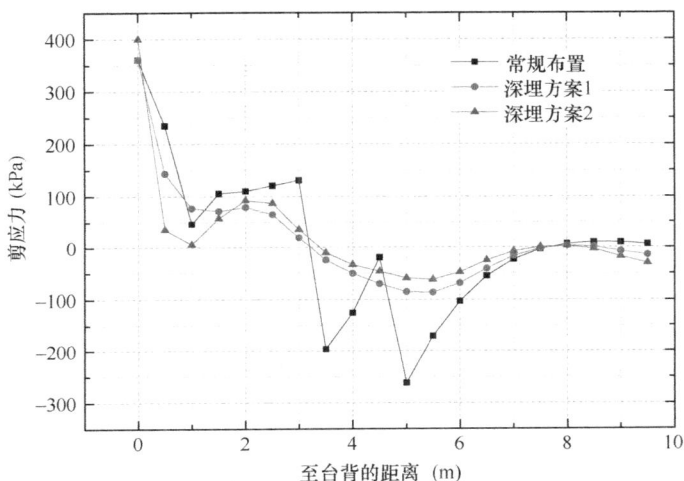

图 5.31　不同搭板布设方案下搭板剪应力变化

5.3　改性土路面基层力学参数敏感性分析

5.3.1　正交模拟试验方案

当前随着交通运输量的增加，高速公路路面承受的行车荷载越来越大，规范定义的轮载以 100kN 为标准已经越来越不符合实际交通情况，重载交通下模型参数也需要随之改变，以保证路面结构安全。因此，通过改变其中的模型参数，分析轮压、底基层模量、底基层厚度、基层模量和基层厚度五个因素对路面基层结构力学行为的敏感度。由于所选因素多达五种，且每个因素选取四个水平进行研究，因此，需要通过五因素四水平的正交表进行正交模拟试验设计，分别计算对应模型的基层顶面弯沉值、基层底面拉应力和底基层底面拉应力指标，分析改性土路面基层力学参数敏感性，所选因素及对应水平如表 5.3 所示。

所选因素及水平 表 5.3

因素	水平
轴载（kN）	100/130/160/190
基层模量（MPa）	1000/1200/1400/1600
基层厚度（m）	0.3/0.4/0.5/0.6
底基层厚度（m）	0.1/0.2/0.3/0.4
底基层模量（MPa）	700/800/900/1000

其中，轴载不同时，相应的轮胎接触地面的面积也会有所改变，以致单轮轮压的大小也随之发生变化，因此单轮轮压取值根据式（5-20）进行计算，对应取值如表 5.4 所示，在此基础上进行五因素、四水平的正交模拟试验，具体试验方案见表 5.5。

轴载与轮压等参数对应取值表 表 5.4

轴载（kN）	100	130	160	190
轮载（kN）	25	32.5	40	47.5
轮压（MPa）	0.7	0.83	0.95	1.06
轮胎接地面积（cm²）	357.1	391.5	421.0	447.1
荷载半径（m）	0.1065	0.1116	0.1158	0.1193

正交模拟试验方案 表 5.5

组号	轮压（MPa）	基层模量（MPa）	基层厚度（m）	底基层厚度（m）	底基层模量（MPa）
1	0.7	1000	0.3	0.1	700
2	0.7	1200	0.4	0.2	800
3	0.7	1400	0.5	0.3	900
4	0.7	1600	0.6	0.4	1000
5	0.83	1000	0.4	0.3	1000
6	0.83	1200	0.3	0.4	900
7	0.83	1400	0.6	0.1	800
8	0.83	1600	0.5	0.2	700
9	0.95	1000	0.5	0.4	800
10	0.95	1200	0.6	0.3	700
11	0.95	1400	0.3	0.2	1000
12	0.95	1600	0.4	0.1	900
13	1.06	1000	0.6	0.2	900
14	1.06	1200	0.5	0.1	1000
15	1.06	1400	0.4	0.4	700
16	1.06	1600	0.3	0.3	800

根据表 5.5 的正交模拟试验方案，基于 ABAQUS 建立不同正交组模型参数

的路面基层结构模型，计算不同正交组合条件下路面基层承载变形特性，采用极差分析法确定不同力学指标对五因素水平的敏感性。

5.3.2　基层弯沉影响因素敏感性分析

各组正交模拟结果的弯沉云图如图 5.32 所示，从图中可以看出，所有正交

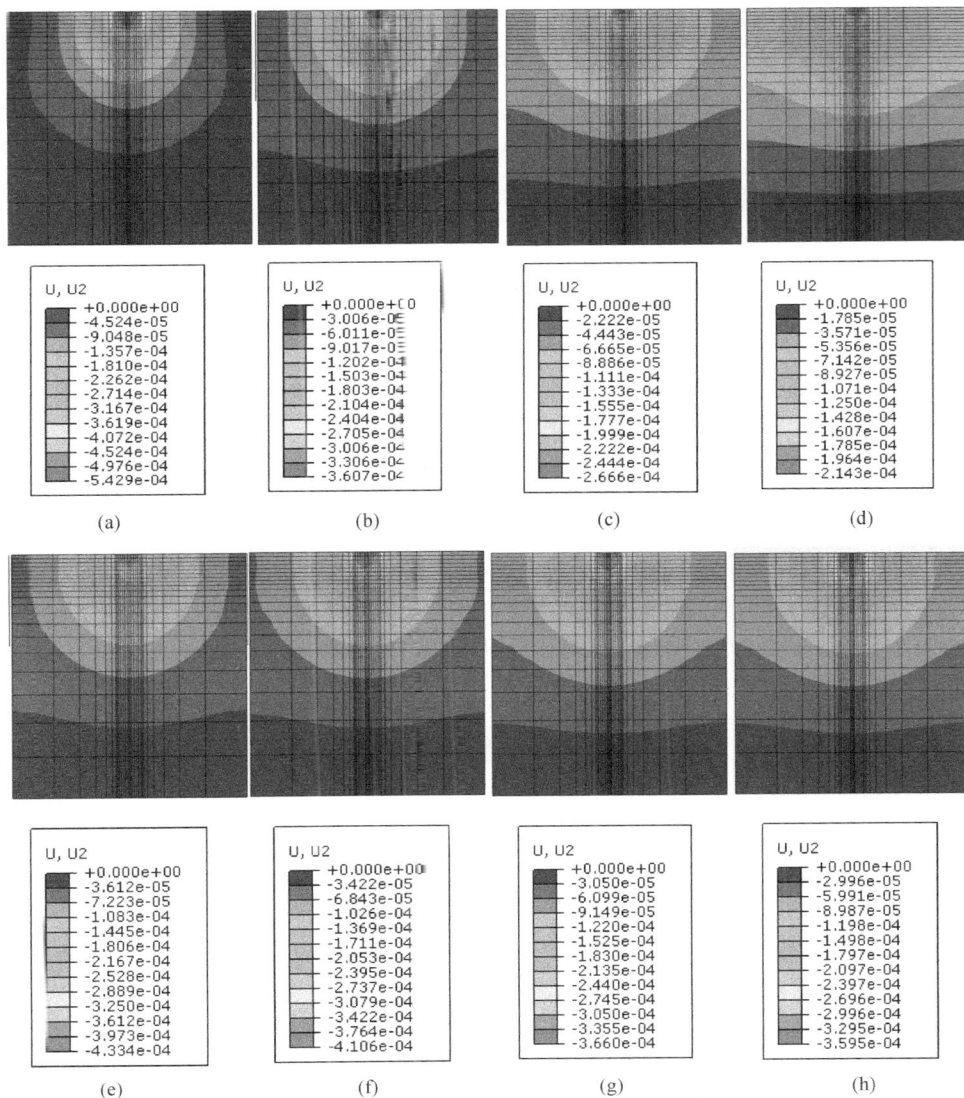

U, U2	U, U2	U, U2	U, U2
+0.000e+00	+0.000e+00	+0.000e+00	+0.000e+00
-4.524e-05	-3.006e-05	-2.222e-05	-1.785e-05
-9.048e-05	-6.011e-05	-4.443e-05	-3.571e-05
-1.357e-04	-9.017e-05	-6.665e-05	-5.356e-05
-1.810e-04	-1.202e-04	-8.886e-05	-7.142e-05
-2.262e-04	-1.503e-04	-1.111e-04	-8.927e-05
-2.714e-04	-1.803e-04	-1.333e-04	-1.071e-04
-3.167e-04	-2.104e-04	-1.555e-04	-1.250e-04
-3.619e-04	-2.404e-04	-1.777e-04	-1.428e-04
-4.072e-04	-2.705e-04	-1.999e-04	-1.607e-04
-4.524e-04	-3.006e-04	-2.222e-04	-1.785e-04
-4.976e-04	-3.306e-04	-2.444e-04	-1.964e-04
-5.429e-04	-3.607e-04	-2.666e-04	-2.143e-04
(a)	(b)	(c)	(d)

U, U2	U, U2	U, U2	U, U2
+0.000e+00	+0.000e+00	+0.000e+00	+0.000e+00
-3.612e-05	-3.422e-05	-3.050e-05	-2.996e-05
-7.223e-05	-6.843e-05	-6.099e-05	-5.991e-05
-1.083e-04	-1.026e-04	-9.149e-05	-8.987e-05
-1.445e-04	-1.369e-04	-1.220e-04	-1.198e-04
-1.806e-04	-1.711e-04	-1.525e-04	-1.498e-04
-2.167e-04	-2.053e-04	-1.830e-04	-1.797e-04
-2.528e-04	-2.395e-04	-2.135e-04	-2.097e-04
-2.889e-04	-2.737e-04	-2.440e-04	-2.397e-04
-3.250e-04	-3.079e-04	-2.745e-04	-2.696e-04
-3.612e-04	-3.422e-04	-3.050e-04	-2.996e-04
-3.973e-04	-3.764e-04	-3.355e-04	-3.295e-04
-4.334e-04	-4.106e-04	-3.660e-04	-3.595e-04
(e)	(f)	(g)	(h)

图 5.32　弯沉结果云图（一）

（a）方案 1 弯沉云图；（b）方案 2 弯沉云图；（c）方案 3 弯沉云图；（d）方案 4 弯沉云图；
（e）方案 5 弯沉云图；（f）方案 6 弯沉云图；（g）方案 7 弯沉云图；（h）方案 8 弯沉云图

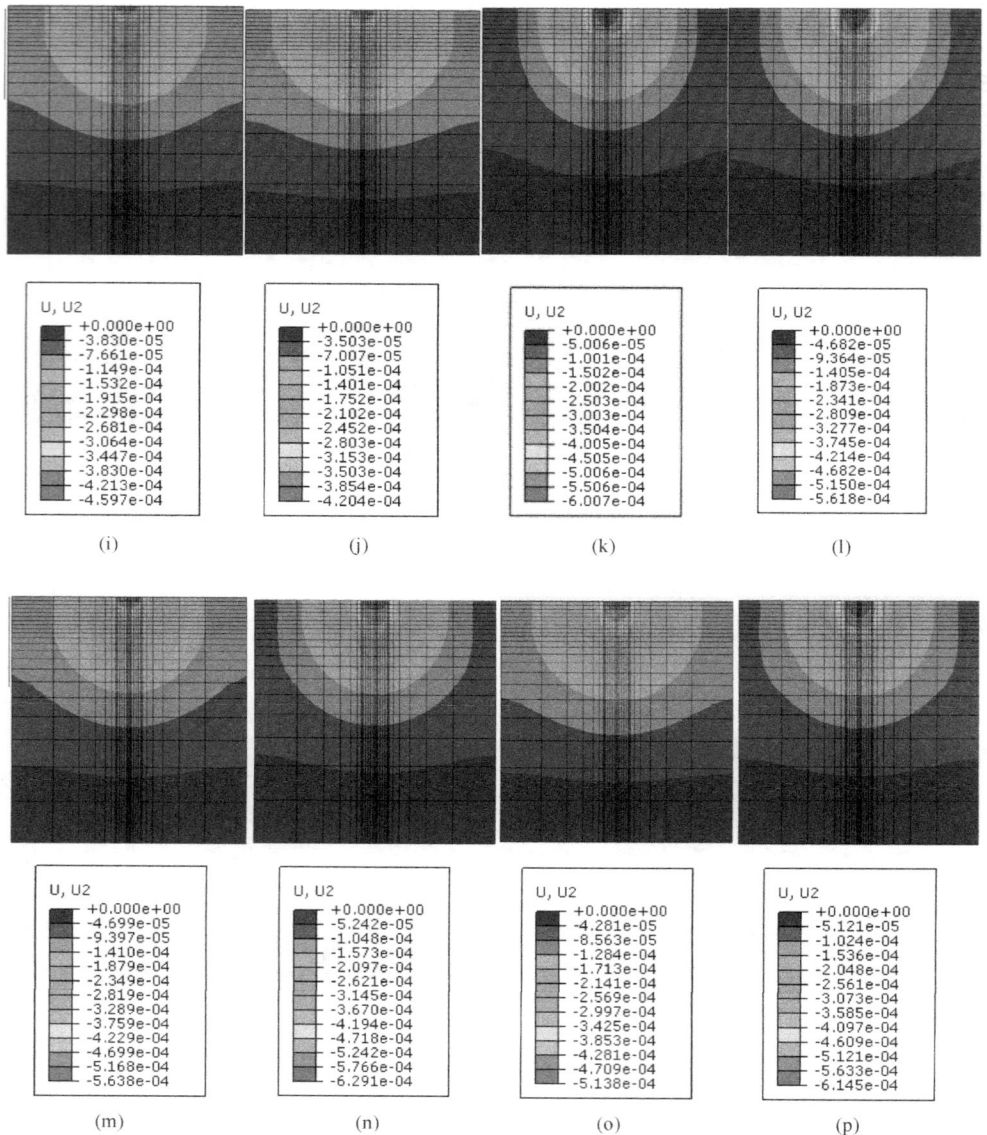

图 5.32　弯沉结果云图（二）

(i) 方案 9 弯沉云图；(j) 方案 10 弯沉云图；(k) 方案 11 弯沉云图；(l) 方案 12 弯沉云图；
(m) 方案 13 弯沉云图；(n) 方案 14 弯沉云图；(o) 方案 15 弯沉云图；(p) 方案 16 弯沉云图

组的整个路面基层结构模型的弯沉值沿相同深度方向以轮隙中心均呈轴对称分布，弯沉均呈现中间大、两边小的形态，且随着模型深度的增加，弯沉逐渐减小，最大弯沉位置依然位于基层顶面荷载作用中心区域。

以路面基层顶面轮隙中心弯沉为正交模拟试验指标，采用极差分析法分析五个因素对该指标的敏感度，具体分析结果如表 5.6 所示。

以轮隙中心弯沉为试验指标的正交模拟试验结果　　　表 5.6

分析 \ 因素	轮压 A	基层模量 B	基层厚度 C	底基层厚度 D	底基层模量 E
K_1	119.2	166.7	192.6	181.9	157.1
K_2	131.6	154.3	158.3	160.9	154
K_3	172.8	151.3	143.5	147.4	150.5
K_4	199.5	150.8	128.7	132.9	161.5
k_1	29.8	41.675	48.15	45.475	39.275
k_2	32.9	38.575	39.575	40.225	38.5
k_3	43.2	37.825	35.875	36.85	37.625
k_4	49.875	37.7	32.175	33.225	40.375
极差 R	20.075	3.975	15.975	12.25	2.75
主次因素	A>C>D>B>E				

根据表 5.6 可以得出以下结论：

（1）表中每个因素四个不同水平下建立的路面基层结构模型的基层顶面轮隙中心弯沉结果均各不相同，说明每个因素对基层顶面轮隙中心弯沉均有不同程度的影响，其中，轮压的敏感度最大，然后是基层厚度、底基层厚度及基层模量，敏感度最小的是底基层模量。

（2）分析单一因素对基层顶面弯沉的影响：随着轮压的增加，轮隙中心弯沉逐渐增大，轮压由 0.7MPa 增加至 1.06MPa，即相应轴载从 100kN 增加至 190kN 时，轮隙中心弯沉均值由 29.8（0.01mm）增加至 49.875（0.01mm），增加 67.4%；随着基层厚度的增加，轮隙中心弯沉逐渐减小，基层厚度由 0.3m 增加至 0.6m 时，相应弯沉均值从 48.15（0.01mm）减小至 32.175（0.01mm），减小 33.2%；有相同规律的还有底基层厚度和基层模量，当底基层厚度由 0.1m 增加至 0.4m 时，相应弯沉均值从 45.475（0.01mm）减小至 33.225（0.01mm），减小 26.9%；基层模量由 1000MPa 增加至 1600MPa 时，相应轮隙中心弯沉均值由 41.675（0.01mm）减小至 37.7（0.01mm），减小 9.5%；底基层模量对轮隙中心弯沉的影响最小，随着底基层模量的增加，相应弯沉均值先减小后增大，900MPa 时弯沉均值最小，为 37.625（0.01mm），1000MPa 时弯沉均值最大，为 40.375（0.01mm），较 900MPa 时的弯沉均值增加 7.3%。

根据以上得出的结论可知，重复交通条件下，按规范定义的标准轴载计算的基层顶面弯沉值偏小，对路面结构来说偏于危险；除客观的轮压因素外，基层顶面弯沉与基层和底基层厚度最为相关，试验结果均显示，基层厚度和底基层厚度越大，弯沉越小；而对轮隙中心弯沉影响较小的是基层模量和底基层模量，当基层模量为 1600MPa、底基层模量为 900MPa 时，弯沉最小。因此，除轮压因素外，当模型结构参数取基层模量为 1600MPa，基层厚度为 0.6m，底基层厚度为 0.4m，底基层模量为 900MPa 时，得到的路面基层顶面轮隙中心弯沉值最小，路面结构最为安全。为此，研究不同轮压条件下，各因素均取其相应优水平时对路面基层顶面弯沉的影响，具体试验方案如表 5.7 所示。

不同轮压条件下各因素优水平模拟试验方案　　　　表 5.7

组号	轮压 （MPa）	基层模量 （MPa）	基层厚度 （m）	底基层厚度 （m）	底基层模量 （MPa）
1	0.7	1600	0.6	0.4	900
2	0.83	1600	0.6	0.4	900
3	0.95	1600	0.6	0.4	900
4	1.06	1600	0.6	0.4	900

根据表 5.7 的材料参数和厚度建立模型，得到的路面基层弯沉结果云图如图 5.33 所示，对应的基层顶面弯沉曲线如图 5.34 所示，基层顶面轮隙中心弯沉和荷载中心弯沉的计算结果如表 5.8 所示。

不同轮压条件下模拟试验结果　　　　表 5.8

组号	轮隙中心弯沉（0.01mm）	荷载中心弯沉（0.01mm）
1	17.1	21.6
2	22.7	27.5
3	27.7	33.4
4	32.4	39.0

根据优水平模拟计算结果，可以得出以下结论：

（1）基层顶面各位置处弯沉均随轴压的增大而逐渐增大，荷载中心区域弯沉依然最大。路面基层结构弯沉云图和基层顶面弯沉横向分布图形态均未改变。

（2）当模型参数均取以轮隙中心弯沉为试验指标得到的各因素的最优水平时，轮隙中心弯沉随轮压的增大而增大，当轮压由 0.7MPa 增加至 1.06MPa 时，相应基层顶面轮隙中心弯沉从 17.1（0.01mm）增加至 32.4（0.01mm），增加 89.5%；增长幅度则逐渐减小。

（3）相较于相同轮压条件下的正交模拟试验组得到的对应轮隙中心弯沉值，由各因素的最优水平为模型参数得到的轮隙中心弯沉值均减小，尤其是轮压为 0.7MPa 时，得到的轮隙中心弯沉值最小，验证了正交模拟试验分析结果的正确性。

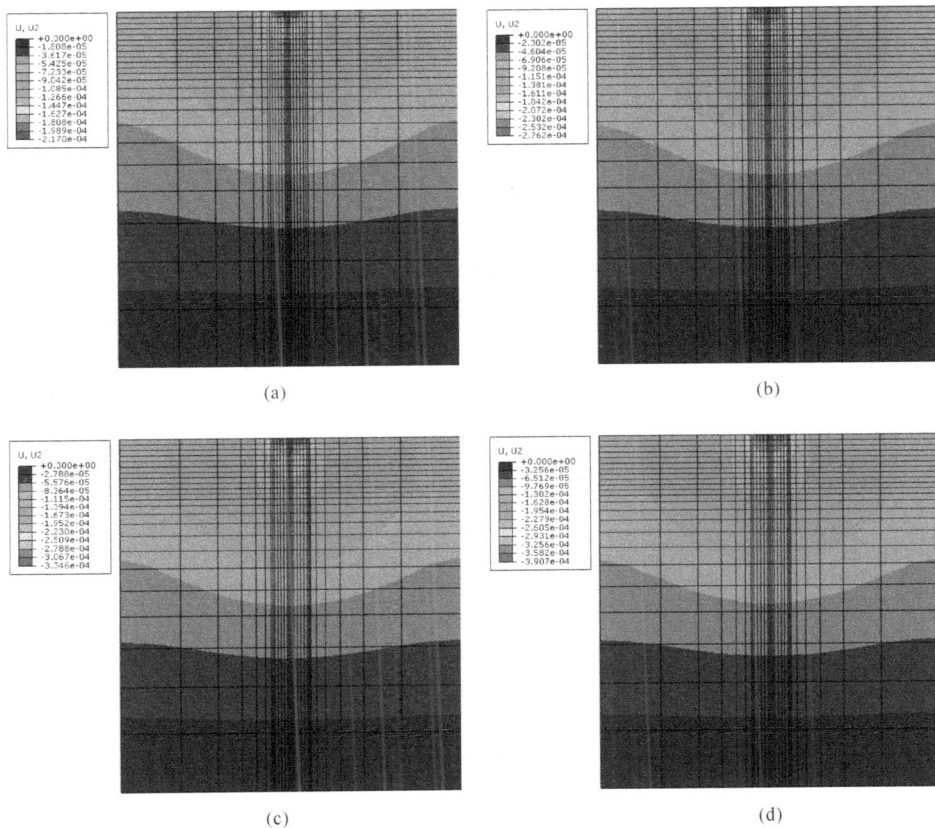

图 5.33　路面基层弯沉结果云图

(a) 第 1 组弯沉图；(b) 第 2 组弯沉图；(c) 第 3 组弯沉图；(d) 第 4 组弯沉图

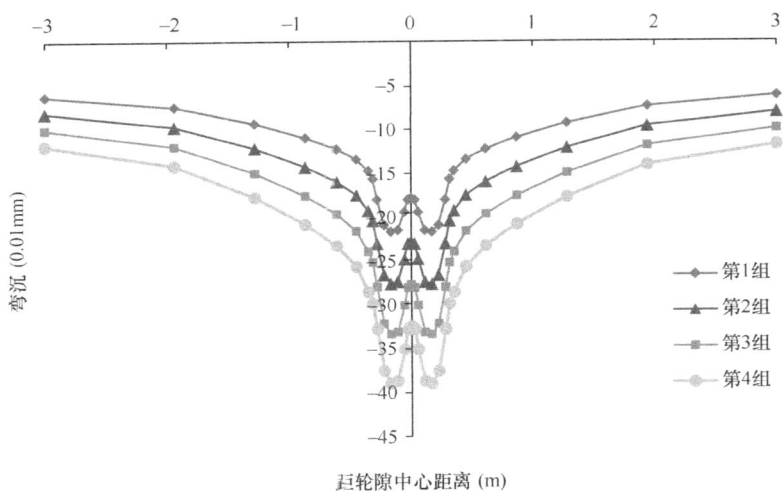

图 5.34　不同轮压条件下基层顶面弯沉曲线

5.3.3 基层结构拉应力影响因素敏感性分析

各组正交模拟试验方案的拉应力云图如图 5.35 所示。

根据拉应力计算结果可知，所有正交组的整个路面基层结构模型的拉应力沿相同深度方向均以轮隙中心呈轴对称分布，其中，轮隙中心区域拉应力最大；除第 7 组、第 8 组、第 12 组和第 15 组，拉应力在基层底面轮隙中心下方区域最大

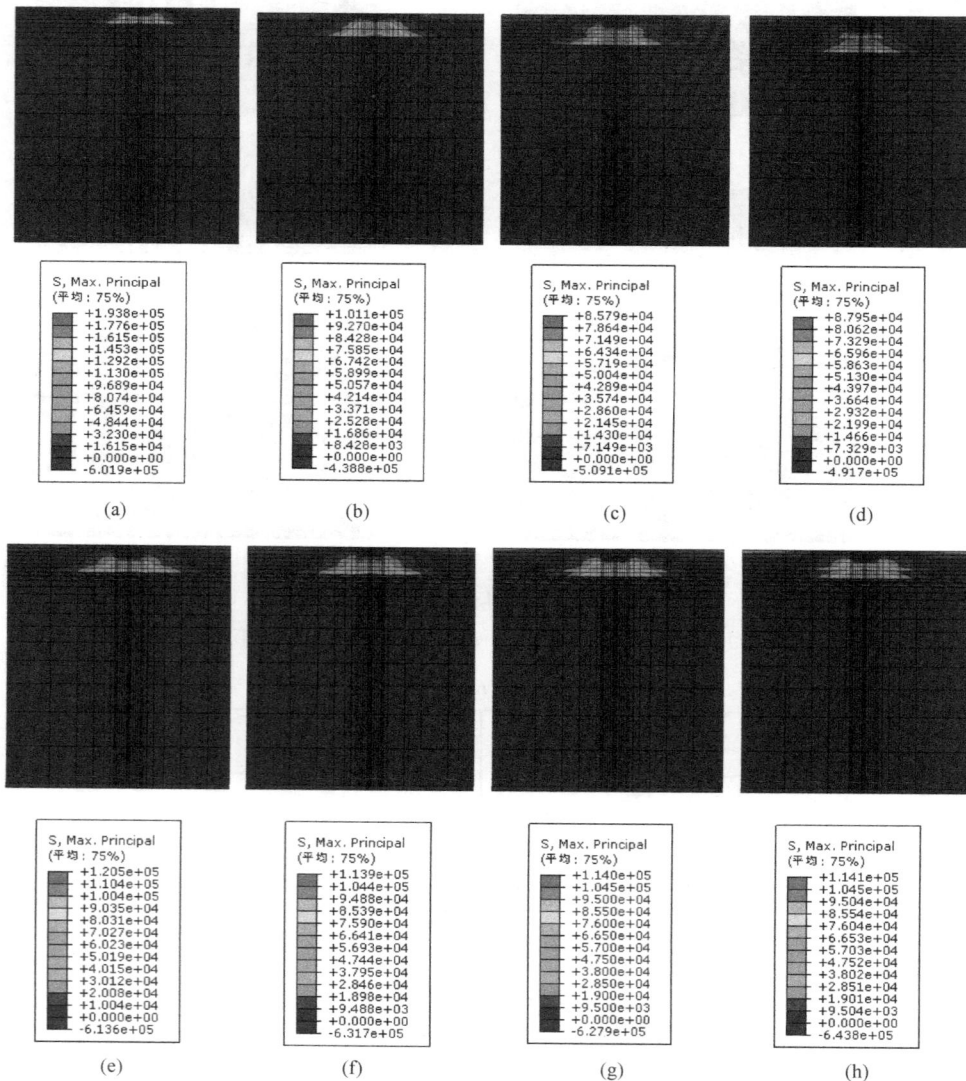

图 5.35 拉应力计算云图（一）

（a）方案 1 拉应力云图；（b）方案 2 拉应力云图；（c）方案 3 拉应力云图；（d）方案 4 拉应力云图；
（e）方案 5 拉应力云图；（f）方案 6 拉应力云图；（g）方案 7 拉应力云图；（h）方案 8 拉应力云图

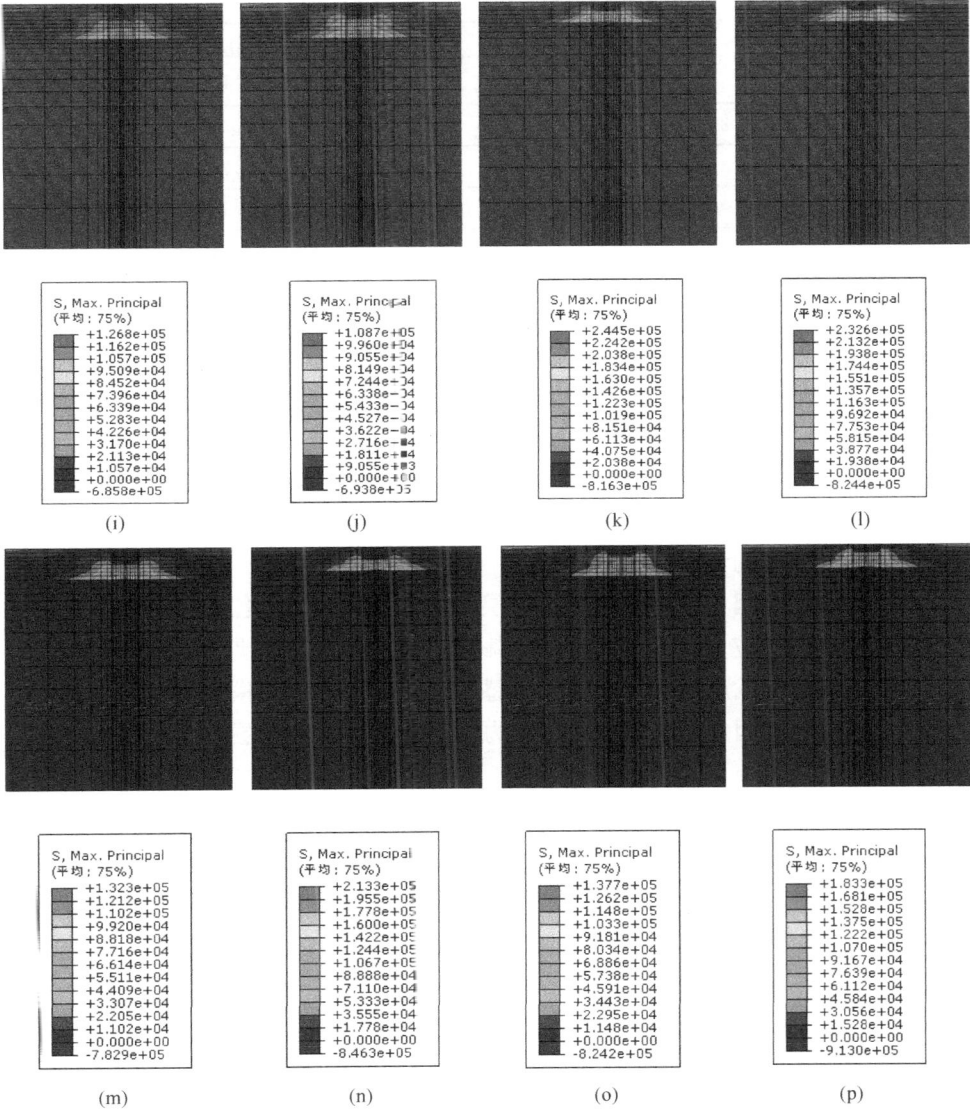

图 5.35　拉应力计算云图（二）

（i）方案 9 拉应力云图；（j）方案 10 拉应力云图；（k）方案 11 拉应力云图；（l）方案 12 拉应力云图；
（m）方案 13 拉应力云图；（n）方案 14 拉应力云图；（o）方案 15 拉应力云图；（p）方案 16 拉应力云图

外，其余正交组的拉应力均随着模型深度的增加而逐渐增大，最大拉应力位置在底基层底面轮隙中心下方区域。

以基层底面最大拉应力为正交模拟试验指标，在此基础上采用极差分析法分析五个因素对该指标的敏感度，具体分析结果见表 5.9。

以基层底面最大拉应力为指标的正交模拟试验结果 表 5.9

因素 分析	轮压 A	基层模量 B	基层厚度 C	底基层 厚度 D	底基层 模量 E
K_1	287.8	270.9	468.1	640.9	428.5
K_2	293.3	334	438.3	370.2	373.5
K_3	451.9	382.6	351.1	297.1	384.8
K_4	492	537.5	267.5	216.8	338.2
k_1	71.95	67.725	117.025	160.225	107.125
k_2	73.325	83.5	109.575	92.55	93.375
k_3	112.975	95.65	87.775	74.275	96.2
k_4	123	134.375	66.875	54.2	84.55
极差 R	51.05	66.65	50.15	106.025	22.575
主次因素	D>B>A>C>E				

分析表 5.9 中的计算结果，可知：

（1）表中每个因素不同水平下的基层底面拉应力结果均各不相同，说明每种因素对基层底面拉应力均有不同程度的影响，其中，底基层厚度的敏感度最大，然后是基层模量、轮压及基层厚度，敏感度最小的是底基层模量。

（2）分析单一因素对基层底面拉应力的影响：随着底基层厚度的增加，基层底面拉应力逐渐减小，当底基层厚度由 0.1m 增加至 0.4m 时，相应拉应力均值从 160.225kPa 减小至 54.2kPa，减小 66.2%，有相同规律的还有基层厚度，当基层厚度由 0.3m 增加至 0.6m 时，相应拉应力均值从 117.025kPa 减小至 66.875kPa，减小 42.9%；随着基层模量的增加，基层底面拉应力逐渐增大，当基层模量由 1000MPa 增加至 1600MPa 时，相应拉应力均值由 67.725kPa 增加至 134.375kPa，增加 98.4%，有相同规律的还有轮压，当轮压由 0.7MPa 增加至 1.06MPa，即相应轴载从 100kN 增加至 190kN 时，拉应力均值由 71.95kPa 增加至 123kPa，增加 71%；底基层模量对基层底面拉应力的影响最小，随着底基层模量的增加，相应拉应力均值呈上下波动趋势，1000MPa 时拉应力均值最小，为 84.55kPa，700MPa 时拉应力均值最大，为 107.125kPa，较 1000MPa 时的拉应力均值增加 26.7%。

根据以上结论可知，重载交通条件下，按规范定义的标准轴载计算的基层底面拉应力偏小，基层底面易出现裂缝进而延伸向上，破坏路面整体结构；除轮压因素外，基层底面拉应力与底基层厚度和基层模量最为相关，当底基层厚度越大，基层模量越小时，基层底面拉应力越小；而对基层底面拉应力影响较小的是基层厚度和底基层模量，当底基层模量为 1000MPa、基层厚度为 0.6m 时，拉应力最小。因此，若要使基层底面拉应力较小，以免形成反射裂缝延伸至路面，需要严格控制基层模量的大小。

以底基层底面最大立应力为正交模拟试验指标，在此基础上采用极差分析法分析五个因素对该指标的敏感度，具体分析结果见表 5.10。

以底基层底面最大拉应力为指标的正交模拟试验结果　　表 5.10

因素	轮压 A	基层模量 B	基层厚度 C	底基层厚度 D	底基层模量 E
K_1	393.2	518.4	730	699.2	440.7
K_2	396.5	491.4	528	550.7	450.6
K_3	597	492.3	433	431.9	501.9
K_4	622.8	507.4	318.5	327.7	616.3
k_1	98.3	129.6	182.5	174.8	110.175
k_2	99.125	122.85	132	137..675	112.65
k_3	149.25	123.075	108.25	107.975	125.475
k_4	155.7	126.85	79.625	81.925	154.075
极差 R	57.4	6.75	102.875	92.875	43.9
主次因素	C>D>A>E>B				

根据表 5.10 的计算结果可知

（1）表中每个因素四个不同水平下的路面基层结构的底基层底面拉应力均各不相同，说明每种因素对底基层底面最大拉应力均有不同程度的影响，其中，基层厚度的敏感度最大，然后是底基层厚度、轮压及底基层模量，敏感度最小的是基层模量。

（2）分析单一因素对底基层底面拉应力的影响：随着基层厚度的增加，底基层底面拉应力逐渐减小，当基层厚度由 0.3m 增加至 0.6m 时，相应拉应力均值从 182.5kPa 减小至 79.625kPa，减小 56.4%，有相同规律的还有底基层厚度，当底基层厚度由 0.1m 增加至 0.4m 时，相应拉应力均值从 174.8kPa 减小至 81.925kPa，减小 53.1%；随着轮压的增加，基层底面拉应力逐渐增大，当轮压由 0.7MPa 增加至 1.06MPa，即相应轴载从 100kN 增加至 190kN 时，拉应力均值由 98.3kPa 增加至 155.7kPa，增加 58.4%，有相同规律的还有底基层模量，当底基层模量由 700MPa 增加至 1000MPa 时，相应拉应力均值由 110.175kPa 增加至 154.075kPa，增加 39.8%；基层模量对基层底面拉应力的影响最小，随着基层模量的增加，相应拉应力均值先减小后增大，1200MPa 时拉应力均值最小，为 122.85kPa，1000MPa 时拉应力均值最大，为 129.6kPa，较 1200MPa 时的拉应力均值增加 5.5%。

根据以上结论可知，重载交通条件下，按规范定义的标准轴载计算的底基层底面拉应力偏小，底基层底面易出现裂缝，可向上延伸至路表面，使路面结构发生破坏；除轮压因素外，底基层底面拉应力与基层厚度和底基层厚度最为相关，两者厚度越大，基层底面拉应力越小；而对基层底面拉应力影响较小的是底基层模量和基层模量，当底基层模量为 700MPa、基层模量为 1200MPa 时，拉应力最小。因此，若要使底基层底面拉应力较小，不易产生反射裂缝延伸至路面，需要注意基层和底基层厚度不宜过小。

根据轮隙中心弯沉、基层底面最大拉应力及底基层底面最大拉应力三个模拟试验指标的分析结果，综合分析可知：

（1）对于这三个指标，基层和底基层厚度越大，基层顶面弯沉、基层底面和底基层底面拉应力越小，路面结构越安全；

（2）轮压对于弯沉指标的影响大于拉应力指标；其轮压越大，三个指标越小，路面结构越危险；

（3）基层模量越大，弯沉越小，但对于基层底面拉应力来说，基层模量不宜过大，考虑到基层模量对于弯沉的敏感度较小，对拉应力的敏感度较大，因此，基层模量取值不宜过大。底基层模量对弯沉及基层底面拉应力的敏感度最小，对底基层底面拉应力敏感度稍微大一些，取值宜偏小些。

5.4　本章小结

为验证固化剂改性低液限粉土的效果，基于相似模型试验研究了 6%熟石灰固化粉土＋15%矿渣固化粉土回填路桥过渡段台背区的承载变形特性。基于路面基层的数值仿真模型开展了五因素四水平的正交模拟试验，采用极差分析法进行了路面基层结构弯沉和拉应力的影响因素敏感性分析，具体结论如下：

（1）路面加载作用下，回填区与路基交界处的土体沉降变化规律与回填区相同，但是沉降值大于回填区。加载的初始阶段，填土为石灰加固土（工况 1）和填土为矿渣加固土（工况 2）的土体分层沉降速率相差不大。

（2）路面加载后期，土体的沉降速率逐渐减小。工况 2 的沉降速率小于工况 1，并且最终沉降值也明显比工况 1 小。相比石灰加固土，将矿渣加固土作为台背回填土在减小路桥过渡段不均匀沉降方面具有明显的优越性。

（3）以基层顶面轮隙中心弯沉为试验指标的正交模拟试验结果表明，五个因素对弯沉的敏感度由大到小依次是：轮压＞基层厚度＞底基层厚度＞基层模量＞底基层模量。根据极差分析法确定各因素优水平为基层厚度 0.6m，底基层厚度 0.4m，基层模量 1600MPa 和底基层模量 900MPa，该组合可视为以轮隙中心弯沉为试验指标下的最优组合。

（4）以基层底面最大拉应力为试验指标的正交模拟试验结果表明，五个因素对基层底面拉应力的敏感度由大到小依次是：底基层厚度＞基层模量＞轮压＞基层厚度＞底基层模量。当底基层厚度、基层厚度和底基层模量越大，轮压和基层模量越小时，基层底面拉应力越小。因此，基层模量不宜过大。

（5）以底基层底面最大拉应力为试验指标的正交模拟试验表明，五个因素对底基层底面拉应力的敏感度由大到小依次是：基层厚度＞底基层厚度＞轮压＞底基层模量＞基层模量。当基层厚度和底基层厚度越大，轮压和底基层模量越小，基层模量为1200MPa时，底基层底面拉应力越小。因此，基层厚度和底基层厚度不宜过小。

第 6 章　低液限粉土路基现场试验研究

　　基于低液限粉土的室内试验结果，选取某段高速公路路基高填方区段开展现场试验，现场试验的作用主要有：（1）研究用作路基填料的低液限粉土在真实地应力状态下的受力和变形特性。（2）评价传统石灰稳定低液限粉土作为路桥过渡区回填土的性能。（3）研究路面基层改性土的力学性能，评价路面基层改性土试验的合理性和适用性。（4）该区域采用分层填筑压实的施工技术，现场试验的结果能够为黄河三角洲地区低液限粉土路基的施工质量控制提供参考。（5）能够为路基上面层的施工进度提供一定参考。

6.1　现场试验方案

6.1.1　高填方路基区

　　在高填方路基区段选取试验段，在同一路基横断面位置处于左、右幅道路中心线和中央分隔带的位置埋设位移计和土压力计，横断面监测仪器布置计划如

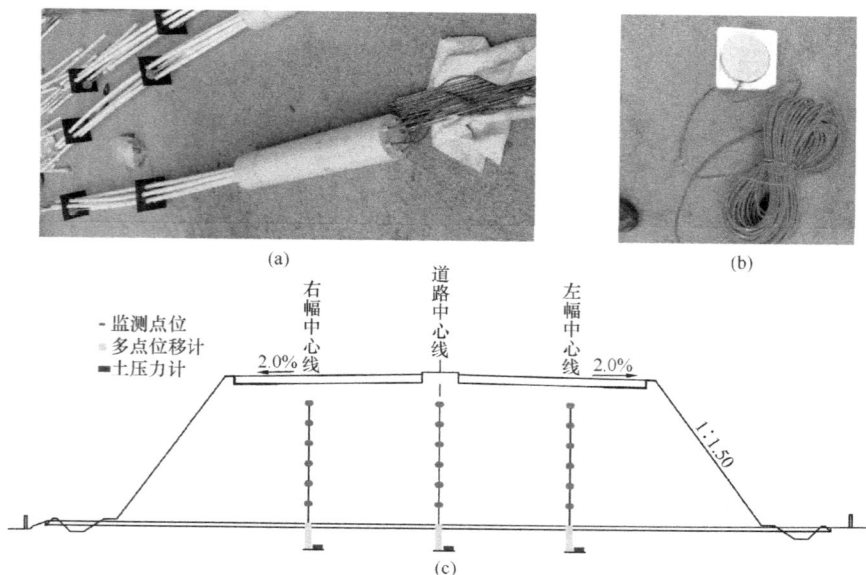

图 6.1　监测仪器及布设

（a）多点位移计；（b）土压力计；（c）路基横断面监测仪器布置图

图 6.1(c)所示。位移计为振弦式多点位移计（图 6.1a），内包含多个单点位移计，埋设在路基中接不同长度的不锈钢螺杆，能够监测不同深度处的土体沉降位移。土压力计为振弦式土压力计（图 6.1b），能够随施工进度监测路基填土的压力。土压力计和多点位移计均为常州金土木仪器有限公司生产。配套监测仪器的手持读数仪，能够对接监测仪器的红色信号传输线，读取当前埋设点的土压力和不同深度点位的沉降值。仪器经过室内测试性能稳定，监测结果准确。多点位移计的精度为 0.01mm，土压力计的监测精度为 0.01kPa。

在监测仪器埋设前，将多点位移计中的每一支位移计与螺杆相连接。考虑到不锈钢螺杆直接与土体接触会对位移的监测结果产生一定的影响，所以在不锈钢螺杆外围加装相应长度的塑料保护管，安装完毕的位移计如图 6.2(c) 所示。

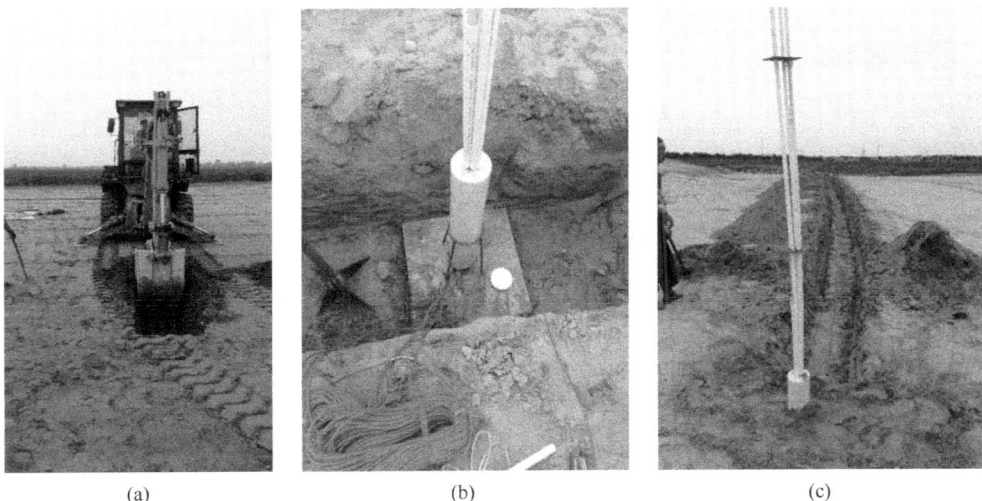

图 6.2　埋设监测仪器
(a) 开挖路基；(b) 埋设监测仪器；(c) 回填夯实

在路基填筑开始后填料厚度达到 50~70cm 时，在现场的三个监测点开挖至基底，每个测点布设多点位移计及土压力计各一个（图 6.2b），并回填夯实，防止现场施工人员对试验仪器造成破坏。最后将监测仪器的信号传输线引出到路基的一侧，方便现场测量。

在路基填筑的过程中，采取相应的措施控制位移计的垂直度（图 6.3a），并在每次路基填土整平压实以后，采用小型压实机具对位移计周围的土体进行人工夯实，并参考低液限粉土的室内试验结果，在土体夯实以后进行灌水处理，进一步提高夯实区域与周围区域的连续性。现场的夯实工作如图 6.3(b) 和图 6.3(c) 所示。

现场的监测工作随施工进度和夯实工作展开，贯穿路基填筑施工过程直到路基的沉降位移趋于稳定。在路基填筑施工期，监测工作应按照如下步骤来进行：

(a)　　　　　　　　　(b)　　　　　　　　　(c)

图 6.3　多点位移计现场填土夯实
(a) 控制垂直度；(b) 夯实土体；(c) 灌水密实

（1）在一次路基填土压实并对位移计端头周围土体人工夯实后，记录端头已埋入路基中位移计的读数和此时土压力计的读数。

（2）现场施工计划为每隔两天进行一次路基填筑工作。在此期间，保证读数频率为 2 次/d，当每天读取的两次数据差值小于 0.5mm 时，该点位的读数频率降低为 1 次/d。

（3）在路基的填筑高度达到某一点位端头的高程时，将控制垂直度的穿孔钢板置换为 15cm×15cm 的观测板。对该点位周围的土体进行整平夯实并灌水密实处理，采用 GPS（高程精度 0.01m，方位精度 0.1°）对该点位进行坐标校正并记录该点位的高程，保证与下部已埋入土体的观测板方位一致，记录此时位移计的读数为该点位的初始读数。路基填筑期重复进行以上工作直到所有位移计端头埋入路基土体中。

（4）在路基成型以后，各测点的读数频率基本为 1 次/d。当两次沉降读数的差值小于 0.5mm 时，降低读数频率直至 1 次/月。

路基的填筑施工结束以后，待该区域的雨季结束后，在路基的顶部一侧用取土器垂直向下探挖（图 6.4），取路基不同深度的土样进行含水率试验，目的在于研究路基由浅入深含水率的变化情况，评价路基的稳定状态。

从含水率的试验结果可以看出，成型后的路基内部土体含水率从上到下呈现逐渐增高的趋势，表明在重力作用下自由水向下运动的趋势，但含水率的变化幅度较小，说明路基内部土体的含水率相对稳定，不会受到外界环境较大的影响。

图 6.4　路基取土及含水率结果

（a）取土器；（b）探挖路基深部土；（c）取土；（d）含水率试验结果

6.1.2　路桥过渡区

依托工程路桥过渡区回填采用的填料为 6% 石灰稳定粉土。回填施工的要点为：回填范围内挖出台阶，台阶高 1m，长 1.5m，台阶底部与台背的距离为 5m，方便压路机施工。回填区域底部地基铺设 20cm 碎石层，并用压路机压实；石灰稳定粉土填料采用现场拌和方式分层填筑，控制每层填料压实后的厚度小于 20cm，并严格控制含水率；采用 20t 振动压路机压实，小型振动压路机配合压实；待台背区沉降稳定后，填筑路面基层与浇筑钢筋混凝土桥头搭板。

碎石层铺设完毕后将土压力盒布设在测点位置，将连接土压力盒的信号线延伸到路基外部并做好标记。土压力盒的量程分为 1.0MPa 和 1.6MPa 两种，量程为 1.6MPa 的土压力盒布设在填筑路基的上层。分层沉降监测采用 JTM-8000 型钢尺电磁沉降仪，沉降监测系统由两大部分组成：一是地下埋入部分，由沉降管及连接沉降管的连接管、管塞、沉降磁环组成；二是地上测量系统，由测头、钢尺、绕线盘、信号接收系统组成。沉降仪最小读数为 1.0mm，重复性误差 ±2mm。沉降监测仪器如图 6.5 所示。

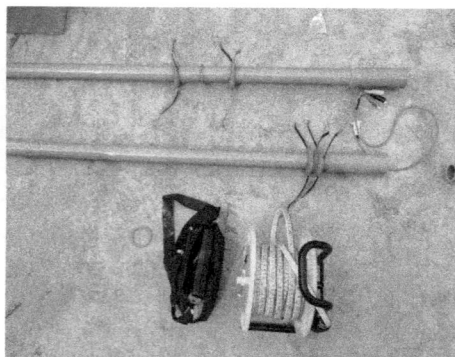

沉降监测系统使用时，首先将沉降管埋设在设定的监测点，当路基填筑到某一高度时，清除沉降管附近的浮土，将沉降环套在沉降管上，并使之滑动到填筑高度处，在磁环上覆土并

图 6.5 钢尺电磁沉降仪

压实，随着填筑的进程分层埋设沉降磁环。断面布设三个测点，分别位于左、右车道中心线和中央分隔带处，每个测点布设一根沉降管，随着填筑的进度，每填筑 1.5m 埋设一层沉降磁环和土压力盒，最后一层监测元件的埋设深度为路基垫层以下 20cm，垫层及基层不设监测元件。监测元件布置如图 6.6 所示。

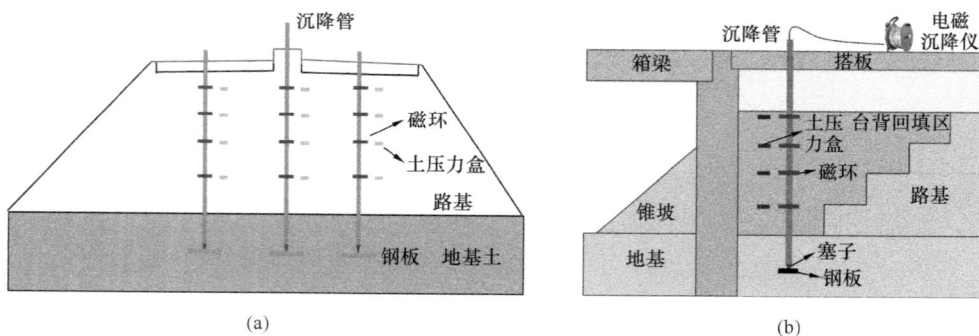

(a)

(b)

图 6.6 监测元件布置图

（a）监测元件布设横截面；（b）监测元件布设纵截面

监测元件的布设过程如图 6.7 所示。在台背后开挖出台阶，确定沉降管埋设的点位，每根沉降管的长度为 2m，用连接管将 4 节沉降管连接起来，保证其长度满足要求。埋设时，在测点位置挖一个深度 30cm 的坑，坑底放置钢板，防止沉降管底部刺入地基，影响测量精度，沉降管埋设到位后填土压实。待压路机将第一层填土压实后，清除沉降管附近的浮土，并用铁夯将管附近的土压实，然后放下磁环。放置磁环的过程中保证磁环能够在沉降管上自由滑动，磁环的钢爪与土层紧密贴实。选取沉降管附近一处压实到位的位置整平，放置土压力盒，保证土压力盒顶面与上覆土体紧密结合。将土压力盒信号线沿着挖好的沟槽延伸至路

基外，以便使用读数仪读取监测数据。现场每填筑 1m 的路基，布设一层土压力盒与沉降磁环，最后一层布设在基层与底基层的交界面。由于压路机很难压到沉降管附近的区域，所以该区域采用小型平板夯压实，保证监测元件与填土紧密接触。监测元件全部布设完成后的回填区域如图 6.7(f) 所示。

(a)

(b)

(c)

(d)

(e)

(f)

图 6.7　监测元件安装过程

(a) 开挖台阶；(b) 压实第一层回填土；(c) 人工压实，放下磁环；
(d) 压实第二层填土；(e) 人工夯实；(f) 监测元件全部安装完毕后

待基层填筑完成后，每 7d 进行一次读数，包括填土的分层沉降和土压力读数，至现场铺设沥青路面时停止读数，监测时间共 79d。

6.2 高填方路基施工期沉降变形分析

高填方路基区监测的内容主要是不同深度处土体的竖向位移和路基土压力。一个点位的观测板埋入土体后，在上覆土压力的作用下，观测板会随着土体的沉降变形产生一定的位移，位移的数值最终会显示在手持读数仪上。观测板埋在土体中只会在土压力的作用下产生位移，其数值也是累计增加的。现场路基填筑的过程也是对下部土体进行逐级加载的过程，因此监测得到的数值经过一定的处理后，可以反映出压实土在真实地应力状态下的应力应变规律。

基于弹性力学中的均匀性假设和连续性假设，参考室内试验的结果和现场试验过程中路基填土的特征，可以近似认为路基填土材料是均匀的低液限粉土且路基变形连续。因此，埋设点土压力计在上部荷载的作用下产生的土压力 p（单位：kPa）可直接测得；在同一埋设点两个相邻点位之间的土体竖向应变可以由式（6-1）计算得出：

$$\varepsilon = \frac{l_i - l_{i-1}}{h_i - h_{i-1}} \tag{6-1}$$

式中，$i = 2$，…，6，l 为点位对应位移计测得的位移量（单位：mm）；h 为点位观测板的高程（单位：mm），通过 GPS 测得。

取相邻两点位间与观测板等横截面积的土体进行研究，多点位移计最多能够测得 6 个点位的竖向位移，从一个测点的 6 个点位数据可以获得 5 层土体的竖向 σ-ε 规律。

按照上述数据处理方法，对监测断面大量的数据进行了计算处理，对比发现相同位置的土体竖向 σ-ε 规律一致但最终沉降值相差较大，主要是因为在人工夯实的过程中，无法精确控制每个点位的人工夯实的质量和含水率。但在后期受地应力的影响，整体的压实度和含水率会趋于稳定的状态。高填方路基区域路基填筑施工过程中，道路中心线测点的 σ-ε 关系及填筑期的土压力变化规律如图 6.8 所示。

从图 6.8 中我们可以看出，在进行分层填筑的路基中，道路中心线区域的深部土体及浅部土体的 σ-ε 变化规律更接近于室内试验中土体侧限压缩试验的加载阶段曲线，表明在距路基边坡较远的道路中心线区域，周围压实土体的径向压力对该区域的土体产生强有力的横向约束作用。因为现场路基中不允许进行开挖，因此无法获得开挖卸荷以后路基中心线区域土体的 σ-ε 变化规律。

左幅中心线测点的 σ-ε 关系如图 6.9 所示。从路基沉降位移和土压力的结果中可以看出，随着时间的推移和填土高度的上升，深部土体的 σ-ε 关系曲线趋势

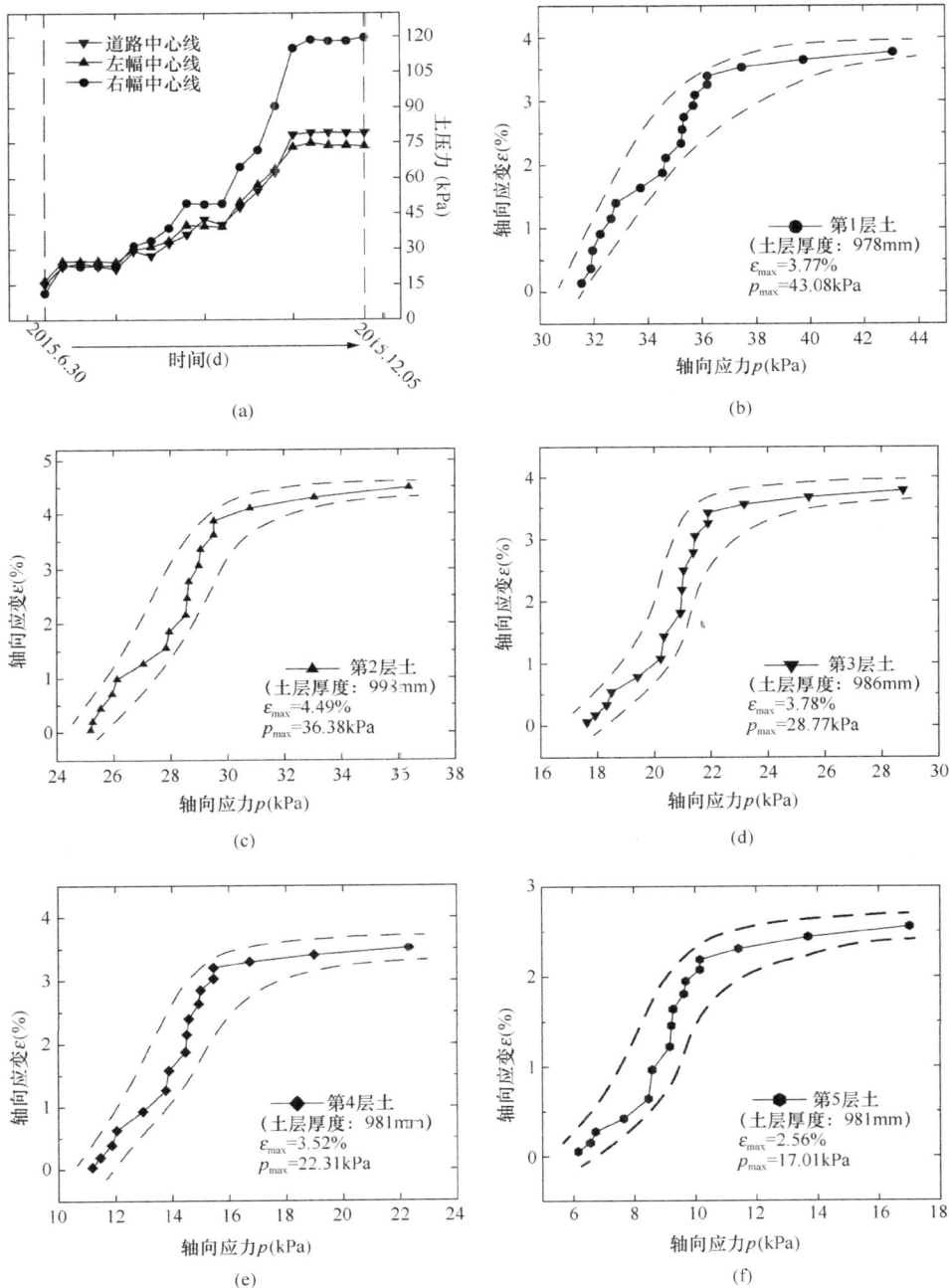

(a)

(b)

(c)

(d)

(e)

(f)

图 6.8　道路中心测点土体 σ-ε 关系

（a）路基填筑期土压力变化；（b）1、2 点位间土体 σ-ε 关系；（c）2、3 点位间土体 σ-ε 关系；

（d）3、4 点位间土体 σ-ε 关系；（e）4、5 点位间土体 σ-ε 关系；

（f）5、6 点位间土体 σ-ε 关系

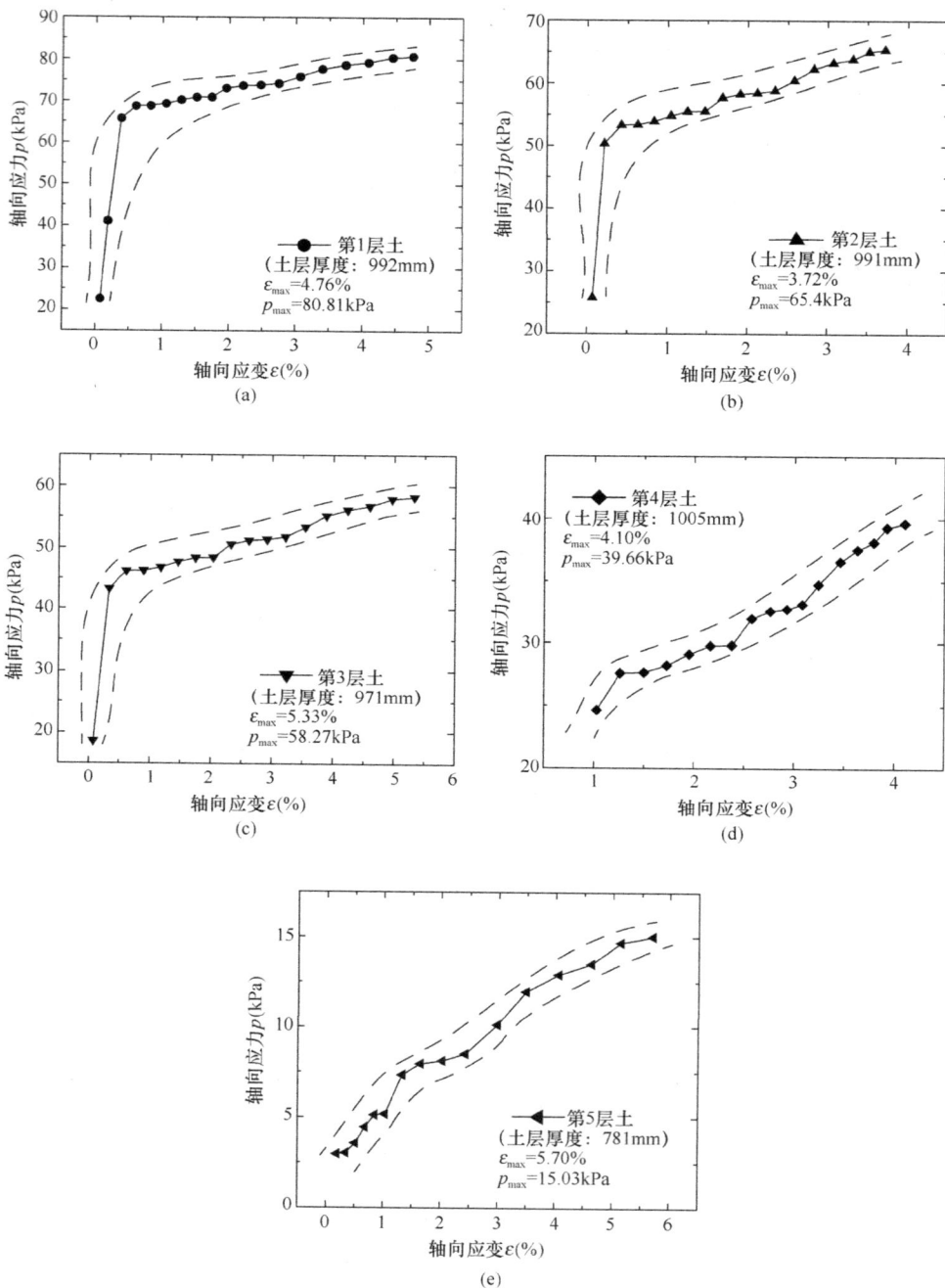

图 6.9　道路左幅中心线测点土体 σ-ε 关系曲线

(a) 1、2 点位间土体 σ-ε 关系；(b) 2、3 点位间土体 σ-ε 关系；(c) 3、4 点位间土体 σ-ε 关系；

(d) 4、5 点位间土体 σ-ε 关系；(e) 5、6 点位间土体 σ-ε 关系

同于室内三轴 CU 试验的曲线，并在后期逐渐稳定并趋近于某一数值。浅部土体的 σ-ε 关系曲线呈逐渐上升的趋势，相比深部土体而言，浅部土体的含水率较低且应力水平较低，说明路基填土在低应力水平和含水率较低的条件下会趋于不稳定的状态，有受外界荷载影响失稳的可能。需要说明的是，在路基成型后但没有铺设上部垫层和基层之前，素土路面经常受大型车辆的碾压，因此浅部土体的沉降位移会受到较大的影响。

右幅中心线测点的 σ-ε 关系如图 6.10 所示。在路基填方施工过程中及施工结束后的一段时间内，道路右幅中心线测点深部土体的 σ-ε 关系曲线也呈现出室内三轴 CU 试验曲线的变化趋势，并在后期逐渐达到稳定状态。测点上部土体的 σ-ε 关系曲线并没有出现收敛的趋势。

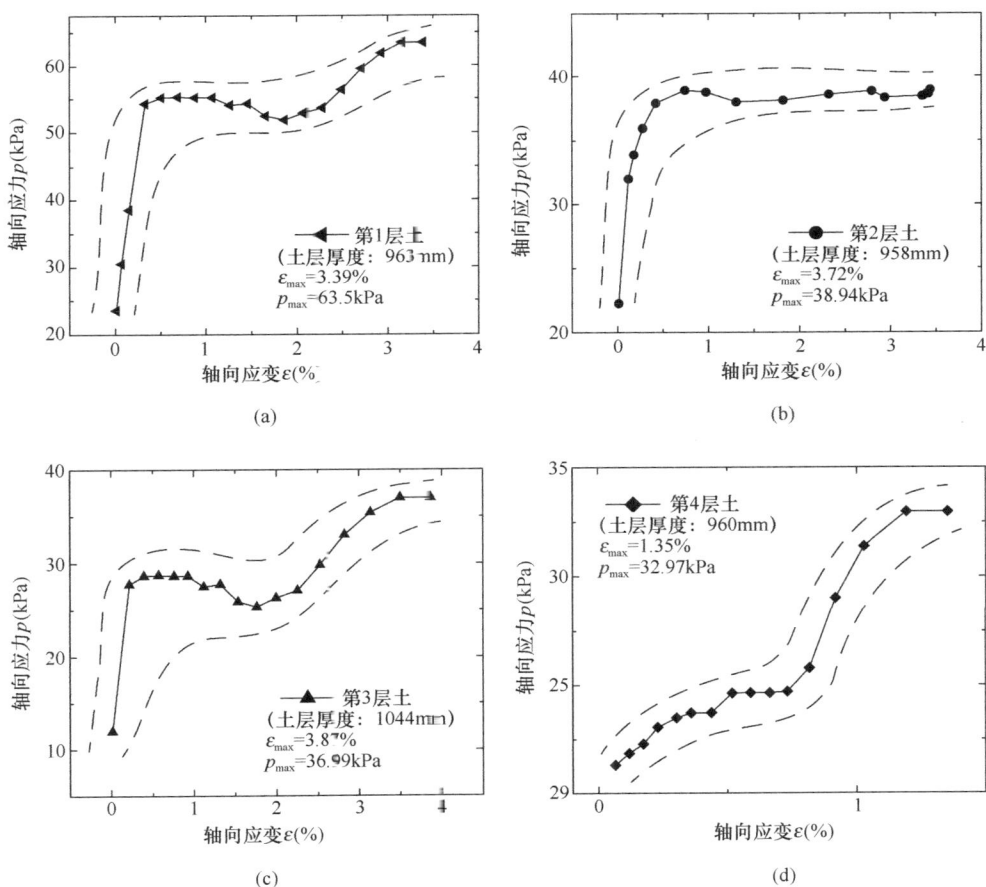

(a)

(b)

(c)

(d)

图 6.10　道路右幅中心线测点土体 σ-ε 关系曲线（一）

(a) 1、2 点位间土体 σ-ε 关系；(b) 2、3 点位间土体 σ-ε 关系；(c) 3、4 点位间土体 σ-ε 关系；

(d) 4、5 点位间土体 σ-ε 关系

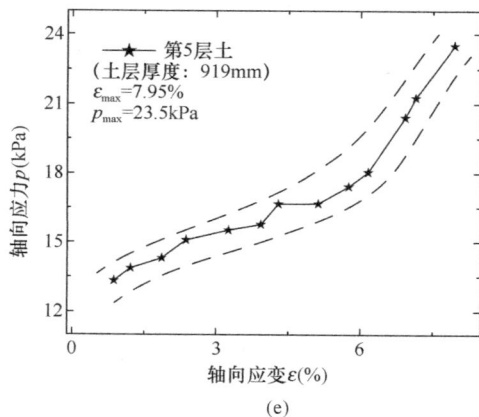

(e)

图 6.10　道路右幅中心线测点土体 σ-ε 关系曲线（二）

（e）5、6 点位间土体 σ-ε 关系

　　需要说明的一点是，在路基填土高度达到第 4 点位高度后，根据设计要求，在主线道路右幅外侧分层放坡向下开挖至基底建造重力式挡土墙（图 6.11a），

(a)

(b)

(c)

(d)

图 6.11　主线道路右幅外侧建造挡土墙

（a）放坡开挖建造挡土墙；（b）分层回填；（c）回填挡土墙并整平；（d）压实墙后土体

随着挡土墙的施工进度向前推进，墙后也要进行土体的分层回填，并整平压实（图 6.11b～图 6.11d）。因此在路基外侧区域开挖以后，第 1 层～第 3 层土体的 σ-ε 关系曲线受到了一定的影响，出现了轴向应力下降阶段，但在墙后土体回填完成后回归正常趋势（图 6.10a～图 6.10c）。由于路基顶面压实土层没有发生变化，所以土体的竖向应变数值会继续上升。

6.3 路面基层改性土现场试验研究

高速公路路基施工过程中，最重要的环节之一为：根据设计要求，路面基层土的弯沉值不应高于设计要求值。因此选取埋设有位移计和土压力计的高填方路基区间作为改性土试验段，对设计提出的改性方案进行现场试验。根据设计做出具体的施工方案为：（1）采用取土场中的低液限粉土，在路堤施工结束一段时间后能够进行路床施工的区域进行滩铺，初步整平；（2）在素土摊铺区域，掺加 5‰水泥和 3% 的石灰进行拌合，拌和方式采用路拌的方式进行。（3）路床改善土拌和均匀以后进行压实并检测压实度。（4）按照施工标准进行洒水养护 7d 后，在路床改性土试验段进行路床的现场弯沉试验。根据规范[10]要求，试验仪器采用 WC 型 5.4m 路面弯沉回弹值测定仪，试验加荷设备采用标准轴载 BZZ-100 的车辆。试验段测点布置如图 6.12 所示。现场试验结束后，得出的试验结果不满足设计要求（实测弯沉均值 179.60mm＞设计弯沉值 155.30mm）。

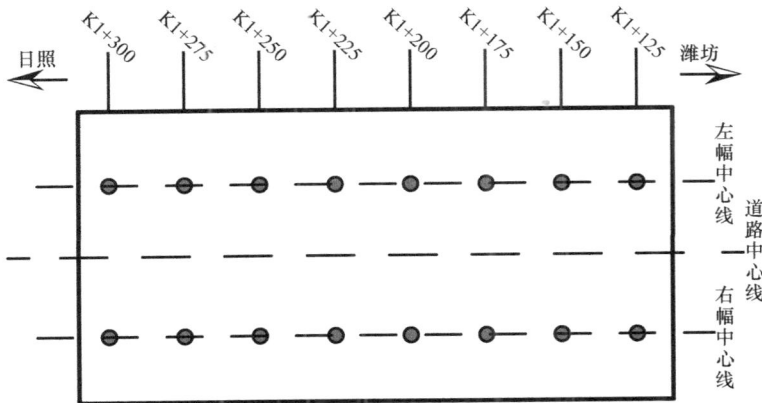

图 6.12 改性土试验段测点布置图

基于前文中低液限粉土的室内改性试验结果，开展现场试验对新型改性土的路用性能进行评价。现场试验的方案为：（1）清理原试验段不满足要求的改性土，选取埋设监测设备的高填方路基区间铺设改性土，如图 6.13 所示。（2）对铺设完毕的改性土进行覆膜并养护 7d，按照原先布置的测点（图 6.12）进行弯

163

沉试验，如图 6.14（a）所示。（3）从路基高填方区间内进行堆载试验，如图 6.14（b）所示。

图 6.13　铺设改性土

（a）　　　　　　　　　　　　　　　　　　（b）

图 6.14　改性土现场试验
（a）现场弯沉试验；（b）堆载试验

弯沉试验结果如表 6.1 所示。从弯沉试验结果我们可以看出，试验段每一测点路床区改性土层的回弹弯沉值能满足设计要求 155.30（单位：0.01mm），改善土的力学性能达到指标要求，证明室内试验的结果对于提高路基的承载能力是可行有效的。

路床区改性土弯沉试验结果　　　　　　　　　　表 6.1

测点桩号	车道	回弹弯沉	
		左侧	右侧
K1+125	左幅	62	90
	右幅	70	68

续表

测点桩号	车道	回弹弯沉	
		左侧	右侧
K1+150	左幅	92	120
	右幅	84	50
K1+175	左幅	58	50
	右幅	70	66
K1+200	左幅	64	54
	右幅	90	94
K1+225	左幅	56	68
	右幅	58	98
K1+250	左幅	72	70
	右幅	10	40
K1+275	左幅	74	64
	右幅	70	46
K1+300	左幅	40	72
	右幅	48	56

　　在现场弯沉试验结束以后，当施工现场进入冬季施工期，现场堆载试验从路面堆载完成以后开始，主要进行的是竖向位移监测，通过监测位移的变化来评价路基稳定性及已铺设改性土的长期力学性能。参照高填方路基区的现场试验方案，在同一路基区段选取一小桩号横截面位置，在相同点位处埋设有相同的位移传感器和土压力计，该横截面处路基顶面不进行铺设改性土的工序。未铺设改性土横截面的监测结果如图 6.15 所示，铺设改性土横截面的监测结果如图 6.16 所示。

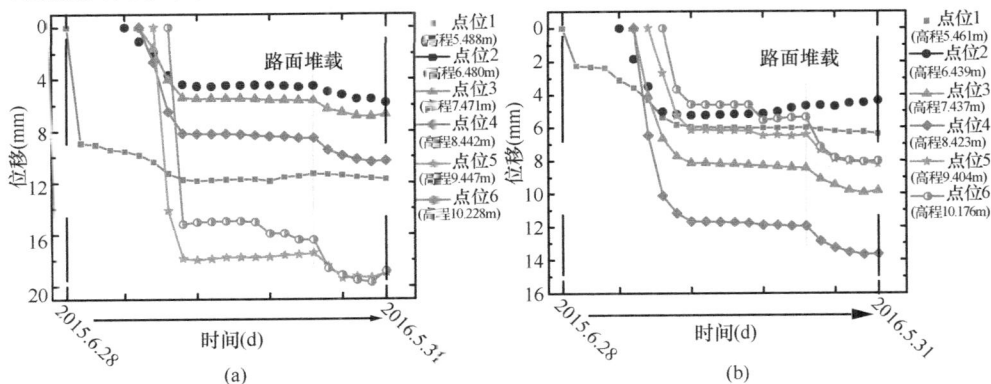

图 6.15　未铺设改性土区段沉降监测结果（一）

（a）左幅中心线；（b）道路中心线

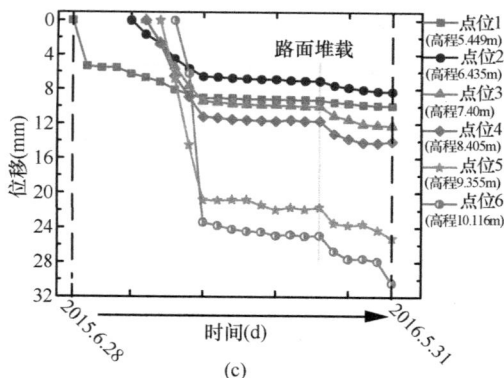

图 6.15 未铺设改性土区段沉降监测结果（二）

（c）右幅中心线

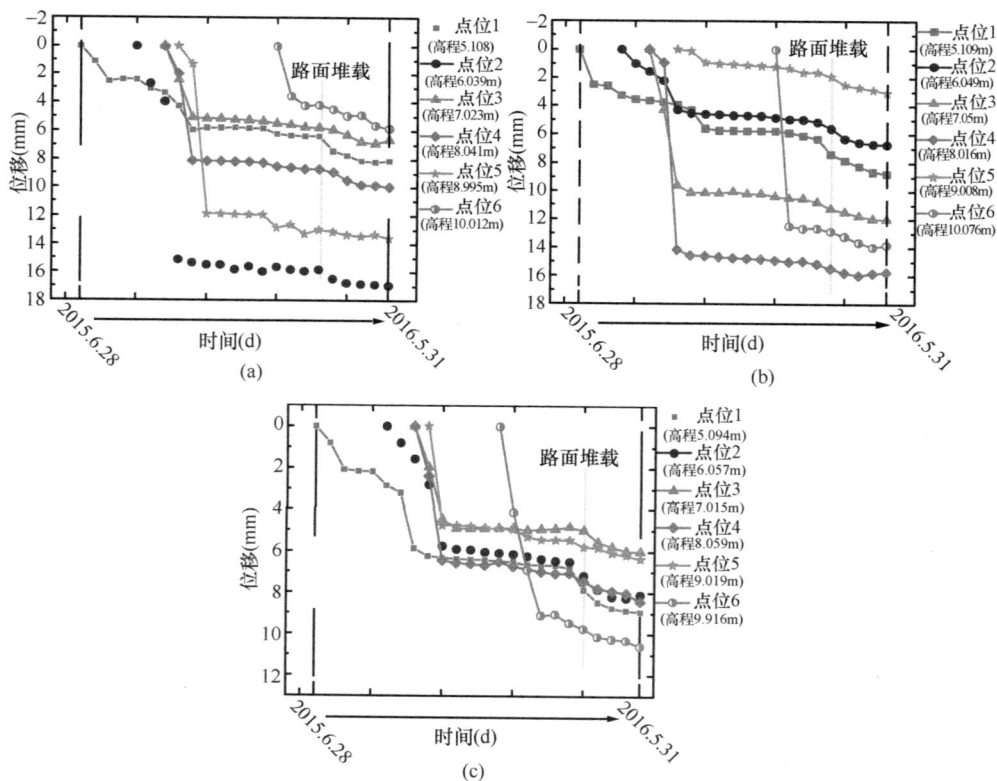

图 6.16 铺设改性土区段沉降监测结果

（a）左幅中心线；（b）右幅中心线；（c）道路中心线

从两监测横断面的位移计监测结果可以看出，对于没有铺设改善土路床区的路基，在有上部均布荷载的作用下，上部土层较下部土层产生了明显的沉降位移，位移随深度的增加而降低，说明浅部路基土体主要承载了堆载的全部土压力，应力在路基浅部土体中进行了扩散，传递到路基底部的应力值较低；对于铺设改善土路床区的路基，在上部均布荷载的作用下，深部土体产生了相对明显的位移，路基顶部的土层反而沉降较小，但总体的位移较小，说明在改善土路床区的保护作用下，堆载土体的压力能传递到路基底部，因为路床区的保护作用，路基不同深度的土体都能参与到承载上部荷载的过程。

6.4　路桥过渡区改性土现场试验研究

测点编号约定为面向桥台，从左向右依次编号 s1、s2、s3，每一个测点从上到下每一层位的监测点分别编号为 a1、a2、a3、a4。由图 6.17 可见，从上至下 4 个层位的初始土压力逐渐变大，s3-a1、s3-a3、s3-a4 的初始土压力分别为 0.01MPa、0.45MPa、0.73MPa。因为随着埋深的增加，上覆土层越来越厚，垂直应力也越来越大。a1 层位的土压力随时间变化最大，a4 层位的土压力随时间变化最小，a3 层位的土压力随时间变化在两者之间，s3-a1、s3-a3、s3-a4 的初始土压力与 79d 后土压力的差值分别为 0.57MPa、0.35MPa、0.19MPa。原因是 a1 层位上覆土层薄，上部荷载的变化可以直接体现在土压力的变化上，而 a4 层位埋深大，由于压力扩散效应，上部荷载的变化幅度传递到底部变小。随着时间的增加，土压力逐渐增大，前期土压力增长快，40d 后基本保持稳定。原因是随着路面基层的填筑，其自重荷载传递到下部回填土中，各层位土压力快速增大。40d 后基层顶面的桥头搭板施工完毕，各监测点的各个层位的土压力均趋于稳定。

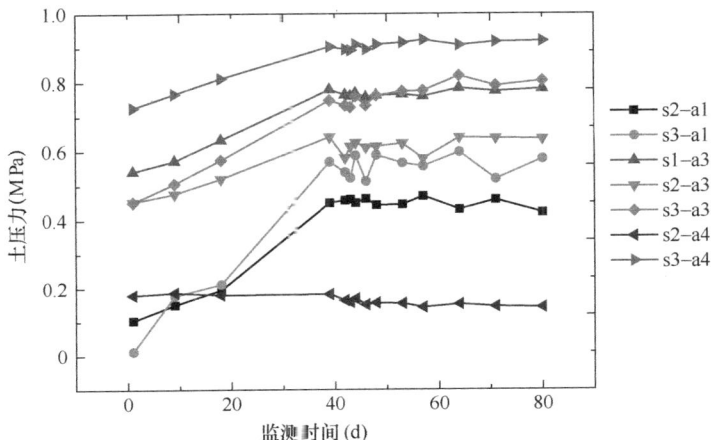

图 6.17　各点位土压力变化曲线

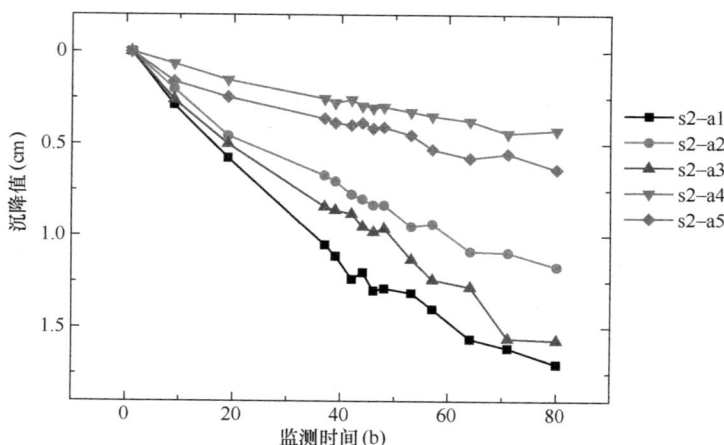

图 6.18　各点位沉降变化曲线

由图 6.18 可见，在监测开始后，随着路面基层填筑及桥头搭板的施工，s2 测点（路面分隔带）处土体各分层的沉降值随时间推移而呈线性增大趋势，待桥头左、右幅搭板均浇筑完毕后，回填土无新增附加荷载，各分层的土体沉降速率减小，但在自身重力荷载的作用下，土层仍在发生压缩沉降。总体上，上层土体的沉降值大于下层土体，由上到下 s2-a1、s2-a2、s2-a3、s2-a4、s2-a5 这 5 个层位测点至监测结束时的最大沉降值分别为 1.70cm、1.17cm、1.57cm、0.42cm、0.64cm。

根据规范设计要求，桥台与路基相邻处允许工后沉降为 100mm，该标准为施工期间和运营期间的总沉降控制指标，施工期间的沉降控制指标应该小于该指标。根据监测结果，从开始监测至铺摊沥青面层为止，s2 测点最大沉降为 12.4mm，远远小于沉降允许值，回填土体未出现大幅压缩沉降。

本次沉降监测采用沉降管、磁环配合电磁钢尺沉降仪来进行沉降监测，主要测量原理是通过探头的电磁感应来确定埋设在土层中的磁环至沉降管管口的距离，以此来获得土层沉降随时间变化曲线。但是该方法要求开始监测后沉降管管口的高度不能发生变化，否则前期监测的数据将无法应用。台背回填区域的回填土填筑后还要施工路面基层、混凝土垫层、钢筋混凝土搭板，过程中有多种机械穿插施工，包括挖掘机、路拌机、压路机等，而 PVC 材质的沉降管位于左、右车道中间和中央隔离带位置，将不可避免会发生沉降管折断的现象，本次监测发生了多根沉降管折断，导致多个测点没有沉降监测数据。

此外，由于沥青路面铺摊机械的特点，路面沥青施工时沉降管全部无法保留，只能结束监测，使得沉降监测的时间较短，无法获得通车后的回填土土体内部沉降规律。建议路基的沉降监测采用在路基内埋设多点位移计的方式，这种监测方式不受路面施工的影响，可以实现长期监测，能够获得台背回填区域土体长期沉降规律。

6.5　本章小结

本章通过现场原位试验，分析研究低液限粉土路基的沉降变形特性、路面基层改性土室内试验结果的合理性及台背回填区改性土的沉降变形行为，取得的主要结论如下：

（1）设计了高填方路基区及路桥过渡区填土变形现场监测方案，对所采用的监测传感器进行了详细的研究，并采取了多种辅助措施以确保传感器安装过程的顺利，实现了后期监测数据的有效测读。

（2）通过路基高填方区施工期沉降变形曲线可知，主线道路中心线点位的土体应力应变关系规律同于土体的受侧限压缩变形规律；在主线道路左、右幅中心线点位的土体应力应变关系趋势相似于室内三轴 CU 和 UU 试验中试样表现出的应力应变关系趋势。

（3）新型路面基层改性土可满足设计强度需求，能对低液限粉土起到明显的固化作用。路面基层改性土的铺设能对路基填土起到一定的保护作用，上部荷载可分散传递至路基更底部的土体中。

（4）台背回填区的石灰稳定粉土施工期沉降可满足规范要求，土压力也在桥头搭板施工完成后逐渐趋于稳定，高比例石灰的掺入可对低液限粉土产生明显的固化作用，通过分层沉降数据可以看出，高比例石灰能降低台背回填区低液限粉土的工后沉降。

参 考 文 献

[1] 何庆成，段永侯，张进德，等. 黄河三角洲海岸带综合管理——从地学角度展望 21 世纪[M]. 北京：海洋出版社，1999.

[2] 李福林，庞家珍，姜明星. 黄河三角洲海岸线变化及其环境地质效应[J]. 海洋地质 与第四纪地质，2000，20(4)：17-21.

[3] 张惠，颜世强，刘桂仪. 黄河三角洲的形成和演变[J]. 山东国土资源，2003(6)：44-47.

[4] 要览[J]. 中国公路，2019(9)：12.

[5] 宿晓萍. 吉林省西部地区盐渍土环境下混凝土耐久性研究[D]. 吉林：吉林大学，2013.

[6] 韩劲草. 青海盐渍土地区半埋混凝土耐久性研究[D]. 西安：长安大学，2012.

[7] 王斌. 兰州铁路局管辖内湿陷性黄土路基病害模式及防治措施研究[D]. 西安：西南 交通大学，2015.

[8] 谷琪，王家鼎，司冬冬，等. 不同含水率下黄土冻融循环对湿陷性影响探讨[J]. 岩 土工程学报，2016(7)：1187-1192.

[9] 中华人民共和国交通运输部. 公路路基设计规范：JTG D30—2015[S]. 北京：人民 交通出版社，2015.

[10] 中华人民共和国交通运输部. 公路沥青路面设计规范：JTG D50—2017[S]. 北京： 人民交通出版社，2017.

[11] 孟凡丽，姚潇飞，吕筱. 不同细粒含量饱和粉土动力特性及微观结构研究[J]. 工 程勘察，2017，45(6)：1-6.

[12] 高发亮，商庆森，马国梁. 粉土、黏土压实与渗透微观机理的研究[J]. 中外公路，2010，30(3)：292-295.

[13] 周乔勇，熊保林，杨广庆，等. 低液限粉土微观结构试验研究[J]. 岩土工程学报，2013，35(S2)：439-444.

[14] 汪名鹏. 江苏泗阳城区浅层粉土工程地质特性分析[J]. 地下空间与工程学报，2018，14(2)：452-460.

[15] 崔伟，吕高航，刘春阳. 低液限粉土的力学性能改善及试验分析[J]. 科学技术与 工程，2018，18(8)：302-306.

[16] 刘伟超，杨广庆，熊保林，等. 低液限粉土水理特性试验研究[J]. 地下空间与工 程学报，2015，11(4)：926-932.

[17] 罗会，杨广庆，王锡朝. 低液限粉土液塑限反常现象原因分析[J]. 石家庄铁道学 院学报(自然科学版)，2009，22(1)：63-65.

[18] 贾朝霞，朱海波，商庆森等. 黄泛区粉性土路基基本特性与施工技术探讨[J]. 公路交通科技，2008(9)：52-57.

[19] Yan C，Shi Y，Tang Y. Orthogonal test and regression analysis of the strain on silty soil in Shanghai under metro loading[J]. Environmental Earth Sciences，2017，76(14)：506.

[20] 李振霞，薛晖，陈渊召. 低液限粉土的振动压实性能分析与研究[J]. 铁道建筑，2007(8)：61-65.

[21] 李振霞，陈渊召，薛晖. 低液限粉土的压实性能研究[J]. 河北工业大学学报，2007(2)：78-83.

[22] 肖军华，刘建坤，彭丽云，等. 黄河冲积粉土的密实度及含水率对力学性质影响[J]. 岩土力学，2008(2)：409-414.

[23] A. R. Estabragh，M. Moghadas，M. Moradi，et al. Consolidation behavior of an unsaturated silty soil during drying and wetting[J]. Soils and Foundations，2017，57(2).

[24] 张燕明，刘怡林. 不同初始状态下粉土强度的影响因素分析[J]. 公路，2018，63(11)：253-259.

[25] Eng-Choon Leong，Hossam Abuel-Naga. Contribution of osmotic suction to shear strength of unsaturated high plasticity silty soil[J]. Geomechanics for Energy and the Environment，2017.

[26] 郑建东，刘典基，肖丽君. 不同应力路径下低液限粉土力学特性三轴试验研究[J]. 工业建筑，2012，42(S1)：368-373.

[27] 刘红军，吕文芳，杨俊杰，等. 黄河三角洲粉质土初始干密度和黏粒含量对稳态强度的影响研究[J]. 岩土工程学报，2009，31(8)：1287-1291.

[28] 武庆祥，彭丽云，龙佩恒. 石灰、水泥对粉土的改良研究[J]. 公路，2015，60(9)：14-19.

[29] 张豫川，姚永国，周泓. 长龄期改良黄土抗剪强度与渗透性试验研究[J]. 岩土力学，2017，38(S2)：170-176.

[30] 徐东升. 黄河三角洲粉土的力学特性及改性研究[D]. 武汉：中国科学院研究生院（武汉岩土力学研究所），2010.

[31] 姚占勇. 黄河冲淤积平原土的工程特性研究[D]. 天津：天津大学，2006.

[32] Lo S R，Wardani S P. Strength and dilatancy of a silt stabilized by a cement and fly ash mixture[J]. Canadian Geotechnical Journal，2002，39(1)：77-89.

[33] 刘松玉，张涛，蔡国军. 工业废弃木质素固化改良粉土路基技术与应用研究[J]. 中国公路学报，2018，31(3)：1-11.

[34] 张涛，刘松玉，蔡国军，等. 木质素改良粉土热学与力学特性相关性试验研究[J]. 岩土工程学报，2015，29(10)：1576-1885.

[35] 董金梅，朱华，边疆，等. 高分子材料固化粉土力学特性试验研究及机制探讨[J].

岩石力学与工程学报，2014(S2)：4326-4333.

[36] 王振军，翁优灵，杜少文. 矿渣粉加固粉土的理论分析及路用性能研究[J]. 工程地质学报，2006(5)：709-714.

[37] Yi Y，Liska M，Al-Tabbaa A. Properties of Two Model Soils Stabilized with Different Blends and Contents of GGBS，MgO，Lime，and PC[J]. Journal of Materials in Civil Engineering，2014，26(2)：267-274.

[38] Du Y，Bo Y，Jin F，Liu C，et al. Durability of reactive magnesia-activated slag-stabilized low plasticity clay subjected to drying-wetting cycle[J]. European Journal of Environmental and Civil Engineering，2016，20(2)：215-230.

[39] Sharma A K，Sivapullaiah P V. Ground granulated blast furnace slag amended fly ash as an expansive soil stabilizer[J]. Soils and Foundations，2016，56(2)：205-212.

[40] Thomas A，Tripathi R K，Yadu L K. A Laboratory Investigation of Soil Stabilization Using Enzyme and Alkali-Activated Ground Granulated Blast-Furnace Slag[J]. Arabian Journal for Science and Engineering，2018，43(10)：5193-5202.

[41] Gu K，Jin F，Al-Tabbaa A，Shi B，et al. Incorporation of reactive magnesia and quicklime in sustainable binders for soil stabilisation[J]. Engineering Geology，2015，195：53-62.

[42] Yi Y，Gu L，Liu S. Microstructural and mechanical properties of marine soft clay stabilized by lime-activated ground granulated blastfurnace slag[J]. Applied Clay Science，2015，103：71-76.

[43] 李迎春，钱春香，刘松玉，等. 粉土固化稳定机理研究[J]. 岩土工程学报，2004，26(2)：268-271.

[44] 桂炎德. 高速公路拓宽设计方法初探[J]. 公路，2004(7)：59-64.

[45] 陈海珊，胡永深. 广佛高速公路加宽工程的软基处理[J]. 广东公路交通，1998(3)：47-50.

[46] Juha Forsman，Veli-Matti Uotinen. Synthetic reinforcement in the widening of a road embankment on soft ground. Geotechnical Engineering for Transportation Infrastructure[J]. Balkema，Rotterdam，1999：1489-1496.

[47] 杨茂，张介非，杨厚小，等 土工合成材料在喇嘛湾—大饭铺公路改建中的应用研究[J]. 内蒙古公路与运输，2001(2)：4-7.

[48] 李锁平，龚成亮 土工格栅砂砾垫层在软弱地基路基加宽段的应用设计[J]. 公路，2001(11)：20-23.

[49] 苏阳. 广佛高速公路扩建工程软机路段施工简介[J]. 水运工程，2001(2)：51-58.

[50] 杨昊. 沈大高速公路改建工程软土地基处理的设计思路和施工控制要点[J]. 东北公路，2002，25(2)：11-14.

[51] 徐泽中，苏超，何良德，等. 锡澄与沪宁高速公路拼接段地基处理设计[J]. 水利水电科技进展，1998，18(2)：49-51.

［52］ 苏超，徐泽中. 高速公路拼接段地基处理设计分析方法与工程实践［J］. 工程地质学报，2000，8(1)：81-85.

［53］ 桂炎德，徐立新. 沪杭甬高速公路(红垦至沽渚段)拓宽工程设计［J］. 华东公路，2001(6)：3-6.

［54］ 桂炎德. 高速公路拓宽设计方法初探［J］. 公路，2004(7)：59-64.

［55］ 刘桂强. 软弱地基上旧路加宽路基综合处治的设计［J］. 中外公路，2004，24(4)：1-4.

［56］ Jones，C. J. F. P.，Lawson，C. R.，Ayres，D. J. Geotextile reinforced pile embankments. Proc. 4th Int. Conf. On Gextextiles：Geomembrans and Related Production［J］，Den Hpedt，1990，Rotterdam：Balkema，155160.

［57］ Hewlett，W. J.，Randolph，M，F. Analysis of piled embankments. Ground Engineeing，1998，21(3)：12-18.

［58］ Low，B. K.，Tang，S. K. Chao，V. Arching in piled embankment. Journal of Geotechnical Engineering，ASCE，1993，120(11)：1917-1938.

［59］ 陈云敏，桩承式路堤土工效应分析［J］. 土木工程学报，2002，35(2)：74-80.

［60］ 饶为国，赵成刚. 桩-网复合地基应力比分析与计算［J］. 土木工程学报，2002，35(2)：74-80.

［61］ 刘吉福. 路堤下复合地基桩、土应力比分析［J］. 岩石力学与工程学报，2003，22(4)：674-677.

［62］ 刘辉. CFG桩网复合地基桩-网应力计算方法对比分析［J］. 路基工程，2015(6)：62-65，69.

［63］ 张继文，李殿龙，曾俊铖，童小东，涂永明. CFG桩网复合地基桩土应力荷载比试验研究［J］. 铁道建筑，2009(7)：59-61.

［64］ 杨庆刚，黄晓明，廖公云，等. 土工格栅加筋垫层处理软土路基的非线性有限元分析［C］//2005年全国博士生学术论坛——交通运输工程学科，北京，2005.

［65］ 袁志波. 软土路基土工隔栅加筋作用机理研究［J］. 城市道桥与防洪，2008(2)：105-107.

［66］ 刘萌成，黄晓明. 软土地基上桥台后填土工后沉降的数值分析［J］. 公路交通科技，2004，21(12)：22-26.

［67］ Snow C L，Nickerson C R. Case Study of EPS Geofoam Lightweight Fill for Settlement Control at Bridge Approach Embankment［C］// Geotrans，US，2004.

［68］ Acharya R，Bheemasetti T V，Ruttanaporamakul P，et al. Numerical Modeling of a Highway Embankment Using Geofoam Material as Partial Fill Replacement［C］// Geo-Congress，US，2014.

［69］ 王斌，陈嘉福，许永明，等. 高速公路拼接段EPS轻质路堤现场试验研究［J］. 公路交通科技，2008，25(1)：21-23.

［70］ 蒋建清，曹国辉，刘热强. 排水板和砂井联合堆载预压加固海相软土地基的工作性

状的现场试验[J]. 岩土力学，2015(S2)：559-566.

[71] 臧延伟，王炳龙. 真空联合堆载预压加固高速铁路软基试验分析[J]. 路基工程，2005(6)：29-32.

[72] 陈自力. 真空联合堆载预压加固软土地基施工技术[J]. 路基工程，2004(3)：5-7.

[73] 朱建才. 真空联合堆载预压加固软基机理及工艺研究[D]. 杭州：浙江大学，2004.

[74] 金小荣，俞建霖，龚晓南. 缓解深厚软基桥头跳车两种方法的现场试验[J]. 煤田地质与勘探，2006，34(3)：58-61.

[75] 尹湃，黄作俊，袁小林. 真空堆载预压法控制高速公路软土地基沉降的现场监测试验分析[J]. 岩土工程技术，2013，27(1)：12-24.

[76] 沈水龙，石名磊，杜守继，等. 软土地基上道路桥头跳车缓解工法的设计与工程实践[J]. 岩石力学与工程学报，2003，24(7)：1173-1177.

[77] 刘恒新. 低强度桩复合地基加固桥头软基试验研究[D]. 杭州：浙江大学，2004.

[78] 苏燕，周健，曾庆有. 沉降控制复合桩基在桥头跳车问题中的应用[J]. 岩土工程学报，2006，28(1)：68-72.

[79] 李昭晖. 水泥搅拌桩加固桥头软基试验研究[D]. 西安：长安大学，2007.

[80] 李然，刘润，徐余，等. 水泥搅拌桩法处理软土地基中桥头跳车现象的影响因素分析[J]. 岩土工程学报，2013(S2)：725-729.

[81] 徐毅，洪宝宁，符新军，等. CFG桩复合地基加固高速公路软基的现场试验研究[J]. 防灾减灾工程学报，2006，26(3)：69-73.

[82] 肖峰，马传明，刘增贤. 粉喷桩处理高速公路桥头软基试验研究——以京珠高速公路广珠东线某试验段为例[J]. 地质科技情报，2000，19(2)：72-75.

[83] 俞永华，谢永利，杨晓华. 桥头搭板受力特性及适应性[J]. 交通运输工程学报，2006，6(3)：55-60.

[84] 高彦鑫，单成林. 铰接式桥头搭板空间有限元分析[J]. 中外公路，2009，29(2)：135-138.

[85] 杨学祥. 均布荷载下一端固定的文克尔地基梁的基底压力特性及其工程意义[J]. 工程力学，2006，23(11)：76-79.

[86] 屈战辉，杨晓华，谢永利. 路桥过渡段柔性搭板的设计方法[J]. 中国公路学报，2007，20(1)：19-23.

[87] 王新征，郑伟花. 土工格室柔性搭板在路桥过渡段的应用研究[J]. 铁道标准设计，2009，12：5-8.

[88] Cai, C. S. Structural performance of bridge approach slabs under given embankment settlement[J]. Journal of Bridge Engineering, 2005, 10(4)：482-489.

[89] Chen Y, Chai Y H. Experimental Study on the Performance of Approach Slabs under Deteriorating Soil Washout Conditions[J]. Journal of Bridge Engineering, 2011, 16(5)：624-632.

[90] Chen Q, Abu-Farsakh M. Mitigating the bridge end bump problem: A case study of

a new approach slab system with geosynthetic reinforced soil foundation[J]. Geotextiles and Geomembranes，2016，44(1)：39-50.

[91] Oliva Michael G，Gregory Rajek. Toward improving the performance of highway bridge approach slabs[R]. US：National Center for Freight and Infrastructure Research and Education，2011.

[92] 虞文景. 高速公路早期病害与防治问题探讨[J]. 公路交通科技，2000，17(6)：10-14.

[93] 孙筠. 已建软基桥梁桥头跳车的处治方法机理分析及试验研究[D]. 杭州：浙江大学，2010.

[94] 项贻强，孙筠，金福根，等. 采用深层混凝土搭板处治桥头跳车的试验[J]. 哈尔滨工业大学学报，2010，42(1)：163-167.

[95] 中华人民共和国交通运输部. 公路土工试验规程：JTG 3430—2020[S]. 北京：人民交通出版社，2020.

[96] 中华人民共和国住房和建设部. 岩土工程勘察规范(2009年版)：GB 50021—2001[M]. 北京：中国建筑工业出版社，2004.

[97] 中华人民共和国交通运输部. 公路路基施工技术规范：JTG T3610—2019[M]. 北京：人民交通出版社，2019.

[98] 中华人民共和国交通运输部. 公路工程无机结合料稳定材料试验规程：JTG E51—2009[M]. 北京：人民交通出版社，2009.

[99] 王永敬，张劲松，韩兵. 影响水玻璃-氯化钙胶结特性的因素分析[J]. 中州煤炭，2012(2)：5-7.

[100] 韩晓雷，张涛，贺博，等. 影响水玻璃-氯化钙加固细砂体强度的因素分析[J]. 陕西煤炭，2013，32(5)：8-11.

[101] 龚文惠，雷红军，宁虎. 正交试验法在土工试验中的应用[J]. 土工基础，2006，20(5)：78-80.

[102] Zhi-Bin L I，Guan-Bao Y E，Chao X U. Fuzzy orthogonal analysis on lab mixing proportion test of cement soil additive[J]. Hydrogeology & Engineering Geology，2005.

[103] 张笑峰，张艳美，刘锦程，等. 纤维与粉煤灰改良粉土的正交试验分析[J]. 水利与建筑工程学报，2019(1)：36-40.

[104] YI Y，GU L，LIU S. Microstructural and mechanical properties of marine soft clay stabilized by lime-activated ground granulated blastfurnace slag[J]. Applied Clay Science，2015，103：71-76.

[105] WU X R，ZHU L L. Study on the Relations of Strength Control Indicators of Road Subgrade in Shanxi Loess Region[J]. Advanced Materials Research，2014，919：1160-1163.

[106] WU X R. Study on Relations between Subgrade Strength Control Indicators of Highway in Shanxi[J]. Ssubgrade Engineering，2012(1)：15-18.

[107] 中华人民共和国交通部. 公路路基设计规范：JTC D30—2004[S]. 北京：人民交通出版社，2005.

[108] 卢廷浩. 土力学[M]. 南京：河海大学出版社，2005.

[109] 马时冬. 路堤下软黏土地基的侧向位移[J]，华侨大学学报(自然科学版)，1995 (2)：164-167.

[110] Tavenas F，Lateral displacement in clay foundations under embankment[J]. Canadian Geotechnical，1979，16：532-550.

[111] 杨广庆，高民欢，陈君朝，等. 高速公路改扩建路基加宽锚固加筋技术研究[J]. 岩土工程学报，2013(S2)：10-15.

[112] 张强勇，李术才，焦玉勇. 岩体数值分析方法与地质力学模型试验原理及工程应用[M]. 北京：中国水利水电出版社，2005.

[113] 袁大祥，朱子龙，朱乔生. 高边坡节理岩体地质力学模型试验研究[J]，三峡大学学报，2001，23(3)：193-212.

[114] 中华人民共和国交通运输部. 公路桥涵设计通用规范：JTG D60—2004[S]. 北京：人民交通出版社，2015.

[115] 彭友君. 利用静探成果确定基床系数的方法研究[J]. 工程勘察，2015，43(9)：28-32.

[116] 朱令，丁文其，王瑞，等. 考虑成层土变异性的等效基床系数分析[J]. 岩石力学与工程学报，2014(S1)：3036-3041.

[117] 于永堂，唐浩. 西安黄土基床系数变化规律及其测试方法的相关性分析[J]. 岩石力学与工程学报，2017，36(10)：2563-2571.

[118] WU X R，ZHU L L. Study on the Relations of Strength Control Indicators of Road Subgrade in Shanxi Loess Region[J]. Advanced Materials Research，2014，919：1160-1163.

[119] 胡琦，凌道盛，陈云敏. 基于 Melan 解的水平基床系数分析方法及工程运用[J]. 岩土力学，2009，30(1)：33-39.

[120] WU X R. Study on Relations between Subgrade Strength Control Indicators of Highway in Shanxi[J]. subgrade engineering，2012(1)：15-18.

[121] ROWE RK，LIU K-W. Three-dimensional finite element modelling of a full-scale geosynthetic-reinforced，pile-supported embankment[J]. Can Geotech，2015，52 (12)：41-54.

[122] LIU KW，ROWE RK. Numerical modelling of prefabricated vertical drains and surcharge on reinforced floating column-supported embankment behaviour[J]. Geotext Geomembranes 2015，43(6)：493-505.

[123] JIANG J，MIRZA FA. Nonlinear analysis of reinforced concrete slabs by a discrete finite element approach[J]. Computers & Structures，1997，65(4)：585-592.

[124] 中国船舶工业总公司第九设计研究院. 弹性地基梁及矩形板计算[M]. 北京：国防

工业出版社，1983.

[125] 中华人民共和国交通运输部. 公路工程技术标准：JTG B01—2014[S]. 北京：人民交通出版社，2015.